JN440921

논어,

21세기를 스케치하다

논어,

21세기를 스케치하다

이철승 지음

조선대학교 출판부

21세기에 왜 논어인가?

오늘날 세계는 다양한 문제가 발생하고 있다. 특히 경쟁의식의 일반화에 의한 양극화, 환경 파괴로 인한 생태계 질서의 교란, 인공지능(AI)의 등장으로 인한 인간의 정체성 혼란 등의 문제는 일부 지역이나 국가에 국한되지 않고, 세계 곳곳에서 나타나고 있는 보편적인 현상이다.

양극화는 신자유주의 이념의 확산에 따라 증가하였다. 신자유주의 이념은 이기심을 긍정한다. 이기심은 자기중심주의적인 성향을 띠기 때문에 배타적 경쟁의식에 의해 타인을 배려와 포용이 아니라 배제의 대상으로 여기도록 유도한다.

이러한 사회에서는 인간을 목적이 아니라 수단으로 대하는 풍조가 확산된다. 이 때문에 승자 중심의 환경이 조성되어 경쟁에서 승리한 소수에게 많은 혜택이 주어지는 것과 달리, 패배한 다수에게 어려움이 증가한다. 특히 정치, 경제, 교육, 문화 등 다양한 방면에서 기회와 처우의 불공정, 소득의 불균형, 학습 환경의 열악함, 향유의 제한 등 불평등 현상이 나타난다. 이는 소외 현상의 증가로 인해 사회적 갈등이 증폭되는 원인으로 작용한다.

생태환경의 문제는 인간의 이익을 위해 자연(自然)을 무차별적으로 개발한 결과의 산물이다. 자연은 인간의 의지에 관계없이 저절로 그러한 상태를 유지하며, 지구의 수많은 생명체가 각자의 삶을 이어가는 터전이다. 인간 역시 이 자연을 배경으로 하여 삶을 이어왔고, 자연과 직 · 간접의 관계를 형성하며 역사를 구성하였다. 이처럼 자연은 인간의 개입이 없어도 자신의 상태를 유지할 수 있지만, 인간은 자연이 없이 존재할 수 없다.

그러나 인류는 산업혁명을 거치면서 과학 · 기술을 동원하여 자연을 이용 대상으로 여겼다. 인간의 이기심을 권장하는 근대 자본주의는 자연을 경제적인 이익의 산출 기지로 여긴다. 이 시대의 자본가들은 자연을 가공하고 변형하면서 무차별적으로 개발하여 많은 이익을 남겼다. 그들에게 자연은 부(富)를 축적할 수 있는 토대이기 때문이다. 그들은 개발이라는 명목 아래 과학 · 기술을 동원하여 자연을 광범위하게 파괴하였다. 이러한 자연 파괴는 환경오염의 심화로 인해 기후 변화와 신종바이러스의 출현 등 수많은 문제를 발생시켰다. 이처럼 생태계 질서의 교란으로 인한 왜곡된 현상의 출현은 인류에게 커다란 부담으로 작용하고 있다.

인공지능(AI)의 등장은 기대와 우려를 동시에 제공한다. 2016년에 진행된 바둑 경기에서 '알파고(AlphaGo)'가 세계 최고 수준인 한국의 '이세돌'에게 승리한 후, 사람들이 인공지능의 위력을 실감하고 있다. 또한 2022년 11월에 출현한 생성형 인공지능인 '챗지피티(ChatGPT)'는 텍스트, 이미지, 음성 등으로 인간과 유사한 응답을 생성한다. 더 높은 수준의 인공지능이 빠른 속도로 개발되고 있다. 많은 과학자와 미래학자들은 머지않아 인간의 능력과 유사한 '강한 인공지능(Strong Artificial Intelligence)'이 도래할 것으로 예측한다. '강한 인공지능'인 '로보 사피엔스(Robo Sapiens)'는 인간의 간섭이 없이 주체적인 판단에 의해 능동적인 행위를 하는 존재로서 '호모 사피엔스(Homo Sapiens)'와 경쟁 혹은 협력 관계를 유지할 수 있다.

사람들은 이 '강한 인공지능'이 인간의 고유 영역으로 여겨지던 감성, 이성, 도덕성, 주체성, 자율성, 창의력 등의 역량을 보유할 수 있을 것으로 생각한다. 이 '강한 인공지능'의 도래는 기계를 대상화하고 인간의 주체성을 강화하며 인간중심주의의 관점에서 근대 문명을 발전시켰던 모더니즘(Modernism)적 사유에 대해 깊게 성찰할 것을 요청한다. 이는 탈인간중심주의의 관점에서 인공지능이 갖추고 있는 인격성에 대해 진지하게 성찰해야 할 뿐만 아니라, 평등하게 공존할 수 있는 새로운 가치관의 모색이 필요함을 의미한다.

현대사회는 이 밖에도 여러 문제들이 발생하고 있다. 특히 한국은 수많은 문제가 중첩되어 있다. 남한과 북한의 분리, 지역이기주의, 중앙과 지방의 격차, 세대 사이의 갈등, 고령화와 저출산으로 인한 인구비율의 불균형, 성소수자의 권리 침해와 차별, 종교분쟁, 다문화 현상의 빛과 그늘, 문화산업의 허와 실, 도구적 이성의 확대, 인간의 수단화, 생명 경시, 재난, 감정조절장애, 공감능력 약화, 폭력, 자아상실, 무기력, 외로움, 우울증, 자살 등 많은 문제와 가치관의 혼재가 발생하고 있다.

이러한 한국 사회의 현상은 세대, 지역, 계층, 남녀, 이념, 환경 등 거의 모든 분야에서 갈등, 분열, 혐오, 대립 등의 문제가 심각한 것으로 글로벌 시대에 발생할 수 있는 문제들의 종합적인 창고 역할을 하고 있다. 이는 한국 사회의 현상 속에 세계 곳곳에서 발생하는 보편적인 문제의 본질이 포함되어 있음을 의미한다. 이 때문에 한국의 현실에 대한 깊은 성찰은 세계의 현실 문제를 본질적으로 이해하는 면에 기여할 수 있다.

『논어』는 우리 시대 못지않게 인간의 도구화로 인한 인권의 약화와 사회적 갈등이 확산되던 춘추(春秋) 시기에 공자(孔子)와 그의 제자들이 시대 문제의 해결과 바람직한 삶에 관해 대화한 내용을 기록한 지혜의 책이다.

춘추 시기는 철기(鐵器)와 우경(牛耕) 등 새로운 생산양식에 의해 생산력이 크게 발전하였다. 이러한 산업 구조의 변화로 인해 혜택을 입은 신흥세력들은 기존의 질서 체제와 다른 새로운 이념을 추구하였다. 그들은 법가(法家)의 이념에 근거한 '부국강병(富國强兵)'의 기치를 내걸고, 전쟁을 일삼으며 백성들의 삶을 불안으로 안내했다. 젊은이들은 수시로 전쟁터의 군인으로 동원되었고, 남은 가족들의 삶은 피폐해졌다.

공자는 군주의 이익을 위해 백성의 희생을 일상화하는 이러한 통치를 잘못된 정치 행위로 여긴다. 그는 타율적인 법치(法治)보다 자율적인 도덕정치(道德政治)를 가치 있는 것으로 생각한다. 공자는 인간을 인(仁)을 중심으로 하는 도덕성을 갖춘 존재로 여기고, 누구도 인권의 존엄을 훼손해서는 안 되는 것으로 생각한다. 공자는 자신의 인격을 닦고(修身), 다른 사람을 편안하게 하는 것(安人)을 좋은 삶으로 생각한다. 이는 공자가 자신의 삶을 진실하게 가꾸고(忠), 이를 세상에 펼치는 삶(恕)을 인간다움의 구현으로 생각하는 것이다.

한국과 중국을 비롯한 동아시아 국가는 오랫동안 『논어』의 내용을 중심으로 하는 유학사상(儒學思想)의 영향을 받았다. 특히 한국은 조선시대에 유학사상을 국가의 주요 이념으로 여기고, 공자의 삶을 인격적인 삶의 모범으로 생각했으며, 공자의 철학과 교육 내용을 모두가 본받아야 할 가치의 기준으로 삼았다. 인간을 도덕적 존재로 여기는 유학의 이념은 오늘날에도 여전히 많은 사람들에게 중요한 삶의 이정표로 받아들여지고 있다.

본 저서는 『논어』에 담겨 있는 여러 사상 가운데, 평화로운 어울림의 건강한 공동체 사회를 지향하는 21세기의 시대정신에 부합하는 내용을 집중적으로 분석하여 그 의미를 새롭게 모색한다. 특히 선험적인 형이상학의 내용보다 구체적인 삶에서 경험하는 나이와 품격, 배움과 익힘, 바탕과 꾸밈, 원칙과 융통성, 몰라줌과 알아줌, 경쟁과 어울림, 부유와 가난, 부모와 자녀, 법치와 도덕정치, 선비정신과 풍류문화, 죽음과 깨달음, 소인과 군자, 인공지능과 인간 등의 현실적인 주제를 심층적으로 분석하여 그 의의를 조명한다.

2025년 12월

무등산 자락의 가난한 삶터에서

이철승

목 차

12장 | 소인과 군자 239

13장 | 인공지능과 인간 261

論語

學而第一

子曰學而時習之不亦說乎
有朋自遠方來不亦樂乎
人不知而不慍不亦君子乎

[그림] 『논어』 시작하는 글, 「학이」 1장

1장

나이와 품격

論
語

"일흔에 마음이 하고자 하는 일을 해도
법도를 넘지 않았다."

(『논어』, 「위정」)

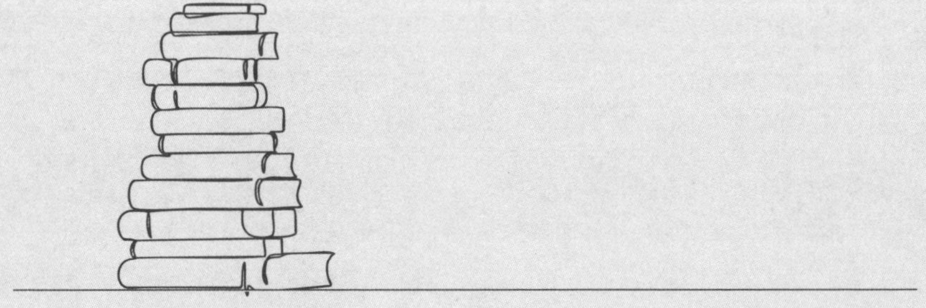

1. 나이의 의미

나이는 시간 개념이다. 나이는 시간의 흐름에 비례하여 증가한다. 시간이 축적될수록 세월의 흐름에 비례하여 나이가 많아진다. 그러나 나이는 공간 개념과 밀접하게 관계한다. 인간을 포함한 생명체는 모두 특정한 공간에서 살아가기 때문이다. 이는 몸을 가진 생명체는 그 몸을 지탱하는 공간이 있어야 생명이 유지될 수 있음을 의미한다.

인간은 누구에게나 나이가 부여된다. 어느 경우에는 태어나기 전부터 나이가 부여되어 태어난 순간에 한 살이 되고, 어느 경우에는 태어난 순간부터 나이가 부여되어 만 1년이 지나야 한 살이 된다. 태어나기 전에 나이가 부여되는 경우는 잉태한 순간부터 생명의 시작으로 여기고, 태어난 이후에 나이가 부여되는 경우는 태어난 순간부터 독립된 생명체로 여긴다. 어느 시점을 생명의 시작으로 여기는지의 문제는 각 나라의 특수한 풍속과 문화 의식에 따라 결정된다. 예컨대 중국이나 미국은 태어난 이후에 나이가 부여된다. 한국은 2023년 5월 31일까지 잉태된 순간부터 나이가 부여되었지만, 2023년 6월 1일부터 태어난 이후에 나이가 부여된다.

그런데 나이에는 여러 의미가 있다. 나이의 많고 적음에 따라 호칭이 달라지고, 그 호칭에 따라 각자의 역할이 부여된다. 가정에서는 어머니, 아버지, 아들, 딸, 할머니, 할아버지, 손주, 형, 언니, 누나, 오빠, 동생 등의 호칭이 주어지고, 그 호칭에 부합하는 역할이 주어진다. 친척과 인척 사이에는 큰아버지와 큰어머니, 작은아버지와 작은어머니, 삼촌, 고모와 고모부, 이모와 이모부, 조카 등의 호칭이 형성된다. 사회에서는 선배, 후배, 어른, 어린이, 청소년, 청년, 중년, 노인 등으로 구분되고, 학교에서는 입학 시기를 결정하는 주요 기준으로 작용한다. 또한 나라에서는 나이에 따른 제도가 만들어진다. 예컨대 한국에서 나이는 입학, 주민등록증 발급, 선거권 획득, 병역의무 시행, 혼인 등의 시기를 결정할 때 중요한 기준이 된다.

이처럼 나이는 제도 이외에도 사회 곳곳에서 영향을 미치고 있다. 특히 예의와 질서, 책임, 역할, 문화생활 등의 분야와 긴밀히 관계한다. 설날에 부모와 웃어른께 세배하는 모습은 아름다운 풍속으로 여겨지고 있고, 대중교통을 이용할 때 노인들에게 자리를 양보하는 모습 역시 예절 바른 행위로 여겨지고 있다.

또한 나이는 품격을 상징하는 역할을 하기도 한다. "나잇값을 하라." 라고 하는 말은 그 나이에 맞는 인격이 있음을 의미하고, "나이가 몇인데 일을 그렇게 했어?"라는 것과 "나이를 헛먹었다."라고 하는 말은 나이에 맞는 역할을 제대로 하지 못했음을 의미한다. 또한 "나이에 비해 성숙했다."라고 하는 말은 어린 나이임에도 어른스러운 태도를 보이고 있음을 의미하고, "나이는 숫자에 불과하다"라는 말은 나이가 많음에도 젊은이 못지않은 건강한 생각을 유지함을 뜻한다.

이처럼 나이의 의미는 21세기인 현재에도 생활의 다양한 영역에 깊게 투영되고 있다. 이는 나이가 인간의 삶에 매우 중요한 역할을 하고 있음을 의미한다. 그렇다면 『논어』에서는 나이의 의미를 어떻게 이해하고 있을까?

2. 뜻을 세우는 나이

> 나는 열다섯에 배움에 뜻을 두었다.(『논어』, 「위정」)[1]

이는 공자가 자신의 삶을 회고하면서 열다섯 살에 배움의 중요성을 인식하고, 그 배움에 뜻을 두기 시작했음을 의미한다. 수명의 평균 연령이 지금보다 낮은 공자 시대의 나이를 현대와 동일하게 취급하거나 단순하게 비교하는 것은 무리이다. 그러나 인간이 자신의 삶을 돌이키면서 나이를 중요한 성찰과 역할의 기준으로 삼는 것은 의미가 있다.

현대사회는 공자 시대보다 수명의 평균 연령이 높고, 배움을 본격적으로 시작하는 초등학교에 입학하는 나이도 8세 전후이다. 15세는 일반적으로 중학교를 다니는 나이이다. 중학교에서는 인격도 연마하지만, 여러 교과목으로 구성된 다양한 지식을 배운다. 그러나 공자가 말하는 배움이란 단순히 글만을 의미하지 않는다. 여기에서 배움이란 글공부를 배제할 수 없지만, 본질적으로 훌륭한 삶을 사는 사람들의 인격을 본받는 것이다. 이는 공자가 15세에 진정한 삶의 의미를 찾기 시작했음을 뜻한다. 이때 공자는 도구적 이성에 의한 수단의 습득이 아니라, 인간의 정체성에 해당하는 인간다움의 구현을 배움의 주요 내용으로 여겼다.

공자가 말한 15세의 가치는 현대사회에서 어떻게 이해되고 적용될 수 있을까? 배움의 시작에 관한 공자의 관점은 현대사회에서 자신의 정체성을 찾는 것과 관련이 깊다. 이는 현대사회에서 "나는 누구인가?", "나의 본질은 무엇인가?", "나는 어디에서 와서 어디로 가는가?",

"어떻게 살아야 하나?" 등의 문제와 관련이 될 수 있다.

이처럼 자신의 삶을 근원적으로 성찰하고, 이후에 펼쳐질 삶을 전망하며, 삶의 과정을 성실하게 준비하는 자세는 오늘날에도 여전히 필요하다. 이러한 자세로 삶을 꾸리는 사람과 그렇지 않은 사람의 삶의 내용은 다를 수밖에 없다. 삶을 알차게 가꾸고 풍요롭게 구성할 확률은 전자가 후자보다 높다. 그렇다면 현대사회에서 이러한 삶의 자세를 갖출 시기는 언제가 적절할까? 이는 사람마다 다를 수 있다. 사람에 따라 초등학생, 중학생, 고등학생, 대학생 등 각각의 시기에 자각할 수 있고, 어느 경우에는 어른이 되어서도 깨닫지 못할 수 있다.

비록 자각하는 시기의 차이가 있을지라도, 대학생 시절은 자신의 삶의 존재 근거와 구조와 전망에 대해 성찰할 수 있는 좋은 기회이다. 현재 대학생들의 나이는 평균 20대이다. 대학생의 삶은 여러 면에서 고등학교 때와 다르다. 특히 이 시기는 대학 입학을 목표로 여러 교과목의 지식 습득을 중요하게 여기는 고등학교 때의 생활이 지속되기 어렵다. 이러한 환경 변화는 부모에게 의존하는 태도에서 벗어나 자의식을 확립시키도록 유도한다. 실제로 많은 대학생들이 이 기간에 자신의 삶을 진지하게 돌아보고, 현재를 점검하며, 미래를 의미 있게 준비한다. 학생들은 각자가 선택한 전공뿐만 아니라, 다양한 분야의 학문을 공부할 수 있다. 또한 그들은 자신의 존재, 사회 구조, 공동체, 현실, 미래 등 다양한 방면을 깊게 성찰할 수 있다. 이는 대학생 시절이 자신의 삶을 되새김하고, 자신의 특성을 파악하며, 미래를 설계하기에 좋은 기회임을 말한다.

3. 삶을 정립하는 나이

서른에 정립했다.(『논어』, 「위정」)[2)]

이는 공자가 나이 서른에 자신의 가치관을 정립했음을 의미한다. 공자는 15세에 배움에 뜻을 둔 이래, 15년 동안 자신의 인격을 닦으면서 미래의 삶을 준비했다. 그는 나이 서른에 이르러 어떻게 사는 것이 바람직한 삶인지에 대해 확고한 신념을 세웠다. 그는 당시의 사회에 대해 약육강식(弱肉强食)의 풍조가 확산되는 것으로 판단하고, 이를 개선하기 위해 도덕성의 회복이 필요할 것으로 생각했다. 왜냐하면 약육강식 문화의 확산은 강자가 약자를 힘으로 지배하는 폭력이 난무하는 상황이 발생하여 사회적 약자들의 인권이 무차별적으로 침해당하기 때문이다. 예컨대 탐욕으로 가득 채워진 권력자가 자신의 이익을 확보하기 위해 전쟁을 일으키면 힘없는 백성들의 삶은 피폐해질 수밖에 없다. 실제로 공자가 살던 시대에는 주(周)나라의 질서 체제가 붕괴되고, 부유한 경제와 강한 군사력으로 무장한 새로운 세력에 의해 명분 없는 전쟁이 많이 발생하였다. 그 전쟁이 일어날 때마다 백성들의 고통은 심화되었다.

그는 경제와 국방이 백성들의 삶을 풍요롭게 하고 국가의 안녕에 필요할 것으로 생각한다. 그러나 그는 경제와 국방이 백성들을 위하지 않고, 지배층들의 권력 강화를 위한 도구로 사용되는 것을 반대한다. 공자가 보기에 당시의 신흥세력들은 자신들의 권력 강화를 위해 부유한 경제와 막강한 군사력을 사용하였다. 이 때문에 당시의 백성들은 고통에 휩싸였다. 공자는 이러한 문제를 극복하기 위해 인(仁)으로 상징되는 도덕 사회의 건설이 필요할 것으로 생각했다. 이는 그가 나이 서른에 이익 확보를 통한 부유한 삶의 추구가 아니라, 자신의 인격 수양을 토대로 하여 불평등한 사회의 정의를 구현하고자 하는 의지를 다졌음을 의미한다.

나이 삼십에 정립하는 이러한 공자의 가치관이 21세기에 어떻게 적용될 수 있을까? 현대사회는 공자의 시대보다 복잡하고 다양하다. 인구와 국가는 그때보다 훨씬 많고, 여러 사상과 문화도 더 광범위하게 전파되고 있으며, 사람들의 가치관 역시 다양하게 펼쳐지고 있다.

특히 오늘날 한국 사회에서 30대의 삶은 여러 상황이 혼재되어 나타나고 있다. 대학을 졸업한 사람들은 대부분 취업을 위해 노력하지만, 취직을 하는 경우와 그렇지 못한 경우가 있다. 취직을 한 경우에도 정규직과 비정규직으로 구분된다. 비정규직에 취업한 사람은 정규직으로 일하는 사람보다 근무 환경이 열악하고, 보수도 낮다. 이 때문에 비정규직에 있는 사람 가운데 상당수는 생활에 어려움을 겪고 있다.

그런데 취업을 하지 못한 사람들은 생활이 매우 어렵다. 그들 가운데 일부는 부모의 도움을 받는 경우도 있지만, 그렇지 못한 사람들도 많다. 일부의 사람들은 파트 타임으로 일하는 아르바이트를 통해 기본적인 생활비를 충당하지만, 아르바이트 자리를 구하는 것 역시 쉽지 않다. 이처럼 경제적으로 자립할 수 없는 처지에 있는 사람들 가운데 상당수는 자존감이 높지 않다. 자존감이 떨어지는 상태가 지속될 경우,

삶에 회의를 느끼며 대인기피증과 우울증에 시달리기도 한다.

또한 한국 사회에서 나이 30대는 혼인 적령기로 통한다. 그러나 혼인 적령기임에도 혼인을 하지 못하는 경우가 많다. 혼인을 하더라도 2세를 출산하지 않는 경우가 증가하고 있다. 혼인에 필요한 경제적 비용이 적지 않을 뿐만 아니라, 혼인 이후에 책임져야 할 가족의 부양에 부담이 크기 때문이다. 1970년에 4.53이었던 한국의 출산율이 2024년에 0.75로 OECD 국가들의 평균에 미치지 못하는 하위권에 속한다는 사실은 이를 증명하는 지표이다.

그런데 비록 정규직에 취직을 한 30대 일지라도, 직장에 팽배한 배타적 경쟁을 통한 승자 독식의 문제가 적지 않다. 개인의 이기심을 적극적으로 권장하는 신자유주의 이념이 만연한 한국 사회에서 개인은 대부분 원자화되고 파편화된 상태에서 세상과 맞서야 한다. 끊임없이 요구되는 성과 중심의 직장 문화는 개인의 인격 수양을 통한 평화로운 공동체 사회의 구축에 참여할 수 있는 기회를 확보하기 어렵게 만든다.

이처럼 현재 한국 사회에서 30대는 자신의 정체성을 확립하여 건강한 사회를 이루기 위한 환경을 조성하기가 쉽지 않다. 그럼에도 적지 않은 30대가 사회의 부조리를 비판하며 공정하고 평등한 사회를 건설하기 위해 노력하고 있다. 공자의 경우, 당시의 불합리한 사회의 풍조를 맹목적으로 따르는 것을 지양하고, 건강한 사회를 조성하기 위해 자신의 가치관을 정립하였다. 오늘날 더 많은 한국의 30대가 공자의 이러한 정신을 비판적으로 계승하여 한국 사회에 적용한다면 한국의 미래는 더욱 밝게 전개될 수 있다.

4. 유혹에 흔들리지 않는 나이

> 마흔에 미혹되지 않았다.(『논어』, 「위정」)[3]
>
> 나는 마흔에 마음이 흔들리지 않았다.(『맹자』, 「공손추상」)[4]

이는 나이 40에 어떤 유혹이 와도 흔들리지 않는다는 의미이다. 나이 40이면 인생의 황금기라고 할 수 있다. 개인적으로는 가정의 중추이고, 사회적으로는 사회에서 중심 역할을 하는 시기이다. 이 시기는 역할이 왕성한 만큼 그에 따른 유혹도 많다. 그런데 유혹은 사람이 절실하게 필요한 것으로 다가올 때 흔들리기 쉽다. 절실하지 않은 사람에게 그가 필요하지 않은 것으로 유혹할 경우, 그 사람이 유혹에 흔들릴 가능성은 적다. 그러나 그 사람이 정말 간절하게 필요한 것으로 유혹할 경우, 그 유혹에 넘어갈 수 있다. 예컨대 경제가 필요한 사람에게 경제로 유혹하는 경우, 지위가 필요한 사람에게 지위로 유혹하는 경우, 명예가 필요한 사람에게 명예로 유혹하는 경우, 이성(異性)이 필요한 사람에게 이성으로 유혹하는 경우, 건강이 필요한 사람에게 건강으로 유혹하는 경우 등은 각각 다른 분야로 유혹할 때보다 성공할 가능성이 높다. 물론 모든 사람이 이 유혹에 흔들리는 것은 아니다. 아무리 절실하게 필요한 것이 있을지라도, 옳지 않은 유혹을 물리치는 경우가 적지 않기 때문이다. 공자는 이러한 다양한 유혹의 상황에서 그 유혹에 미혹되지 않고, 자신의 정체성을 지켰다. 공자는 40대에 지위, 이성, 경제 등의 유혹을 받는 상황이 닥치더라도, 한결같은 마음으로 자신의 인격 수양을 통해 세상의 병폐를 치유하기 위해 노력했다.

그렇다면 현대 한국 사회에서 이 시기에 해당할 만한 40~50대에게 다가오는 유혹은 무엇이고, 40~50대는 그 유혹에 어떻게 대처하고 있을까? 오늘날 한국의 40~50대는 바쁘다. 중년으로서 가정과 사회에서 중추적인 역할을 담당한다. 가정에서는 자녀 교육을 책임지고 있고, 부모의 건강과 평안에 관심을 기울여야 한다. 또한 직장에서는 자신의 능력을 최대로 제고시켜 의미 있는 성과를 도출해야 한다. 일하는 시간의 많음과 달리, 여가 시간은 적다. 휴식이 필요하지만, 만족할 만큼 쉴 여건이 조성되지 않는다. 이 연령대의 직장인들 가운데 상당수는 책임을 완수하기 위해 희생과 봉사를 통해 주어진 임무를 수행한다. 유혹은 이러한 상황에 처한 사람들에게 자연스럽게 다가간다. 유혹의 내용은 다양하다. 유혹은 각 사람들의 필요에 해당하는 내용으로 채워진다. 일부의 사람들이 이러한 유혹에 흔들리거나 넘어간다. 대중매체에 등장하는 다양한 부패와 비리는 이러한 유혹을 극복하지 못한 상태에서 나타나는 현상이다.

[그림] 의로움을 향한 시민의 함성
(20241228, 서울 광화문)

그러나 많은 사람들은 힘들고 어려운 상황일지라도, 유혹에 흔들지 않는다. 그들은 자신의 신념을 지키며 바른 삶을 추구하기 위해 노력한다. 그들은 스스로를 사회적 존재로 생각하고, 개인의 인격과 공동체의 평화를 긴밀하게 연결한다. 이 때문에 그들은 사회에 불의(不義)한 상황이 발생할 때, 그 불의에 항거하는 여론을 주도적으로 일으키며 정의가 살아 있는 사회를 건설하기 위해 노력한다. 2016~2017년의 '촛불혁명'과 2024년~2025년의 '빛의 혁명'은 21세기 한국 사회에서 발생한 비민주적이고 불의한 상황을 극복하여 참된 민주주의를 실현하는 평화 운동의 상징이다. 특히 이 두 혁명 기간에 한국의 많은 40~50대는 불의에 저항하는 평화 행진에 적극적으로 동참하여 'K-민주주의'를 구현하고자 하였다.

5. 세상의 이치를 아는 나이

> 쉰에 천명을 알았다.(『논어』, 「위정」)[5]

공자는 나이 50이 되어 세상의 이치를 의미하는 천명을 알았다고 한다. 이는 50년 정도 살면 연륜이 축적되어 세상이 어떤 원리에 의해 운행되는지를 알 수 있음을 의미한다. 세상의 이치는 오직 지식이나 경험만으로 알 수 있는 것이 아니다. 세상의 이치는 지식과 경험의 축적을 통한 지혜로 알 수 있다. 이러한 세상의 이치를 알면 삶이 순조로워질 수 있다. 삶이 순조롭다는 것은 어떤 일을 무리하게 추진하지 않는다는 뜻이다. 이는 게으름이나 조급함으로 일을 진행하지 않고, 주관적인 아집으로 일을 진행하지 않음을 의미한다. 이러한 삶은 항상 바른 이치를 추구하기 때문에 자신의 인격 향상에 도움이 될 뿐만 아니라, 세상의 품격 향상에도 기여할 수 있다.

실제로 공자는 생활이 어려웠다. 그는 잠시 관직에 나아간 적이 있지만, 경제적으로 풍요롭지 않은 생활을 오래 했다. 그럼에도 그는 이기적인 삶을 살지 않았다. 그는 타인을 배타적인 경쟁 대상으로 여기지도 않았다. 그는 다른 사람을 평화롭게 어울려야 할 대상으로 여겼다. 이는 그가 50대에 자신만의 평안함을 위한 삶이 아니라, 세상의 평화를 구현하기 위해 노력했음을 의미한다. 그는 사람들에게 인간다운 삶의 소중함을 설파하며 어려운 처지에 있는 사람들을 구제하고자 했다. 이때 그가 추구하는 인간다운 삶이란 인간의 정체성과 깊게 관련되는 인의예지(仁義禮智)로 상징되는 도덕성이 구현되는 삶이다. 그는 이 도덕성의 근거를 하늘에서 찾는다. 그는 원형이정(元亨利貞)으로 상징되는 '하늘의 길[天道]'을 인간이 자각적으로 본받아 인의예지의 '사람의 길[人道]')이 내부에서 형성된 것으로 이해한다. 이 인의예지가 인간의 정체성에 해당하는 도덕적 본성이다. 이 때문에 그는 하늘의 길과 사람의 길이 통일되어야 할 것으로 생각한다.

공자의 이러한 지혜는 21세기가 진행되고 있는 현대사회에도 의미 있게 적용될 수 있다. 『논어』에서 말한 50세를 현대사회의 50세로 단순하게 대입할 필요는 없다. 현대사회에서 인생의 연륜이 깊고 세상의 이치를 알 만한 나이는 대략 회갑을 맞이하는 60세 정도로 여기는 것도 하나의 방법일 수 있다. 이 정도 나이면 연륜을 통해 세상살이의 본질을 파악할 수 있고, 타인의 삶을 이해하는 면에 지혜를 발휘할 수 있다. 물론 그렇지 못한 사람들도 있을 수 있지만, 많은 사람들은 여기에 해당한다.

그런데 현대 한국 사회에서 60대는 여러 상황을 중층적으로 맞이하면서 이전보다 큰 생활의 변화를 경험한다. 나이는 중년에서 노년으로 향하는 과도기에 해당하고, 개인적인 측면에서는 퇴직으로 인해 이전과 다른 환경이 주어진다. 퇴직으로 인한 수입 감소는 가정 경제에 많은 영향을 미치고 있다. 자녀는 대부분 독립된 가정을 꾸리고, 상당수의 부모가 이 시기를 전후로 해서 사망한다. 또한 이 시기는 건강이 더 나빠지고 의료비의 부담이 증가한다. 일을 하지 않으므로 인해 많아진 시간을 무료하게 보내는 경우도 적지 않다.

그럼에도 사람들은 새로운 삶을 알차게 준비한다. 이 연령대의 사람들은 각각 자신의 삶을 성찰하며 남은 인생의 방향을 설계한다. 그들은 평생 교육기관 등을 통한 재교육의 학습이나 다양한 취미 생활을 통해 새로운 활력을 찾고, 지혜의 나눔과 재능 기부 등을 통해 건강한 공동체 사회 건설에 이바지한다. 이는 그들이 사회적 실천을 통해 공동체의 안녕과 질서를 구현하기 위해 노력하고 있음을 말한다. 이러한 삶의 태도는 세상의 이치를 알 뿐만 아니라, 깨달은 이치를 삶 속에서 직접 실천하는 것이다.

이는 『논어』에서 강조하는 나이에 맞는 삶의 태도에 관한 사상이 온갖 문제가 끊임없이 발생하고 있는 21세기의 문제를 해결하는 면에 이론적인 부분과 실천적인 방면에서 모두 유의미하게 적용될 수 있음을 의미한다.

6. 너그러워지는 나이

> 예순에 귀가 순해졌다.(『논어』, 「위정」)[6]

이는 60세쯤 되면 어떤 문제가 발생해도 당황하지 않고 순조롭게 대처할 수 있음을 의미한다. 공자는 50대에 세상의 이치를 알았기 때문에 지혜로운 삶으로 일관하였고, 60대에 관계 윤리를 터득했기 때문에 평소 생활을 어진[仁] 자세로 일관할 수 있었다. 이 때문에 주위 사람들은 그윽하게 전달되는 그의 온화한 향기를 꾸준히 맡을 수 있었다. 이처럼 '귀가 순해진다'라는 것은 누군가가 거칠게 말하더라도, 그에게 화내거나 짜증내지 않고 부드럽게 대한다는 뜻이다. 이는 그 거친 말 속에 담긴 참뜻을 제대로 헤아려서 그에게 온화하게 화답하는 인자함의 반영이다.

현대사회에서 '귀가 순해지는' 시기는 언제쯤일까? 이는 사람마다 다를 수 있다. 어떤 사람은 젊었을 때부터 이러한 생활을 하기도 하고, 어떤 사람은 노인이 되어서도 그렇게 살지 못하는 경우가 있다. 또한 그러한 삶을 추구하는 사람도 있고, 선호하지 않는 사람도 있으며, 그러한 삶에 관심이 없는 사람도 있다. 이처럼 '귀가 순해지는' 삶에 대한 관점이 환경과 성향과 가치관에 따라 그 시기가 다를지라도, 인생을 관조하는 경지에 이르는 사람들 가운데 상당수는 노인이라고 할 수 있다.

특히 70대 이상의 노인들 가운데 적지 않은 사람들이 귀가 순해질 정도로 품격을 갖춘 삶을 살고 있다. 그들은 사사로운 이익을 위해 타인에게 해를 끼치는 일을 하지 않고, 사회 정의를 구현하기 위해 솔선수범의 생활을 한다. 그들은 인생을 관조하며 사회의 그늘진 곳을 찾아 인자한 모습으로 사랑을 베푼다.

한편 현대 한국 사회에서 70대 이상의 노인들 가운데 적지 않은 사람들은 삶의 환경이 열악하다. 그들에게는 타인을 배려하거나 인생을 관조할 만한 여유가 없다. 건강 문제, 경제 문제, 외로움 문제 등은 그들이 마음의 여유를 가질 수 없게 하는 주요 내용 가운데 일부이다. 그들은 지친 몸과 마음을 추스르고 새로운 희망을 품을 여력이 약하다. 자신의 삶을 꾸준히 지탱할 수 있는 여건이 지속적으로 제공되지 않기 때문이다. 이 때문에 그들은 귀를 순하게 하여 다른 사람과 평화롭게 어울리는 삶을 버겁게 생각한다.

그러나 21세기의 한국 사회에서는 비록 열악한 환경에 처했을지라도, 자신의 환경을 극복하며 고품격을 유지하는 노인들이 많다. 그들은 외적 환경의 어려움을 내면의 도덕의식으로 승화시키며 인격 향상을 위해 노력한다. 그들은 항상 스스로의 삶을 성찰하며 겸허한 자세로 일관한다. 그들은 상대의 말을 진심으로 경청하고, 늘 온화한 얼굴과 부드러운 말씨로 상대를 대한다.

이 때문에 그들의 미소는 주위 사람들을 평안함으로 안내한다. 또한 그들의 이해와 배려하는 마음은 공동체의 평화를 구현한다. 이러한 그들의 태도는 『논어』에서 말하는 '귀가 순해진다'라는 의미의 현실화라고 할 수 있다.

7. 자유함의 만끽

> 일흔에 마음이 하고자 하는 일을 해도 법도를 넘지 않았다.
>
> (『논어』, 「위정」)[7]

이 말은 공자가 인생을 달관한 경지에서 한 표현이다. 이는 70세쯤이면 하고자 하는 일이 무엇이든지 그것을 하더라도 진리에 어긋나지 않는다는 의미로서 자유함의 극치를 드러내는 말이다. 자유함은 걸림이 없이 책임을 완수하는 단계이다. 그것은 틀, 율법, 관습 등에 얽매이지 않는 상태로서 인간이 누릴 수 있는 최고의 경지이다. 공자는 그가 죽기 몇 년 전에 이 말을 했다. 이는 그가 죽음 앞에서 살아온 흔적을 돌아보며 부끄럽지 않게 살았음을 밝히는 말이다.

인간은 대부분 자유롭기를 원한다. 그러나 그 자유를 향유하는 것은 쉽지 않다. 자유를 누리기 위해서는 갖추어야 할 도리가 있다. 자유에는 기본적으로 두 가지 의미가 있다. 하나는 강제와 억압이 없는 것이고, 다른 하나는 자율이다. 전자는 자신이 하고 싶은 대로 하는 것이지만, 그것을 적절하게 통제하지 않는다면 방종과 방임으로 흐를 수 있다. 방종과 방임은 자신의 인격을 해칠 뿐만 아니라, 타인에게 피해를 줄 수 있다. 예컨대 타인이 원하지 않는 일을 제멋대로 하여 범죄로 이어진다면, 이는 처벌의 대상이 될 뿐만 아니라 타인의 삶을 불행으로 안내할 수 있다.

이 때문에 사회적 존재임을 자각하고, 타인과 평화로운 관계를 유지하고자 하는 사람들은 이러한 방임의 자유를 경계한다. 자율로서의 자유는 이러한 방임의 자유가 드러내는 문제를 해결하기 위해 등장하였다. 자율은 스스로 질서를 지키는 책임의식의 반영이다. 이러한 자유는 타인에게 피해를 주지 않고, 타인과 평화로운 관계를 유지하는 가운데 자신의 자유를 향유한다.

공자가 말하는 법도를 넘지 않는 자유는 방임의 자유가 아니라, 스스로 책임을 지고 질서를 유지하는 자유이다. 공자는 이러한 자유의 향유를 진정한 삶의 의미로 여긴다. 이러한 공자의 자유의식은 현대인들에게도 의미 있게 적용될 수 있다. 오늘날 많은 사람들은 자유로운 삶을 살지 못하고 있다. 온갖 굴레들이 각자의 삶을 휘감고 있기 때문이다. 이러한 구속은 삶의 만족도를 약화시키고, 인간의 존엄성을 유지하는 면에 장애가 된다. 이러한 속박으로부터 해방될 때 삶의 의미는 확장된다.

현대 한국 사회에서 공자가 말하는 70세의 의미를 반드시 특정한 연령에 대입할 필요는 없다. 이러한 자유는 노인에게만 해당되는 것이 아니고, 거의 모든 연령대에 필요하기 때문이다. 이러한 자유의 향유는 80대 이상의 노인에게서도 나타날 수 있지만, 인격 수양이 잘 된 젊은

이들에게서도 나타날 수 있다.

[그림] 공자 像
(72m. 20191130, 중국 尼山書院)

이처럼 하고 싶은 대로 해도 법도에 어긋나지 않는 자유를 누리는 사람들의 특징 가운데 하나는 탐욕을 제거하고 의로움을 구현하는 일이다. 그들은 사사로운 욕심을 상징하는 이기심을 지양하고, 공공의 의로움을 추구한다. 그들은 배타적 경쟁의식의 발휘를 통해 타인을 배제시키는 태도에 동의하지 않는다. 그들은 평화로운 어울림을 통한 건강한 공동체 사회의 건설을 지향한다. 그들은 이기심의 비움을 통해 사랑이 충만하게 펼쳐지기를 소망한다. 오늘날 공자가 말하는 진정한 자유는 이러한 삶을 추구하는 사람에게서 나타날 수 있다.

생각해 볼 문제

1. 삶의 과정에서 나이를 의식할 필요가 있을까? 아니면 의식할 필요가 없을까? 그 이유는 무엇일까? 이에 대해 생각해 보자.

2. 나이를 품격과 관련시킬 필요가 있을까? 아니면 없을까? 각각의 이유에 대해 생각해 보자. 만일 나이를 품격과 관련시킨다면 그 품격의 내용이 무엇인지에 대해 생각해 보자.

3. 뜻을 세우는 나이, 삶을 정립하는 나이, 유혹에 흔들지 않는 나이, 세상의 이치를 아는 나이, 너그러워지는 나이, 경계를 초월하는 자유로움을 만끽하는 나이 등의 의미를 생각해 보자.

1) 『論語』, 「爲政」, "吾十有五而志于學."

2) 『論語』, 「爲政」, "三十而立."

3) 『論語』, 「爲政」, "四十而不惑."

4) 『孟子』, 「公孫丑上」, "我四十不動心."

5) 『論語』, 「爲政」, "五十而知天命."

6) 『論語』, 「爲政」, "六十而耳順."

7) 『論語』, 「爲政」, "七十而從心所欲不踰矩."

2장

배움과 익힘

論語

"배우고 때에 맞게 익히니, 또한 기쁘지 아니한가?"

(『논어』, 「학이」)

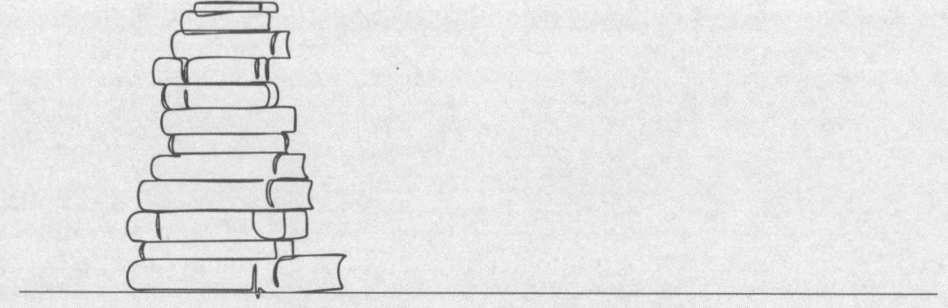

1. 배움과 익힘의 개념

배움[學]이란 가르침, 물음, 생각 등을 통해 이루는 앎이나 먼저 깨달은 사람의 삶을 본받음의 의미이고, 익힘[習]이란 그 글자가 '자주 나는 새'의 모습을 형상하듯이 배운 내용을 반복적으로 연습하고 훈련하고 실천하는 것을 의미한다.

곧 가르침이란 먼저 깨달은 사람이 아직 깨닫지 못한 사람에게 그가 깨달은 내용을 전해 주고, 배움이란 아직 깨닫지 못한 사람이 먼저 깨달은 사람의 삶을 본받는 것이다. 이처럼 배움은 글이나 새로운 내용을 아는 지식뿐만 아니라, 사람답게 사는 삶을 아우른다. 또한 익힘이란 배운 내용을 암기하는 데서 만족하지 않고 끊임없이 연습하고 훈련하거나, 인간이 살아가면서 지키고 가꾸어야 할 도리를 쉬지 않고 실천하는 것이다.

그런데 배움에는 반드시 대상이 있다. 대상이 없는 배움은 존재할 수 없다. 그 배움의 대상은 인문학, 사회과학, 자연과학, 공학, 의학, 예술, 체육, 취미, 놀이, 일, 인격 등 다양하다. 그 대상은 시간과 공간의 영향을 받는다. 이는 배움의 대상이 그 사람의 심리 상태나 처한 상황에 따라 여러 모습으로 형성될 수 있고, 다른 사람과 관계하면서 새롭게 형성될 수 있음을 의미한다.

이 때문에 무엇을 배우는지에 따라 실천의 내용이 달라진다. 예컨대 도둑질을 배우고 그 배운 내용을 때에 맞게 실천하면 남의 물건을 훔치게 되지만, 학생이 수학 공식을 배우고 그 배운 내용을 잘 활용하면 수학의 발전에 기여할 수 있다. 또한 착한 사람의 삶을 본받으면 자신의 품격을 향상시킬 뿐만 아니라, 그가 속한 사회의 평화에 도움이 된다. 이는 배움이 그 대상에 따라 다양한 내용으로 나타나고, 익힘의 정도에 따라 배운 내용의 실현 여부가 결정됨을 의미한다.

[그림] 익힘을 상징하는 바다 위를 나는 새 (20230304)

이러한 배움과 익힘은 과거뿐만 아니라, 오늘날에도 여전히 중요하다. 사람들은 각자의 상황과 여건에 따라 배움과 익힘의 내용에 대한 공통점과 차이점을 갖춘다. 가정, 학교, 직장, 사회 등 거의 모든 곳이 배움터이다. 특히 현대사회에서 살아가는 사람들은 새로운 정보가 끊임없이 생성되기에 대학을 졸업한 후에도 배움을 추구한다. 평생교육의 중요성이 증가하는 것은 이러한 실정을 반영하기 때문이다.

그런데 배움의 깊이와 폭 및 익힘의 내용은 사람마다 다르고, 시기마다 다르다. 예컨대 유치원, 초등학교, 중학교, 대학교, 대학원 등에서 배우는 내용은 차이가 있다. 특히 전문 분야는 일반적인 수준을 넘어서는 영역이므로 내용이 깊을 뿐만 아니라 폭이 넓다. 실제로 21세기가 진행되고 있는 오늘날, 다양한 분야에서 많은 사람들이 각각의 전문 영역에 종사하고 있다.

또한 한 사람에게서도 시기와 처지에 따라 배움과 익힘의 내용이 다르다. 어린 시절, 청소년 시절, 중장년 시절, 노년 시절, 경제 상황, 가정 환경, 사회생활 등에 따라 배움의 대상에 차이가 있고, 익힘의 정도가 다르다.

이처럼 각자의 처지에 따라 배움의 대상과 시기에 차이가 있지만, 인격은 태어나면서부터 죽을 때까지 지속되는 배움의 영역이다. 나이가 많고, 지식이 풍부하며, 경제력이 풍성하고, 지위가 높을지라도, 인격이 성숙되지 못하면 신뢰를 얻지 못한다. 신뢰를 획득하지 못하면 사람들로부터 외면당하기 때문에 중요한 일을 추진하기 어렵다. 이는 인격이 나이, 지식, 경제, 지위 등에 얽매이지 않음을 의미한다. 인격은 도구적 이성과 거리가 있는 품격 있는 삶을 규정하는 가치의 근거이기 때문이다.

[그림] 〈'교학상장'비〉
(20251112, 조선대 교정)

공자는 생활에 유용한 다양한 지식과 기술의 필요성을 인정한다. 이러한 지식과 기술을 배우고 익힐 때 삶의 환경이 개선되기 때문이다. 그러나 공자는 이러한 지식과 기술을 배움의 최고 경지로 여기지 않는다. 그는 높은 인격을 토대로 하는 품격 있는 삶을 배움과 익힘의 최고 경지로 생각한다. 이는 그가 인간을 생물학적인 욕망 충족에 머무르는 존재가 아니라, 합리적인 이성의 발휘를 통해 평화로운 문화를 건설하고, 인의예지(仁義禮智)의 도덕성을 반영하는 수기안인(修己安人)의 정신을 구현하는 소중한 존재로 여기고 있음을 의미한다.

이러한 공자의 관점은 도구적 이성에 의해 인간을 수단화하는 경향이 증가하고 있는 오늘날에도 여전히 유효하다.

2. 배움과 생각

배우고 생각하지 않으면 어둡고, 생각하고 배우지 않으면 위태롭다.
(『논어』, 「위정」)[1)]

태어나면서부터 시작되는 배움의 과정은 죽을 때까지 지속된다. 이 배움은 대상과 방법과 정도가 사람마다 다를 수 있지만, 배운 내용을 지혜롭게 활용하여 건강한 공동체 사회를 이루는데 기여하고자 하는 면에서 공통점을 드러낸다. 이는 배움이 인격 형성을 비롯한 삶의 전 과정과 긴밀하게 관련되고 있음을 의미한다.

이 때문에 인류는 가정과 사회에서 배움을 중시했다. 가정은 사람이 태어날 때부터 거처하는 곳이기 때문에 배움의 터전이 된다. 자녀는 부모의 삶을 통해 배움이 시작되고, 부모는 자녀의 성장을 보며 배움의 방향을 안내한다. 이처럼 배움의 내용은 부모와 자녀를 비롯한 다양한 가족 구성원들의 유기적인 관계를 통해 증폭된다.

인류는 역사가 진행되면서 이러한 가정을 통한 배움을 사회에서 흡수하였다. 국가는 학교라는 교육기관을 세워 배움을 체계적으로 관리했다. 선각자들은 그 시대의 보편적 가치관에 입각하여 학교가 나아가야 할 방향을 제시하며 교육을 담당했다. 학생들 또한 이러한 학교의 정책에 능동적으로 부응하며 자신의 삶을 설계했다.

이처럼 배움의 결집체인 학교는 오늘날에도 여전히 인재를 양육하여 배출하는 기관으로 여겨지고 있다. 교육 과정도 초등학교부터 중학교와 고등학교를 거쳐 대학과 대학원까지 여러 단계로 구성되어 있다. 특히 대학은 배움의 중추 기관으로서 많은 사람들의 집중적인 관심의 대상이 되고 있다.

우리나라 사람들 역시 상당수가 교육기관인 학교를 백 년 이상의 미래를 준비하는 인재 양성소로 여긴다. 특히 그들은 대학을 지성의 산실로 여긴다. 그들은 대학을 순수한 학문 탐구와 취업을 위한 진로 준비 및 인성 함양과 사회적 책임의식을 배양하는 기관으로 생각한다. 이는 학생들에게 전공 분야에 대한 섭렵, 졸업 이후의 진로 준비, 창의적인 사고와 비판정신의 배양, 윤리의식과 역사의식의 함양 등 이른바 '교양 있는 전문인'의 역할을 요청하는 것이다.

이와 같은 관점에 입각한 학생은 배울 때에 수동성과 소극성을 지양하고, 능동성과 적극성을 띤다. 이러한 태도는 주체적인 사유를 동반하기 때문에 배운 내용을 의미 있게 활용할 수 있다. 그러나 수동적으로 획득되는 지식은 참다운 지식이 될 수 없을 뿐만 아니라, 남의 지식이기에 내가 유효하게 활용할 수 없다. 그 지식은 나의 주체적인 사유가 개입된 상태에서 확보되는 정확한 이해와 거리가 멀기 때문에 그것을 현실에 적용할 때에 능동적인 대처 능력이 약하다. 따라서 이러한 앎은 본질적인 이해가 아니라 현상적인 이해이므로 의미 있게 활용하는 면에 제한적이다. 이 때문에 공자는 배울 때에 주체적인 생각의 중요성을 강조한다.

또한 의식 있는 학생은 생각할 때에 독단적인 아집에 빠지지 않기 위해 노력한다. 그는 주체적으로 사유하면서 역사적으로 축적된 내용을 배움의 대상으로 삼는다. 이때 배움의 대상은 전공 지식뿐만 아니라, 보편적 가치와 바른 인생관을 포함한다. 만일 사회적으로 축적된 지혜를 배움의 대상으로 삼지 않고 자신의 생각만을 최고의 가치로 여긴다면 그 사유는 합리적인 관계를 형성하는 면에 장애가 될 수 있다. 이러한 사유는 공자가 지적한 것처럼 독선적으로 흘러 위태롭기 때문에 자신은 물론 주위 사람들에게 상처를 입힐 수 있다.

공자는 이러한 문제를 해결하기 위해 능동적인 배움과 주체적인 사유를 유기적으로 결합할 것을 주문한다. 능동적인 배움은 삶의 활력을 불어넣을 수 있고, 주체적인 사유는 배움의 뿌리를 견고하게 할 수 있기 때문이다. 따라서 "배우고 생각하지 않으면 어둡고, 생각하고 배우지 않으면 위태롭다."라는 『논어』의 구절을 21세기의 시대 상황에 부응하기 위해 "능동적으로 배우고 주체적으로 생각하면 밝아지고, 주체적으로 생각하고 능동적으로 배우면 안전하다."라고 풀이할 때, 그 현실적 의의가 더욱 생생하게 전달될 수 있다.

3. 앎과 행함

> 아는 것을 안다고 하고, 모르는 것을 모른다고 하는 것이 아는 것이다.
> (『논어』, 「위정」)[2)]

우리는 가끔 안다고 생각했던 것이 제대로 된 앎이 아닌 경우를 발견할 때가 있다. 이는 잘못된 앎을 참된 앎으로 착각했기 때문이다. 예컨대 천동설(天動說)은 지동설(地動說)이 등장하기 전까지 사람들에게 참된 앎으로 받아들여졌다. 그러나 지동설이 과학적으로 입증되자 천동설은 더 이상 진리로 여겨지지 않았다. 또한 민주주의는 중세의 사람들에게 진리로 여겨지지 않았지만, 21세기가 진행되고 있는 오늘날 많은 사람들에게 보편적인 이념으로 받아들여지고 있다. 이는 앎의 내용이 시대의 발전에 따라 달라질 수 있음을 의미한다.

그러나 앎의 대상 가운데, 시대의 흐름에도 변하지 않는 내용이 있는 것으로 생각하는 사람들이 있다. 예컨대 유일신을 숭상하는 종교에서는 시대를 초월하여 불변하는 신(神)이 있는 것으로 생각한다. 또한 실체(實體, substance)를 중시하는 철학에서는 그 실체를 불변의 대상으로 여긴다. 그러나 초시공의 유일신과 불변의 실체를 인정하지 않는 사람들은 세상에 존재하는 것들에 대해 변화의 과정에 형성되었다가 사라지는 것으로 여긴다.

철학에서는 존재의 근원을 불변의 실체로 여기는 이론을 관념론이라고 한다. 그 관념론에는 객관적인 존재를 상정하는 객관적 관념론과 주관적인 마음을 존재의 근원으로 생각하는 주관적 관념론이 있다. 플라톤의 이데아, 헤겔의 절대정신, 주희(朱熹 : 1130~1200)의 리(理), 기독교의 하나님 등은 객관적 관념론에 해당한다. 불교의 마음, 왕수인(王守仁 : 1472~1528)의 심(心) 등은 주관적 관념론에 해당한다. 또한 존재의 근거를 운동하고 변화하는 물질로 여기는 이론을 유물론이라고 한다. 유물론에는 기계적 유물론과 변증법적 유물론과 역사적 유물론이 있다. 기계적 유물론은 마치 에너지가 부여될 때에만 작동하는 기계처럼 변화의 원인을 외부의 힘에 두는 것으로, 뉴턴의 역학이 여기에 해당한다. 변증법적 유물론은 운동하는 물질이 내적 요인에 의해 대립과 통일을 반복하고, 양과 질이 서로 전화되며, 부정의 부정을 통해 새로운 긍정을 도출한다는 관점이다. 마르크스주의 철학이 여기에 해당하고, 왕부지(王夫之 : 1619~1692)의 기철학(氣哲學) 또한 소박한 측면에서 이와 유사하다고 할 수 있다. 역사적 유물론은 변증법적 유물론을 사회 분석에 적용한 것으로 경제가 정치를 비롯한 정신적인 문화생활의 토대가 된다는 이론이다.

이처럼 앎의 내용은 사람에 따라 변하지 않는 것으로 생각하기도 하고, 변하는 것으로 생각하기도 한다. 이는 내가 아는 앎이 참인지, 아니면 거짓인지를 규명하기가 쉽지 않음을 의미한다. 특히 존재의 근원, 가치의 근거, 미래의 전망 등과 같은 문제를 제대로 알기란 쉽지 않다.

그렇다면 앎이란 무엇일까? 일반적으로 앎이란 그 대상을 파악하는 주관적인 사고 작용을 말하는 것으로, 실재의 특성이 지식의 형태로 인간의 의식 속에 반영되는 것이다. 그 앎은 감각과 지각을 통한 감성적 앎과 개념 · 판단 · 추론을 통한 이성적 앎으로 구분할 수 있다. 따라서 사람은 관념적이거나, 혹은 물질적일 수 있는 이 실재를 이론적으로 파악하여 자기 것으로 만들고, 행함을 통해 그 앎의 정당성을 확인한다.

그런데 우리는 앎의 대상 가운데, 쉽게 파악할 수 있는 것도 있고, 쉽게 파악할 수 없는 것도 있다. 또한 어떤 사람에게는 쉬운 것이 다른 사람에게는 어려울 수 있다. 그리고 과거에 알기 어려웠던 것이 역사의 발전에 비례하여 현재에 쉽게 알 수 있는 것이 있다. 또한 내가 모르는 것을 타인이 알 수 있고, 타인이 모르는 것을 내가 알 수 있다. 이처럼 앎은 사람, 시대, 공간, 환경 등에 따라 쉽게 알 수 있는 것도 있고, 쉽게 알지 못하는 경우도 있다. 특히 존재의 기원, 사후 세계 등과 같은 경우, 알기란 쉽지 않다. 이 때문에 공자는 "아는 것을 안다고 하고, 모르는 것을 모른다고 하는 것"을 제대로 아는 것이라고 말한다.

한편 행함이란 앎의 대상이 형성되는 기초로써 앎의 대상과 대상에 대한 앎을 통일시키는 활동이다. 이 행함은 객관적인 물질 활동이면서 대상적인 감성 활동이다. 이러한 활동을 토대로 하는 실천은 불완전한 현실을 변혁하는 사회 과정의 총체로서, 사람이 자연적 · 사회적 환경을 변화시키기 위해 노력하는 모든 대상적 활동을 의미한다.

공자는 앎의 다양한 내용 가운데, 인의예지(仁義禮智)의 도덕성을 제대로 알아 실천해야 할 것으로 여긴다. 이는 그가 사람의 정체성을 도덕성을 구현하는 사람다운 삶으로 여기고 있음을 의미한다. 도덕적인 삶의 중요성은 21세기가 진행되고 있는 오늘날에도 여전히 의미 있게 적용되고 있다. 예컨대 오늘날 우리나라를 비롯해 세계 여러 나라에서 중요한 지위를 얻고자 하는 사람들은 청문회(聽聞會)를 통해 검증을 받는다. 주요 검증 내용은 그 직분을 수행할 수 있는 능력뿐만 아니라, 지금까지 살아오면서 형성된 인격이다. 인격은 이기적인 태도를 지양하고, 공동체의식을 지향하는 도덕적인 삶에서 활발하게 형성된다. 도덕성을 겸비한 인격은 고위직뿐만 아니라, 평범한 사람들을 평가하는 주요 근거가 되기도 한다.

이처럼 앎은 행함과 관계가 깊다. 행함이 없는 앎은 공허하고, 앎이 없는 행함은 무모하다. 이는 일상생활에서 앎과 행함이 분리되지 않고 긴밀하게 연계되어 있음을 의미한다. 그런데 앎과 행함의 관계는 선후(先後), 경중(輕重), 난이(難易) 등의 문제가 있다.

선후 문제는 기원의 측면에서 앎과 행함 중 어느 것이 먼저 존재하는지에 관한 것이다. 앎을 행함보다 먼저 존재하는 것으로 생각하는 관점은 앎이 경험에 앞서는 것으로 생각하고, 행함이 앎보다 앞서는 것으로 생각하는 관점은 앎이 경험을 통해 형성되는 것으로 생각한다. 경중 문제는 앎과 행함 가운데, 어느 것이 더 중요한지에 관한 것이다. 앎을 행함보다 중요하게 생각하는 경우도 있고, 행함을 앎보다 중시하는 경우도 있다. 또한 난이 문제는 앎과 행함 가운데, 어느 것이 더 쉽거나 어려운가에 관한 것이다. 상황에 따라 앎이 행함보다 쉬울 수 있고, 행함이 앎보다 쉬울 수도 있다. 곧 앎과 행함 가운데, 선후 문제는 존재의 기원에 관한 것이기 때문에 선후가 고정될 수 있지만, 경중이나 난이 문제는 시기와 장소에 따라 전화될 수 있다.

그러나 존재의 기원이 아니라, 삶의 과정이 진행될 때에 앎과 행함은 함께 있다. 그 둘은 항상 함께 존재하면서 상황에 따라 앎으로 드러나기도 하고, 행함으로 드러나기도 한다. 이는 앎의 내용이 생물학적인 욕망, 이성적인 욕망, 도덕적인 욕망 등에 관계없이 항상 행함과 공존하고 있음을 의미한다.

결국 감성적 앎과 이성적 앎이 통일되고, 이 통일된 앎과 도덕적 행함이 유기적으로 결합될 때 참된 앎과 제대로 된 행함을 이룰 수 있다.

4. 배움과 익힘의 지향

공자는 배움과 익힘의 궁극적인 지향점을 하늘의 길과 사람의 길을 통일하는 것으로 여긴다. 그는 이러한 일을 수행하기 위해 준비해야 할 과정을 상정한다. 그것은 수행해야 할 내용을 제대로 파악하고 파악한 내용을 성실하게 실천해야 도달할 수 있다. 그리고 그것은 개인의 범주에 국한하지 않고, 사회적 실천을 통해야 비로소 이룰 수 있다.

제대로 배우고 성실하게 익히는 것을 통해 갖게 되는 기쁨, 함께 공부했던 벗이 먼 곳에서 찾아옴으로 인해 갖게 되는 즐거움, 다른 사람들이 알아주지 않더라도 화내지 않는 멋쟁이의 삶은 배움과 익힘의 중요한 내용이다.

1) 기쁨

> 배우고 때에 맞게 익히니, 또한 기쁘지 아니한가?(『논어』, 「학이」)[3]

이 구절은 배운 내용을 상황에 맞게 실천하면 기쁘다는 의미이다. 사람은 자라면서 배우고, 배운 내용을 시간과 장소에 맞게 구현하기 위해 노력한다. 그 노력이 상황에 제대로 맞으면 좋은 결과로 이어지고, 그렇지 않으면 원하지 않는 결과가 나타난다. 이는 때에 맞는 실천으로 형성되는 배움의 결실이 기쁨의 산물임을 의미한다.

공자는 배움을 중시한다. 그러나 공자가 생각하는 배움은 수학 공식이나 영어 단어를 외우는 것과 같은 면으로 제한시키지 않는다. 공자가 생각하는 배움의 본질은 먼저 깨달은 사람의 인격을 본받는 것이다. 공자는 사람을 도덕적인 존재로 여긴다. 그는 선각자의 삶을 본받아 구체적인 역사에서 제대로 실천하는 것을 배움과 익힘의 핵심 내용으로 생각한다.

공자는 이러한 배움과 익힘의 유기적인 결합을 기쁨의 상태로 여긴다. 이는 기쁨에 대해 어떤 것을 배우고, 그 배운 내용을 때에 맞게 익혀야 비로소 가능해지는 즐겁고 흥겨운 마음의 작용으로 이해하고 있는 것이다. 이때 배우기만 하고, 그 배운 것을 때에 맞게 익히지 않으면 기쁨이란 존재하지 않는다.

『논어』에 의하면 인간이 보존해야 할 가치를 본받아서 때와 장소에 맞게 제대로 실천하면 마음속에서 기쁨이 저절로 일어난다. 예컨대 엄마와 아빠가 할머니와 할아버지를 정성스럽게 돌봐드리는 모습을 통해 효도의 이치를 깨달은 자녀가 할머니와 할아버지에게 행하던 엄마와 아빠의 모습을 본받아 때에 맞게 그의 엄마와 아빠를 정성스럽게 섬기면, 그 자녀는 자신도 모르는 사이에 마음에서 기쁨이 솟아날 수 있다. 이때 그 자녀는 어떤 보상을 바라고 그 부모에게 효도한 것이 아니다. 그 자녀는 부모의 마음속에 평안함이 유지될 수 있도록 노력할 뿐이다. 엄마와 아빠의 모습에서 조금이라도 불편한 기색이 나타나면 자녀의 마음은 근심에 휩싸인다. 그러나 부모의 생활이 평안하게 이어지면 자녀의 마음은 기쁘다.

이는 행함이 없이 이론적인 앎만 치중하는 경우와 이론적인 앎을 배제한 상태에서 행위만 강조하는 경우를 상정하지 않는 것이다. 그것은 사람답게 사는 모습을 본받는 배움과 이 배움을 제대로 체득할 때까지 익숙하게 연습하여 때에 알맞게 실천하는 것이다.

따라서 이때의 기쁨이란 선각자의 도덕적 삶의 중요성을 깨달아 본받고, 그것을 때에 맞게 실천할 때 마음속에서 저절로 형성되는 감정의 상태이다. 이는 배움과 익힘이 때에 맞게 어우러져 하늘의 이치[天理]가 땅에서 제대로 실현되는 것을 의미한다.

2) 즐거움

> 벗이 먼 곳으로부터 오니, 또한 즐겁지 아니한가?(『논어』, 「학이」)[4)]

『논어』의 「학이」 1장에서 "배우고 때에 맞게 익히니, 또한 기쁘지 아니한가?"라고 하는 내용은 다른 사람과의 관계에서 형성되는 상태가 아니라, 하늘의 이치를 실현하는 사람의 마음속에서 일어나는 즐겁고 신나는 감정의 상태이다. 이러한 기쁨은 마음 밖에서 발현되는 것이 아니라, 마음속에서 발현된다.

그러나 "벗이 먼 곳으로부터 찾아오면 즐겁다"라는 문장에서 '즐거움'은 개인적인 심리 상태에 국한하는 것이 아니라, 관계 속에서 형성되는 교감의 상태를 의미한다. 그것도 아무하고 맺는 단순한 관계가 아니라, 같은 스승 밑에서 공부했던 벗들끼리의 관계이다. 여기에서 '붕(朋)'은 일반적인 친구가 아니라, 스승이 같은 벗을 의미하기 때문이다. 이는 낯선 사람들과의 우연한 만남에서 형성되지 않고, 동문들끼리 교류하면서 갖게 되는 즐거운 상태를 의미한다. 따라서 즐거움이란 마음속에 채워져서 마음 밖으로 넘치는 것이기 때문에 내가 깨달은 참된 이치의 내용을 나 혼자만 기뻐할 것이 아니라, 먼 곳으로부터 찾아온 친구들과 함께 공유할 수 있어야 한다.

이처럼 하늘의 이치가 드러나는 즐거움은 유독 나에게만 있지 않고 다른 사람들도 갖추고 있으므로 내가 깨달은 내용이 다른 사람들에게 미치지 못하면 비록 나 혼자 기뻐할지라도 다른 사람과 함께 즐길 수

[그림] 라파엘로, 〈아테네학당〉 (20240803, 로마 바티칸박물관)

[그림] 제25회 세계철학대회
(20240804, 로마 Sapienza University)

[그림] 토론 수업
(20251119, 조선대 철학과 〈한국철학사〉)

없다. 이는 배움을 때에 맞게 익혀서 기쁨이 일어날지라도, 먼 곳으로부터 오는 벗이 없다면 그 기쁨을 함께 나누는 즐거움이 일어날 수 없음을 의미한다. 즐거움은 혼자 누리지 않고, 다른 사람과 함께 누릴 때 비로소 하늘의 덕이 이루어지기 때문이다.

일찍이 맹자(孟子)가 왕이 사냥하는 것을 즐길 때, 왕 혼자 즐기는 것을 지양하고, "백성들과 함께 즐기라.(與民同樂)"[5] 라고 한 것은 즐거움의 이러한 특성을 잘 이해하고 있었기 때문이다.

즐거움에 대한 공자의 이러한 생각은 사회적 존재인 인간의 특성을 세심하게 통찰한 점에서 현대사회에도 적용될 수 있다. 특히 이것은 게임과 마약을 비롯한 각종 중독 문제와 외롭고 쓸쓸한 고독 문제를 해결하는 면에 이론적 기여를 할 수 있다.

3) 멋쟁이

> 사람들이 알아주지 않아도 화내지 않으니, 또한 군자가 아니겠는가?
> (『논어』, 「학이」)[6]

사람들은 일반적으로 다른 사람들로부터 인정받기를 원한다. 인정의 주체와 대상은 시간과 장소에 따라 다를 수 있다. 부부, 부모, 형제, 자매, 자녀, 스승, 제자, 친구, 직장 상사, 부하, 선배, 후배, 연인, 대중 등 다양한 사람들이 인정의 주체가 되기도 하고, 대상이 되기도 한다. 여러 사람으로부터 인정받고 싶을 때도 있고, 특수한 사람으로부터 인정받고 싶을 때도 있다. 이는 사람들이 각각의 처지에 따라 인정의 주체와 대상과 시기와 내용이 같을 수도 있고, 다를 수도 있음을 의미한다. 또한 어느 경우에는 인정을 하고 싶지 않을 때도 있고, 인정을 받고 싶지 않을 때도 있다. 특히 특정한 사람으로부터 인정받고 싶지 않을 때도 있고, 특정한 사람을 인정하고 싶지 않을 때도 있다.

이처럼 인정의 주체와 대상과 시기는 각자의 처지나 환경에 따라 다르게 나타날 수 있다. 대부분의 사람들은 어떤 내용에 대해 누군가로부터 인정을 받고 싶어 한다. 꼭 인정받고 싶은 사람으로부터 인정받을 때에는 기쁨이 충만하고, 삶의 활력이 넘친다. 그러나 인정받고 싶은 사람으로부터 인정받지 못할 경우에 마음속에 서운함과 안타까움이 자리한다. 어느 경우에는 억울하기도 하고, 화가 나기도 한다.

공자는 누가 나를 인정하지 않을 때, 서운해하거나 화내지 않는 사람을 멋쟁이로 생각한다. 이는 그가 인정받음에 연연하지 않는 삶의 태도를 중요하게 생각하는 것이다. 그에 따르면 다른 사람으로부터 인정받기 위한 행위는 목적보다 수단을 중시하는 태도이다. 이는 그가 남에게 보이기 위한 삶이 아니라, 자신의 인격을 연마하는 삶을 소중하게 생각하는 것이다. 그는 남에게 보이기 위한 삶을 진실성이 약한 것으로 생각하여 경계의 대상으로 삼고, 자신의 인격을 성실하게 연마하는 삶의 자세를 지향해야 할 덕목으로 생각한다.

이처럼 배움과 익힘에 관한 『논어』의 내용은 덕스러운 멋쟁이가 되기 위해 배움이 바르고, 때에 맞게 익히며, 기쁨이 충만하고, 착함을 다른 사람에게 미쳐서 함께 즐기며, 함께 즐거움으로 말미암아 다른 사람이 알아주지 않아도 화내지 않는 인격을 갖추어야 한다. 이는 누구든지 배운 내용을 그 상황에 맞게 실천하고, 뜻이 통하는 친구와 함께 즐기며, 다른 사람이 알아주지 않아도 서운해하지 않을 때, 삶의 의미가 충만한 멋쟁이가 될 수 있음을 의미한다.

배움과 익힘에 관한 『논어』의 이러한 지혜는 오늘날 교육 현장에서 자주 나타나는 도구적 이성에 의한 인간의 수단화 문제를 극복하는 면에 이론적 기여를 할 수 있다.

생각해 볼 문제

1. 배우고 익힐 때 기쁨이 충만하거나, 혹은 불만이 쌓이는 내용이 무엇인지에 대해 생각해 보자.

2. 실패한 배움과 의미 있는 배움의 경험을 서로 공유해 보자.

3. 주입식 공부와 토론식 공부의 장점과 단점에 대해 생각해 보자.

4. 감성적 앎과 이성적 앎의 특징과 의의 및 그 관계에 대해 생각해 보자.

5. 앎과 행함의 선후(先後), 경중(輕重), 난이(難易) 등의 문제에서 자신이 선호하는 관점과 그 이유가 무엇인지에 대해 생각하고, 의견을 서로 교환해 보자.

1)『論語』,「爲政」, “學而不思則罔, 思而不學則殆.”

2)『論語』,「爲政」, “知之爲知之, 不知爲不知, 是知也.”

3)『論語』,「學而」, “學而時習之, 不亦說乎?”

4)『論語』,「學而」, “有朋自遠方來, 不亦樂乎?”

5)『孟子』,「梁惠王下」, “與民同樂.”

6)『論語』,「學而」, “人不知而不慍, 不亦君子乎?”

3장

바탕과 꾸밈

論語

"바탕이 꾸밈을 이기면 거칠고,
꾸밈이 바탕을 이기면 화려하니,
꾸밈과 바탕이 조화롭게 섞인 후에야 군자이다."

(『논어』, 「옹야」)

1. 바탕

바탕은 존재하는 모든 것들의 근거이자 터전이다. 이는 바탕이 꾸밈이 없는 내용으로서 사물이나 사람의 근본이며 뿌리임을 의미한다. 바탕은 때가 묻지 않은 맑은 상태로서 형식이 개입되지 않은 순수함의 상징 역할을 한다. 따라서 바탕은 그 자체로 모든 가능성의 출발점이다. 이는 마치 흰 종이 위에 그림을 그리기 시작할 때의 하얀 종이의 역할과 같다.

바탕은 인간의 경우에 그 사람의 성품과 성장 배경의 뿌리로서 모든 판단의 기초가 된다. 이 때문에 바탕을 잘 갖출 수 있는 경우와 그렇지 못한 경우의 평가가 다르다. 예컨대 누군가가 어떤 잘못을 했을 경우, 그 사람에 대해 다른 사람들이 "그 사람의 바탕이 그런 것을 어떻게 하겠어?"라고 하면 그 사람을 부정적으로 여길 뿐만 아니라, 개선될 가능성이 적다고 평가하는 것이다. 이는 그 사람의 바탕을 시간과 공간의 변화에 아랑곳하지 않고 이전의 내용을 고수하고 있는 것으로 여기며, 그 사람의 인격에 문제가 있음을 지적하는 것이다.

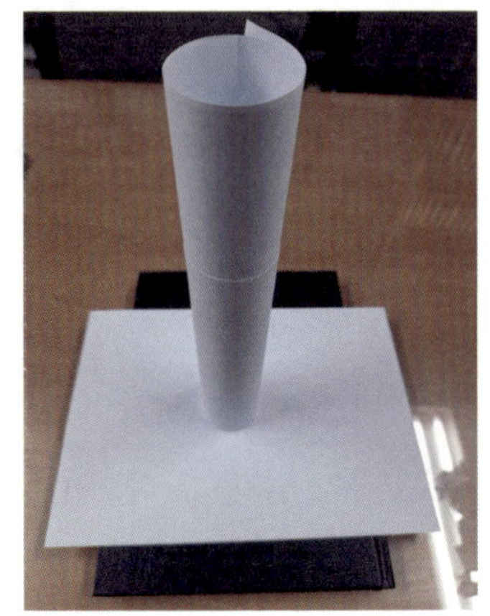

[그림] 순수한 바탕을 상징하는 하얀 종이 (20251116)

또한 어떤 사람이 의미 있는 일을 했을 때, 다른 사람들이 "그럴 줄 알았어. 그 사람을 떡잎부터 알아봤어."라고 하면 그 사람을 어릴 때부터 지켜본 결과, 그 일을 잘할 수밖에 없는 사람으로 평가하는 것이다. 그 사람의 인격이 바르게 형성되었기 때문이다. 이처럼 바탕은 형식과 내용 가운데, 꾸밈이 없는 내용에 해당한다.

이러한 바탕은 현대에도 거의 모든 영역에서 중요하게 취급된다. 특히 공부할 때에 기초에 해당하는 바탕의 중요성이 강조된다. 기초가 튼튼해야 그것을 활용하여 응용문제를 잘 풀 수 있기 때문이다. 기초가 약하면 창의적인 생각이 나오기 힘들고, 일이 제대로 이루어지지 않는다. 마치 건축할 때에 기초 공사가 제대로 되어 있지 않으면 쌓아 올린 건물이 붕괴되는 것과 같다.

특히 바탕은 사람의 품격과 관련될 때, 그 의미가 확대된다. 인성(人性)은 사람의 품격을 규정하는 바탕이다. 아무리 재능이 뛰어나더라도, 인성이 제대로 갖추어지지 않으면 그 재능은 주위 사람들에게 피해를 줄 수 있다. 예컨대 인성에 문제가 많은 사람이 높은 지위에 있을 경우, 그가 행사하는 권력의 남용이나 오용으로 인해 많은 사람들이 상처받을 수 있다. 그러나 인성이 잘 갖추어진 사람이라면 그 지위에 맞는 역할을 통해 주위 사람들의 삶을 풍요롭게 할 뿐만 아니라, 평화로움으로 안내할 수 있다.

이처럼 화려한 꾸밈이 없는 바탕은 순수함의 상징으로서 일의 기초일 뿐만 아니라, 삶을 선함으로 안내하여 건강한 공동체 사회를 이루는 토대가 될 수 있다. 이러한 바탕은 꾸밈을 통해 성장을 추동하는 이론적 근거 역할을 한다. 이는 그 사람이 갖추고 있는 능력을 제대로 발휘할 수 있게 하는 인격의 고유한 특성이다.

2. 꾸밈

꾸밈은 새로움을 추구하는 심리의 반영으로 어떤 것들의 바탕에 무늬를 입히는 것이다. 꾸밈은 인위적인 작용으로 많은 분야에서 발견된다. 이는 꾸밈이 말, 글, 몸짓, 태도, 관계 등 인간의 활동 영역 가운데 거의 모든 분야에 적용되고 있음을 의미한다.

말과 글은 인간을 다른 동물들과 구별하게 하는 인간의 고유한 표현 방식이다. 새, 짐승, 물고기 등의 동물은 소리를 내되, 말을 하거나 글을 짓지 않는다. 말과 글은 사유를 반영하는 개념이 동원된다. 개념이 문장으로 구성될 경우, 형식을 갖춘다. 그 형식은 말과 글의 꾸밈이다. 그 꾸밈의 형식이 없는 말과 글은 의미가 제대로 전달되지 않는다. 특히 긴 문장으로 구성된 말과 글은 일정한 형식의 틀 안에서 구성된다. 그 틀은 논리의 정합성을 전제로 하는 꾸밈이다. 그 틀을 벗어난 말과 글은 비논리적이어서 소통에 장애가 된다. 이처럼 말을 어법에 맞게 하고, 글을 문법에 맞게 쓰는 것은 원활한 소통을 위해 반드시 필요하다.

운동은 몸짓을 대표하는 활동 가운데 하나이다. 운동에는 다양한 종류가 있다. 개인이 하는 운동도 있고, 단체로 구성되는 운동도 있다. 태권도, 씨름, 권투, 육상, 수영, 탁구, 양궁, 배드민턴, 테니스 등은 개인 종목이다. 그 가운데 일부가 복식 제도를 활용하고 있지만, 그 역시 개인 종목이 기본이다. 그러나 축구, 야구, 배구, 농구, 핸드볼, 족구 등은 단체 종목이다. 이러한 운동은 개인 종목과 단체 종목을 가릴 것 없이 일정한 규칙이 있다. 이 규칙은 꾸밈에 해당한다. 선수들은 경기할 때에, 그 종목이 정한 규칙을 따른다. 만일 그 규칙을 위반하면 그 선수는 그 경기에 참여할 수 없다. 이처럼 운동 경기에서 규칙은 중요하다. 이 규칙은 꾸밈에 해당한다.

예의(禮儀)는 사회적 관계에서 태도와 관련된다. '인간이 사회적 존재'라는 것은 인간이 여러 관계를 형성하고 있음을 말한다. 관계의 범주는 다양하다. 가정에서는 남편과 아내, 부모와 자녀, 형제자매 등의 관계가 있고, 학교에서는 교사와 학생, 친구, 선배와 후배 등의 관계가 있으며, 직장에서는 상사와 부하, 동료 등의 관계가 있고, 세상에서는 여러 사람들과 맺는 관계가 있다. 예의는 이러한 관계를 원활하게 하는 꾸밈의 틀이다. 예의 바른 사람은 비교적 관계를 잘한다. 그러나 예의가 결여된 사람은 성공적인 관계를 하기 어렵다.

또한 화장, 포장, 광고, 성형수술 등은 일상생활에서 경험할 수 있는 꾸밈의 내용 가운데 일부이다. 화장은 몸의 바탕에 향기로운 꾸밈의 무늬를 입히는 것이고, 포장은 상품을 아름답게 감싸는 역할을 하며, 광고는 상품의 특징을 사람들에게 알리는 것이고, 성형수술은 자신의 몸을 아름다움으로 승화시키는 역할을 한다.

그런데 꾸밈은 내용, 방법, 정도 등에서 다양한 형태를 띤다. 꾸밈은 한 사람에게서도 시간과 장소에 따라 같은 모습으로 드러나기도 하고, 다른 모습으로 드러나기도 한다. 사람과 사람의 관계에서도 시간과 공간에 따라 다양한 꾸밈이 등장한다. 이는 꾸밈의 내용이 상황에 따라 여러 모습으로 나타나고, 방법이 다양하며, 정도의 깊이에 차이가 있음을 의미한다.

이러한 꾸밈은 형식과 내용 가운데, 바탕에 무늬를 더하는 형식에 해당한다. 그런데 꾸밈에는 긍정적인 측면과 부정적인 측면이 있다. 사람과 사람의 관계에서 예의를 갖추는 꾸밈은 긍정적이지만, 자신의 이익을 위해 다른 사람을 속이는 거짓말의 꾸밈은 비판의 대상이 된다. 그러나 시한부 판정을 받은 환자에게 하는 거짓말은 긍정적인 면과 부정적인 면이 공존할 수 있다. 진실을 알게 된 환자의 성향에 따라 반응이 다르게 나타날 수 있기 때문이다. 이른바 '하얀 거짓말'은 환자의 사정에 따라 긍정적인 효과로 드러나기도 하고, 부정적인 결과를 도출하기도 한다.

특히 꾸밈은 경제, 의료, 예술, 태도 등 다양한 분야에서 긍정적인 역할을 한다. 어떤 물건을 잘 가공하고 멋지게 포장하여 판매할 때, 더 많은 이익을 남긴다면 경제적인 효과를 본 것이다. 성형수술을 통해 삶의 만족도가 높아지는 경우 의술의 효과가 드러난 것이다. 하얀 도화지에 멋진 무늬와 색을 입혀 완성도가 높은 그림을 그린다면 화가의 예술성이 반영된 것이다. 상황에 맞는 옷을 입고, 부드럽게 대하며, 논리적으로 말하고, 상대를 세심하게 배려한다면 품격 있는 삶을 구현하는 것이다.

그러나 품질이 높지 않은 물건에 지나치게 포장을 한 상품, 과도한 성형수술로 인해 부작용이 심한 환자, 창의성이 없이 모방하여 그린 모조품, 아부와 아첨으로 사람을 대하는 경우 등은 꾸밈의 부정적인 측면이다.

이처럼 소박한 바탕에 새로움을 더하는 꾸밈은 한편으로 순수성에서 멀어지는 부작용을 낳기도 하지만, 다른 한편으로 부드러운 윤활유의 역할을 통해 삶의 활력이 되기도 한다.

3. 형식 없는 내용

> 빛깔이 나쁘면 먹지 않았고, 냄새가 나쁘면 먹지 않았으며, 익히는 것을 잃으면 먹지 않았고, 때가 아니면 먹지 않았으며, 자르는 것이 바르지 않으면 먹지 않았다.(『논어』, 「향당」)[1]

형식이 없이 내용만 있으면 수명이 오래 보존되지 못한다. 형식은 내용을 알차게 구성하는 보호막의 역할을 하기 때문이다. 예컨대 밤은 껍질이 있으므로 속이 단단해지고, 벼도 껍질이 있기 때문에 병충해로부터 쌀이 보호된다. 만일 껍질이라는 형식이 없으면 내용에 해당하는 속의 수명은 오래가지 못한다. 딸기는 껍질이 없이 내용이 바로 노출되기 때문에 잠깐의 신선함이 있을지라도, 일찍 상한다.

언어의 경우 어법이 결여되어 있으면 그 언어의 뜻이 제대로 전달되지 않는다. 예컨대 "아버지가 방에 들어가신다."라는 문장을 "아버지 가방에 들어가신다."라고 하면 띄어쓰기의 문법이 적용되지 않아 의미가 제대로 전달되지 않는다. 또한 "나는 학교에 간다."를 "나는 간다 학교를"이라고 하면 술어와 목적어의 위치 변동으로 인해 완성된 글이 되지 못한다. 이처럼 '주어 + 술어 + 목적어'의 어순은 영어(I go to school)나 중국어(我去

[그림] 딸기(20251120)

[그림] 벼(20230930)

学校)에 해당하고, 한국어는 '주어 + 목적어 + 술어'의 어순으로 구성된다.

특히 전문적인 글쓰기인 논문의 경우, 형식이 중요하다. 내용이 풍부할지라도, 논문의 형식에 부합하지 않는 글을 쓴다면 그 논문의 완성도가 낮아 심사위원들로부터 좋은 평가를 받기 어렵다.

또한 횡단보도는 사람들이 길을 건널 때 혼잡함과 교통사고를 방지하기 위해 설치되었다. 횡단보도가 없다면 그 길을 이용하는 사람들의 혼잡성이 증가할 뿐만 아니라, 달리는 자동차와 충돌할 확률이 높다. 사람들은 횡단보도의 이용을 통해 복잡성과 위험성을 줄일 수 있다. 이는 횡단보도에 설치된 신호등의 규칙을 따르기 때문이다. 만약 횡단보도에 신호등이 없거나 고장난다면 무질서의식의 확산으로 인한 교통사고가 증가할 것이다. 이때 길을 가는 행위가 내용이라면 횡단보도와 신호등은 형식에 해당한다고 할 수 있다. 이는 꾸밈없는 바탕이 진실하고 소박하지만 세련되지 못한 면이 있듯이, 형식 없는 내용이 오랫동안 유지하기가 어려울 뿐만 아니라 생명의 위험성이 증가할 수 있음을 의미한다.

이처럼 내용은 형식을 잘 갖출 때, 그 의미가 살아난다. 형식이 지나친 것은 문제이지만, 적절한 형식은 내용을 알차게 구성하는데 도움이 된다. 공자도 이러한 형식의 중요성을 인정한다. 공자는 먹을 때에 그 상황에 맞는 형식을 갖추는 것을 중시했다. 이는 그가 비록 배가 고플지라도, 곧바로 생물학적인 욕망을 채우기보다 그 상황에 부합하는 형식을 갖춘 후에 먹는 것이 중요하다고 생각하는 것이다.

공자의 이러한 관점은 "빛깔 좋은 떡이 먹기도 좋다."라는 우리 속담에도 반영되어 있다. 이는 우리가 떡을 먹을 때, 모든 떡의 맛을 같은 것으로 단정하지 않고 보기 좋은 떡이 맛도 좋을 것이라는 의미이다. 또한 "같은 값이면 다홍치마[同價紅裳]"라는 말에도 이러한 의식이 반영되어 있다. 이처럼 형식은 내용과 무관하지 않다.

그런데 이러한 형식이 강화되면 그것은 시대에 따라 의식(儀式)으로 전화되기도 하고, 관습으로 드러나기도 하며, 규범으로 규정되기도 한다. 이 의식은 사람들을 경건함으로 안내하고, 관습은 문화의식으로 스며들며, 규범은 강력한 법으로 제정되기도 하고 숭고한 도덕의식으로 승화되기도 한다. 이러한 형식은 내용과 이분법적인 대립의 관계가 아니라, 긴밀하게 연결되는 유기적 관계이다.

4. 내용 없는 형식

> 말을 교묘하게 하고 얼굴빛을 꾸미는 사람은 어진 이가 드물다.
>
> (『논어』, 「학이」)[2)]

내용 없는 형식은 바탕이 없는 꾸밈과 같아서 겉만 화려할 뿐 실속이 없다. 이는 마치 벼의 쭉정이와 같다. 쭉정이는 알곡을 감싸는 껍질이 있지만, 속이 비어 있으므로 영양가가 없다. 인격이 갖추어지지 않고 능력도 없는 사람이 말만 화려하게 하여 다른 사람을 속이는 경우가 여기에 해당한다. 이러한 사람은 순간의 어려움을 극복하기 위해 거짓으로 다른 사람에게 접근하기 때문에 진실성이 부족하다. 이러한 사람은 다른 사람과 좋은 관계를 지속시키기 어렵다.

이처럼 진실함이 없이 겉만 화려하게 꾸미는 사람에 대해 공자는 인격이 부족한 것으로 평가하며, 경계의 대상으로 삼는다. 그런데 이러한 꾸밈을 지향하는 풍토는 21세기가 진행되고 있는 오늘날, 우리 사회에 여전히 만연하고 있다. 이는 외모지상주의, 과시, 허세, 거짓말, 사기 등의 형태로 드러난다.

외모지상주의는 마음속에 축적해야 할 덕(德)의 수양을 소홀히 하고 겉모습을 화려하게 꾸미기 때문에 인격의 부조화 현상이 발생하고, 과시는 자신의 역량을 과대평가하여 자랑하기 때문에 수명이 오래가지 못하며, 허세는 제대로 갖추어지지 않은 상태에서 내용을 드러내기 때문에 진실이 쉽게 밝혀지고, 사기와 거짓말은 속임을 통해 이익을 확보하기 때문에 다른 사람에게 피해를 준다. 이 태도는 자기중심주의적인 이기심의 반영이자 병든 욕망의 발현으로서 참된 안목과 판단력을 통한 건강한 욕망의 발현에 제약이 된다.

특히 이러한 내용 없는 형식은 이른바 자본주의의 꽃으로 여겨지는 광고에서 발견된다. 광고 가운데 공익 광고보다 상업 광고에서 이러한 현상이 종종 나타난다. 상업 광고 중에서도 과장 광고나 허위 광고가 여기에 해당한다. 이러한 광고는 일부의 사실을 과대하게 포장하여 상품화한다. 이 상품은 사용가치보다 교환가치를 중시한다. 일찍이 볼프강 프리츠 하우크(Wolfgang Fritz Haug : 1936~)는 상품의 광고에 내재한 문제에 대해 '상품미학(commodity aesthetics)'의 이론을 통해 분석했다. 그의 견해에 따르면 이러한 상품은 상품 자체의 품질을 중시하는 사용가치보다 상품을 아름다움으로 포장하는 외관을 판매하는 교환가치를 중시한다. 이때 사람들은 실제보다 높게 책정된 가격으로 이 상품을 구매한다. 이는 소비자가 상품의 실제적인 가치보다 허위의식의 이데올로기로 전환된 사용가치 외관을 비싼 가격으로 사들인 것을 의미한다. 그는 이것을 상품미학의 이데올로기로 여기면서 비판한다.

이처럼 내용이 결여된 형식의 강조는 이른바 '속빈 강정'이나 '빛 좋은 개살구'처럼 실속이 없는 허위의식으로 채워진 공허함의 표출이다. 공자는 이러한 삶을 추구하는 사람들을 경계의 대상으로 삼으며 비판한다. 공자의 이러한 관점은 과장광고, 허위광고, 거짓말, 사기 등이 횡행하고 있는 오늘날에도 여전히 유효한 삶의 태도라고 할 수 있다.

5. 내용과 형식의 통일

> 바탕이 꾸밈을 이기면 거칠고, 꾸밈이 바탕을 이기면 화려하니, 꾸밈과 바탕이 조화롭게 섞인 후에야 군자이다.(『논어』, 「옹야」)[3]

공자는 바탕과 꾸밈을 배척의 관계가 아니라, 유기적인 어울림의 관계로 여긴다. 공자에 의하면 꾸밈이 없는 바탕은 순수하고 소박하지만 원활한 소통을 하기 어렵고, 바탕이 없는 꾸밈은 화려하고 세련되지만 진실성이 부족하다. 이 때문에 공자는 사회적 존재인 인간의 생활에서 바탕과 꾸밈이 적절하게 조화될 때 활기가 넘칠 것으로 생각한다.

> 자하가 묻기를 "'예쁜 웃음에 보조개가 있고, 아름다운 눈동자가 분명하게 있으며, 흰 바탕으로써 채색을 한다.'라고 한 것은 무엇을 말하는 것입니까?" 공자는 "그림을 그릴 때에는 흰 바탕을 마련한 후에 한다." 라고 했다.(『논어』, 「팔일」)[4]

공자는 꾸밈을 바탕의 토대 위에서 형성되는 것으로 여긴다. 공자에 따르면 바탕과 꾸밈 가운데, 어느 하나가 월등히 좋은 것도 아니다. 삶의 과정에 둘 다 필요하다. 진실한 바탕이 있어야 하고, 진실을 부드럽게 전할 줄 아는 세련미도 필요하다. 따라서 꾸밈과 바탕은 적절하게 어울려야 할 관계이다.

곧 바탕이 꾸밈이 없는 순수한 내용이라면 형식은 그 바탕을 잘 드러낼 수 있는 방법이다. 비록 바탕이 순수할지라도 교류의 방법이 서툴면 바탕의 진의가 왜곡되어 전달될 수 있다. 진실이 제대로 전달되기 위해서는 상대의 상태를 정확하게 이해해야 한다. 상대의 상황을 배려하지 않은 상태에서 나의 진실함만 강조하면 상대에게 상처가 될 수 있다. 이는 바탕의 순수함을 유지하는 데에 사치스럽지 않으면서도 세련된 방법이 필요함을 말한다.

또한 꾸밈이 매우 세련되었을지라도, 그 꾸밈의 근거인 바탕이 순수하지 못하면 그 꾸밈은 아름다움이 아니라 추함으로 전락할 수 있다. 특히 가식은 허위의식의 산물로서 위선의 상징이다. 위선은 일시적으로 사람을 속일 수 있을지라도, 그 수명이 오래가지 못한다. 머지않아 진실이 드러나기 때문이다. 역사는 우리에게 우여곡절 속에서도 진실함이 드러났음을 알려준다. 공자 시대부터 오늘날까지 많은 사람들은 위선을 선망의 대상이 아니라, 경계의 대상으로 여겨왔다.

따라서 꾸밈과 바탕 및 형식과 내용은 유기적으로 조화될 때 의의가 확대된다. 문화(culture)는 이러한 꾸밈과 바탕 및 형식과 내용의 통일을 상징한다. 문화는 좁은 의미에서 정신적인 가치가 반영된 진선미(眞善美)를 갖춘 교양과 지식 등의 생활 양식을 의미한다. 그러나 문화는 넓은 의미에서 자연 상태에 인위적인 행위를 더하여 아름답고 풍요로운 삶을 구성하는 정신적이고 물질적인 생활 양식을 의미한다. 이는 문화가 순수한 자연 상태의 바탕에 인위적인 꾸밈의 무늬[紋]임을 의미한다.

실제로 인간의 삶은 꾸밈이 없는 자연 상태로서 생물학적인 면과 그 바탕에 인위적인 무늬를 입힌 꾸밈의 조화로 구성되어 있다. 인류의 역사는 이러한 인간의 바탕과 꾸밈의 조화를 통해 많은 문화를 형성하였다.

[그림] 바탕과 꾸밈의 조화. 이유화, 〈꽃과 나비의 어울림(2021)〉

예술성이 높은 것으로 평가받는 작품은 대부분 바탕과 꾸밈의 유기적인 통일이 빛을 발하고 있다. 동서고금(東西古今)을 막론하고 고대부터 현대까지 수많은 예술 작품이 여기에 해당한다. 음악, 미술, 무용, 음식, 건축, 체육, 문학을 비롯한 많은 영역에서 이러한 면을 발견할 수 있다. 이는 바탕과 꾸밈 및 형식과 내용의 통일이 정치 제도를 비롯한 거의 모든 인간의 삶에서 중요한 역할을 하고 있음을 의미한다.

생각해 볼 문제

1. 바탕과 꾸밈 가운데, 무엇이 더 중요한지에 대해 생각해 보자. 특히 어떤 상황에서 바탕 혹은 꾸밈이 더 중요한지에 대해 생각해 보자.

2. 지나친 꾸밈과 무미건조한 바탕의 문제에 대해 생각해 보자.

3. 사람들이 중요한 행사에 참여할 때, 옷을 단정하게 입고 머리를 정갈하게 손질하며 얼굴에 화장을 하는 이유가 무엇인지에 대해 생각해 보자.

4. 어법에 맞지 않는 말을 듣거나 문법에 맞지 않는 글을 볼 때, 어떻게 대처할지에 대해 생각해 보자.

5. 순수한 바탕에 꾸밈을 더한 내용을 새로운 바탕으로 삼는 경우가 있는지를 생각해 보자. 만일 그러한 경우가 있다면 그 의미가 무엇인지에 대해 생각해 보자.

6. 형식과 내용의 통일을 추구할 때, 내용과 형식의 비중을 어떻게 조율할지에 대해 생각해 보자.

1)『論語』,「鄕黨」, “色惡, 不食; 臭惡, 不食; 失飪, 不食; 不時, 不食; 割不正, 不食.”

2)『論語』,「學而」, “巧言令色, 鮮矣仁.”

3)『論語』,「雍也」, “質勝文則野, 文勝質則史, 文質彬彬, 然後君子.”

4)『論語』,「八佾」, “子夏問曰, ‘巧笑倩兮, 美目盼兮, 素以爲絢兮.’ 何謂也? 子曰, ‘繪事後素.’”

4장

원칙과 융통성[1)]

論語

“함께 배울 수는 있어도 함께 도에 나아갈 수 없고,
함께 도에 나아갈 수는 있어도 함께 설 수 없으며,
함께 설 수는 있어도 함께 권도를 행할 수 없다.”

(『논어』, 「자한」)

1. 원칙과 융통성의 관계

> 함께 배울 수는 있어도 함께 도에 나아갈 수 없고, 함께 도에 나아갈 수는 있어도 함께 설 수 없으며, 함께 설 수는 있어도 함께 권도를 행할 수 없다.(『논어』, 「자한」)[2)]
>
> 남자와 여자가 직접 주고받지 않는 것은 예(禮)이고, 형수가 물에 빠졌을 때 손으로 구해주는 것은 권도이다.(『맹자』, 「이루상」)[3)]

인간은 삶의 과정에서 일을 처리할 때 원칙과 융통성이 필요하다. 원칙은 판단의 기준 역할을 하고, 융통성은 변화에 적절하게 대처하는 지혜의 역할을 한다. 이 때문에 원칙은 가치판단의 근거가 되고, 융통성은 교류의 활성화에 도움이 된다. 그러나 융통성이 없이 원칙을 지나치게 강조하면 답답하고, 원칙이 없이 융통성을 지나치게 강조하면 기회주의로 흐를 수 있다. 이는 원칙과 융통성이 서로 배척의 대상이 아니라, 긴밀히 관계해야 할 대상임을 의미한다. 공자는 원칙을 중시함과 아울러 융통성의 필요를 역설했다. 공자는 인간의 정체성에 해당하는 도덕성을 원칙으로 여기고, 현실 생활의 다양한 갈등을 조정하며 평화로운 사회를 조성하는데 융통성이 필요할 것으로 여긴다. 공자의 뜻을 계승하고자 한 맹자 역시 한편으로 인의예지(仁義禮智)의 선한 도덕성을 원칙으로 여기고, 다른 한편으로 구체적인 현실에서 발생하는 다양한 문제를 해결하기 위해 융통성이 필요할 것으로 생각한다.

이후의 유학자들 역시 대부분 원칙과 융통성의 유기적인 결합을 중시한다. 그들 가운데 일부는 원칙의 토대 위에 융통성이 발휘되어야 할 것으로 생각하고, 다른 학자들은 융통성이 발휘되는 과정에서 원칙이 일시적으로 형성되는 것으로 생각한다. 전자에는 성리학(性理學)이 해당하고, 후자에는 기철학(氣哲學)이 대표적이다. 성리학을 집대성한 주희는 불변하는 원칙인 '리(理)'의 토대 위에 방법적인 측면에서 변화에 적응하는 융통성이 필요할 것으로 생각한다. 그러나 기철학을 종합한 왕부지는 세상이 변화하는 '기(氣)'로 구성되어 있고, 원칙을 그 기의 변화에 조응하는 조리(條理)로 여긴다.

2. 원칙의 의미

원칙이란 어떤 일의 근거와 기준이 되는 도리나 법칙이다. 유학에서는 '경(經)'을 이러한 원칙의 의미로 사용한다. '경'은 베를 짤 때, 세로 실을 의미하는 것으로 가로 실인 '위(緯)'와 함께 자주 쓰인다. 이 '경'은 땅을 의미하는 '위'와 달리 하늘을 의미하기도 하고, 도로의 방향에서 동서(東西)를 의미하는 '위'와 달리 남북(南北)을 의미한다. 유학자들은 이 '경'을 일정하게 행하는 의리와 준칙의 상징으로서 성인의 말이나 글에 적용시킨다. 이른바 경전(經典)으로 여겨지고 있는 '사서(四書 : 論語, 大學, 中庸, 孟子)'와 '오경(五經 : 詩經, 書經, 易經, 禮記, 春秋)'이 여기에 해당한다.

이러한 '경'은 역사 과정에서 많은 사람들에게 삶의 지혜와 가치의 근거인 원칙의 의미로 받아들여졌다. 실제로 사람들은 일을 할 때, 구성원들이 수긍하고 인정할 만한 기준이 없으면 혼란에 빠진다. 각자의 서로 다른 기준이 충돌하여 공동체의 나아갈 방향을 결정하지 못하기 때문이다. 이 때문에 합리적으로 일을 하고자 하는 사람들은 원칙을 정한다. 사회의 구성원들은 그 원칙에 근거하여 판단과 행위의 정당성을 확보한다. 다양한 가치관이 복잡하게 얽힌 상황에서 합리적인 결정을 내리지 못할 경우, 원칙은 그 문제를 해결하는 기준이 된다. 이러한 원칙은 그 사회의 구성원들이 공동의 목표를 실현하는 면에 유효하게 적용된다.

그러나 원칙이 항상 옳은 것만은 아니다. 세상의 일은 그 원칙이 정해질 때의 상황과 항상 일치하는 것만은 아니기 때문이다. 시간과 장소에 따라 사람들의 생각과 가치관이 달라질 수 있다. 구성원들 대부분의 생각과 가치관이 이미 변했음에도 그 원칙이 구성원들의 바람과 같이 변하지 않을 경우, 그 사회의 의사 결정 구조는 경직될 수밖에 없다. 원칙이 현실의 변화를 반영하지 않고 그 원칙을 고수하고자 하면 그 사회의 발전은 유보되고, 그 원칙은 소통이 아니라 불통의 대상이 된다. 구성원들은 시대에 조응하지 못하는 낡은 원칙의 고수보다 새로운 원칙을 필요로 하기 때문이다.

공자는 인생의 경험과 배움이 풍부할수록 독선에 빠지지 않는 것으로 생각한다. 이는 그가 남의 말을 듣지 않고 자신의 주장만 옳다고 여기는 완고한 태도를 시대 발전의 장애로 생각하는 것이다. 그는 배움이 깊을수록 아집을 부리지 않고, 다른 사람들의 말을 경청하며 소통을 선호하는 것으로 여긴다. 그는 다른 사람들의 생각과 판단을 고려하지 않고, 자신의 생각만을 옳음의 기준으로 삼는 태도를 배움이 옅은 사람의 모습으로 여긴다. 그의 견해에 따르면 이러한 경직된 태도는 바람직한 삶의 모습이 아니다. 공자의 이러한 생각은 21세기의 사회에도 적용될 수 있다. 특히 사회의 지도층이 권위주의적인 권력의 맛에 취하여 그 원칙을 민주적인 지침과 방법으로 개선하지 않을 경우, 그 사회는 경직될 수 있다. 이러한 사회의 구성원들에게 그 원칙은 삶의 활력소가 아니라, 고통의 멍에가 될 수 있다. 원칙의 완고함보다 부드러움을 중시하는 공자의 관점은 오늘날 소통이 원활하지 않은 면을 해결하는 방면에 지혜의 역할을 할 수 있다.

그러나 원칙에 일부의 문제점이 있다고 해서 그 원칙 자체를 부정한다면 그 사회는 무질서의 혼란에 휩싸일 수 있다. 또한 합리적인 질서의식을 담보한 원칙이 일부의 사람들에게 불편의 대상이 된다고 해서 그 원칙 전체를 폐기한다면 그 사회는 비합리적인 힘의 논리가 대세를 이룰 수 있다. 이러한 사회는 알곡이 빠진 껍질이 득세하여, 불의와 불법의 문화가 만연할 수 있다.

이처럼 원칙은 잘 사용하면 약이 될 수 있지만, 잘못 사용하면 독이 될 수 있다. 이는 원칙이 시대를 초월하는 보편법칙인지, 아니면 시대의 흐름에 따라 변할 수 있는 가치인지에 따라 그에 대한 평가가 달라질 수 있음을 의미한다.

일부 종교에서 신(神)을 시간과 공간을 초월하는 절대적인 존재로서 진리의 상징으로 여기는 것은 원칙을 시대를 초월하는 보편법칙으로 규정하는 것이다. 또한 철학의 일부 학파에서 시공을 초월하는 불변의 관념적인 실체가 변화하는 현상의 배후에서 현상의 질서를 규정하는 것 역시 원칙을 절대적인 보편법칙으로 여기는 것이다. 그러나 우주를 끊임없이 운동하고 변화하는 기(氣)로 여기고, 이치를 그 기의 조리로 여기는 철학에서는 원칙을 고정된 실체가 아니라 시대의 변화에 따라 변할 수 있는 가치로 규정한다. 이처럼 원칙은 각 학파나 관점의 차이에 따라 고정불변의 실체로 여길 수도 있고, 역동적으로 변화하는 구체적인 역사에서 검증되는 시대정신으로 여길 수도 있다. 이는 원칙의 존재 근거와 운용 방법에 대한 관점의 차이에 따라 원칙을 대하는 태도 역시 달라질 수 있음을 의미한다.

3. 융통성의 의미

융통성은 원칙주의가 드러내는 답답하고 경직된 상태를 해결할 수 있는 청량제 같은 것이다. 융통성이란 시간과 공간의 변화에 따라 변화하는 성질이다. 이러한 융통성은 원칙주의가 드러내는 답답하고 경직된 상태를 부드럽게 해결하는 윤활유의 역할을 한다. 융통성의 발휘는 숨이 막히는 곳에 숨을 쉴 수 있도록 안내하고, 불통의 상황을 소통으로 전환한다. 『논어』에서는 이와 같은 융통성의 발휘를 '권(權)'의 논리로 설명한다. '권'은 무게를 재는 '저울[錘]'을 의미한다. 이때의 저울은 고정된 상태에서 무게를 재는 것이 아니라, 움직이는 상태에서 균형을 잡는 역할을 한다. 이는 '권도(權道)'가 불통의 문제를 해결하는 지혜의 산물로서 융통성의 발휘와 직접적으로 관계하고 있음을 의미한다.

[그림] 저울을 들고 있는 〈정의의 여신상〉
(20251112, 조선대 교정)

원칙주의자가 원칙을 시간과 공간을 초월하는 진리로 여기며 시대의 변화에 아랑곳하지 않고 그 원칙을 고수하는 사람이라면 융통성을 중시하는 사람은 시간의 변화와 공간의 차이에 따라 원칙 역시 변화할 수 있는 가치로 여긴다. 이러한 융통성은 특수한 상황에 따라 보편적 가치로 여겨지기도 하고, 폐기의 대상이 되기도 한다. 이러한 융통성을 구체적인 상황에 적절하게 발휘하면 그것은 그 사회의 구성원들에게 삶의 활력이 될 수 있다. 이 때문에 유능한 지도자는 그 사회를 구성하고 있는 사람들의 생각이나 가치관의 변화를 수시로 살펴 정책에 반영한다. 이러한 사회는 소통이 원활하게 진행되므로 구성원들의 사기가 높을 뿐만 아니라, 행복지수 역시 높아질 수 있다.

그러나 융통성이 합리적인 기준이나 근거가 없이 발휘되면 그 융통성은 뿌리가 없으므로 힘을 받지 못한다. 그러한 원칙 없는 융통성의 발휘는 변화를 가장한 기회주의로 전락할 수 있다. 기회주의는 그 사회를 이루는 구성원들의 보편적인 가치관을 합리적으로 반영하지 않는다. 그러한 기회주의는 일부의 사람들이 자신들의 이익을 위해 가치관을 왜곡하여 사람들에게 피해를 줄 수 있다. 이러한 사회는 이기주의의 남용으로 인해 구성원들이 혼란의 상태에 빠질 수 있다. 이러한 사회는 평화가 사라지고 불신의 풍조가 만연할 수 있다.

이처럼 융통성은 남용이나 오용이 되어서는 안 된다. 이는 융통성의 발휘가 정당하지 않을 때 그 의의가 축소되고, 정당할 때 그 의의가 확대될 수 있음을 의미한다. 공자는 융통성에 해당하는 '권도'를 최고의 단계에서 행할 수 있는 경지로 여긴다.

공자가 "함께 배울 수는 있어도 함께 도에 나아갈 수 없고, 함께 도에 나아갈 수는 있어도 함께 설 수 없으며, 함께 설 수는 있어도 함께 권도를 행할 수 없다."라고 한 것은 사람들이 함께 공부할 수 있을지라도 모두가 바람직한 방향으로 나아갈 수 없고, 함께 바람직한 삶을 추구할지라도 함께 그것을 이룰 수 없으며, 함께 이룰 수 있을지라도 함께 권도를 행할 수 없음으로 여기는 것이다.

권도에 대한 공자의 이러한 관점은 21세기인 오늘날에도 적용할 수 있는 의미 있는 사상이다. 현대사회에서 사람들은 대부분 일정한 기간 동안 학교에서 공부를 한다. 초등학교, 중학교, 고등학교, 대학교 등은 국가에서 중시하는 교육기관이다. 많은 사람들은 이 교육기관을 통해 함께 공부한다. 그들이 이 교육기관에서 함께 공부한다고 해서 모두가 인격이 훌륭한 삶을 사는 것이 아니고, 풍부한 인격을 갖춘 사람일지라도 모두 원하는 성과를 내거나 지위를 차지하는 것은 아니다. 또한 사람들이 부러워할 만한 높은 지위를 가졌다고 해서 모두가 훌륭한 지도자가 되는 것도 아니다.

실제로 정치에 뜻을 둔 사람들이 열심히 노력한다고 해서 모두가 국회의원이나 대통령이 되지는 않는다. 국회의원이나 대통이 되었다고 할지라도, 그들이 모두 훌륭한 정치를 하는 것은 아니다. 일부의 정치인들은 문제를 일으켜 국민들의 비판 대상이 되기도 한다.

예컨대 한국의 현대사회에서 역대 대통령은 이승만(1948~1960), 윤보선(1960~1961), 박정희 (1961~1979), 최규하(1979~1980), 전두환(1980~1988), 노태우(1988~1993), 김영삼(1993~1998), 김대중(1998~2003), 노무현(2003~2008), 이명박(2008~2013), 박근혜(2013~2017), 문재인 (2017~2022), 윤석열(2022~2025), 이재명(2025~) 등이다.

이들 가운데 이승만은 1960년 3 · 15 부정선거에 항의하는 4 · 19 혁명으로 인해 하야했고, 1961년 5 · 16 군사쿠테타를 성공시킨 박정희는 유신 독재에 대한 국민의 저항을 목격한 김재규(중앙정보부장)에 의해 총살당했다. 1979년 12 · 12 군사쿠테타를 성공시킨 전두환과 노태우는 군부독재에 저항한 1980년의 5 · 18 광주민주화운동과 1987년 6 · 10 항쟁의 산물로 이룬 민주화시대에 감옥살이를 했고, 김영삼은 1997년 IMF(국제통화기금) 외환의 국가 위기를 초래했다. 박근혜는 최순실의 국정농단으로 인해 2017년에 탄핵을 당했으며, 이명박은 부정부패로 인해 감옥살이를 했다. 윤석열은 2024년 12 · 3 계엄의 친위쿠테타로 인해 2025년에 탄핵을 당했다. 이들은 정치적인 측면에서 최고의 지위에 올랐지만, 불미스러운 일로 불행의 결과를 초래했다.

이는 공자가 지적한 것처럼 높은 지위에 올랐지만, 권도를 행하지 못한 모습이다. 그들의 모습에서는 고도의 정치적 행위인 권도를 찾기 어렵다. 대통령의 지위에서 권도는 낡은 규범이나 원칙이 국민의 어려움을 해결하는데 족쇄로 작용할 때, 지도자가 그 규범을 개선하여 국민의 삶을 풍요롭게 하도록 사용하는 역량이다. 그러나 앞에서 언급한 대통령들은 국민의 삶을 평안으로 인도하지 않고, 오히려 국민을 불안하게 만들었다. 일부의 대통령은 자신들의 사적인 이익을 추구하는 과정에 권위주의적인 통치 방식으로 국민을 억압하여 많은 국민이 공포 분위기에 휩싸이기도 했다. 그것은 공자가 중시하는 융통성으로서의 권도와 거리가 멀다.

이처럼 권도는 대립, 혐오, 억압, 폭력, 살인, 독재 등에 필요한 사상이 아니라 평화, 연대, 사랑, 생명 등에 필요한 가치이다. 맹자가 "남자와 여자가 직접 주고받지 않는 것은 예(禮)이고, 형수가 물에 빠졌을 때 손으로 구해주는 것은 권도이다."라고 지적한 것은 이를 대변하는 좋은 예이다. 맹자는 가족이 아닌 남성과 여성이 서로 손을 잡는 것을 예의가 아니라고 생각하는 당시의 풍조에 대해 경직된 자세가 아니라 유연하게 대처해야 할 것으로 생각했다.

맹자에 의하면 남녀가 손을 잡지 않는 것을 시대를 초월하는 불변의 보편 진리로 생각하는 것은 무리이다. 이 원칙을 따르면 구체적인 상황에서 생명의 위기에 처한 사람을 구제할 수 없기 때문이다. 맹자는 이 원칙에 따라 물에 빠진 형수를 외면하여 죽게 하는 것보다 물에 빠진 형수를 손으로 구제하여 생명을 살리는 권도의 행사를 더 중요하게 생각한다. 그는 완고하고 경직된 원칙이나 규범으로 인해 가정이 파괴되는 것보다 생명을 구제하여 가정의 평화를 유지하는 '권도'를 이 세상을 아름답게 하는 지혜라고 생각한다. 맹자의 이러한 관점은 오늘날에도 여전히 의미 있게 적용될 수 있는 가치이다.

4. 원칙과 융통성의 통일

원칙과 융통성은 서로 다른 별개의 영역으로 이원론적인 대립의 관계가 아니다. 원칙과 융통성은 항상 함께 할 때, 그 의의가 확대될 수 있다. 원칙이 없는 융통성은 기회주의로 전락하여 불신의 풍조를 조장하고, 융통성이 없는 원칙은 경직된 고집불통의 문화를 양산한다. 곧 원칙과 융통성은 형식논리로 보면 각각 대립적인 두 진영에 속하는 개념이다. 그러나 그것을 변증논리로 보면 원칙과 융통성은 상호 긴밀하게 침투하면서 서로 떨어질 수 없는 관계이다. 이것은 원칙과 융통성이 유기적인 통일의 상태에 있음을 의미한다.

그런데 원칙과 융통성의 병행을 중시할지라도 원칙을 토대로 하는 융통성인지, 아니면 융통성 속의 원칙인지에 따라 대응책이 달라진다. 전자는 원칙을 불변의 대상으로 여기고 융통성을 그 원칙을 수행하는 도구로 여긴다. 그리고 후자는 원칙을 시대의 흐름에 따라 변하는 것으로 생각하고, 융통성 속의 원칙으로 생각한다.

1) 원칙을 토대로 하는 융통성

역사를 시간과 공간을 초월하는 불변의 보편법칙에 의해 흐르는 것으로 생각하는 사람들은 융통성의 발휘를 원칙의 토대 위에서 진행해야 할 것으로 생각한다. 그들은 원칙을 절대 불변하는 진리로 생각하고, 융통성을 그 원칙이 제대로 발현될 수 있게 하는 도구로 생각한다. 따라서 그들은 항상 융통성을 소홀히 여기지 않지만, 원칙을 융통성보다 중요하게 생각한다.

특히 주희는 현실 세계에서 고요한 이치[理]와 운동하는 기(氣)가 늘 함께 있지만, 기원의 측면에서 어쩔 수 없이 이치가 기보다 먼저라고 생각한다. 그는 예측하지 않은 뜻밖의 문제가 발생하는 상황에서 이치의 결집체인 '경(經)'을 현실 사회에 잘 조응되도록 노력하는 것의 중요성을 지적한다. 곧 그는 원칙인 '경'과 융통성인 '권도'가 깊게 관계하지만, 궁극적으로 '경'과 '권도'는 구별되는 개념이라고 한다. 그에 의하면 보편법칙인 '경'이 구체적인 현실에서 경직된 상태로 적용되지 않고 융통성 있게 적용되어야 한다. 이때 현실의 적용만을 중시하여 '경'의 내용이 변질되면 안 된다. '경'의 내용이 변질되면 그 변질된 내용은 더 이상 '경'이 아니다. '경'의 정체성을 잃지 않으면서 '경'의 현실적 운용이 바로 '권도'이다. 따라서 이러한 '권도'의 실행은 보통 사람이 할 수 있는 경지가 아니고, 오직 성인(聖人)만 할 수 있다.

그러나 이러한 주희의 논리는 초시공적인 불변의 '경' 자체와 변화를 전제하는 '권도' 사이의 논리적 충돌 문제가 발생한다. 곧 현실의 변화가 '경'의 질서 체계 안에서 진행될 경우에 문제가 되지 않을 수 있지만, 현실의 변화가 '경' 자체의 변화를 전제할 때에 가능하다면 기존의 '경'은 더 이상 '경'의 위상을 고수할 수 없게 된다. 또한 '권도'를 성인만 실행할 수 있다면 성인이 아닌 사람들이 사는 곳에서 발생하는 수많은 문제를 근원적으로 해결할 수 없는 상황이 도래할 수 있다. 이러한 상황의 지속은 결국 현실의 중요성에 근거한 '권도'의 논리가 오히려 비현실적인 관념의 상태에서 관조자의 역할로 제한될 수 있다.

2) 융통성 속의 원칙

시간과 공간의 제약을 받는 당시의 사람들에 의해 역사의 방향이 결정된다고 생각하는 사람들은 원칙을 융통성 속에서 발휘되는 것으로 생각한다. 그들은 원칙을 시간과 공간을 초월하여 영원히 불변하는 가치가 아니라, 시간과 공간의 변화에 따라 변할 수 있는 가치라고 생각한다.

그들에 의하면 어느 한 시기에 어느 지역에서 그 사회의 구성원들에게 중요한 가치로 여겨졌던 원칙이라도, 다른 시기 다른 장소에서는 그곳 사람들의 원칙이 될 수도 있고 되지 않을 수도 있다. 이전의 원칙은 새로운 상황에서 새로운 구성원들에 의해 이전과 같은 원칙으로 여겨질 수도 있지만, 새로운 구성원들의 새로운 선택에 의해 낡은 가치관으로 여겨질 수도 있기 때문이다. 그들에 의하면 하나의 원칙은 융통성 속에서 그 융통성의 영향을 강하게 받아 새로운 융통성으로 교체

될 수 있다. 따라서 원칙은 융통성을 초월하는 것이 아니라, 융통성 속의 원칙이다.

특히 기철학을 집대성한 왕부지는 '경'과 '권도'를 서로 다른 별개의 것으로 여기지 않는다. 그는 세계를 운동하는 기에 의해 구성된 것으로 생각한다. 그에게 이치란 기를 규정하는 근거가 아니라 기의 조리일 뿐이다. 그에 의하면 '권도'는 '경'과 본질적으로 구별되지 않는다. 이 세계의 근거는 늘 변화하는 기이기 때문에 '권도'가 '경'보다 먼저이고, '경'이란 '권도'의 실행 속에 내재된 규율이다. 따라서 구체적인 현실 사회에서 발생하는 다양한 문제를 해결하는 방법은 '경'을 내재적으로 함유한 '권도'의 실행을 통해 균형을 유지하는 것이다. 그리고 이 '권도'에 의해 실행된 균형은 시간과 공간을 초월하는 것이 아니라, 역사의 변화에 비례하여 시대와 장소에 따라 변할 수 있다. 이는 그가 사람의 본성을 태어날 때부터 고정되어 있지 않고, 날마다 생겨나고 날마다 이루는 것으로 생각하는 것과 같다. 따라서 사람은 늘 변화하는 구체적인 현실에 주목하여 문제를 해결하면서도 그 현실 속에 내재한 공통의 규율을 찾아 제한적인 보편의 질서의식을 확립해야 한다.

또한 왕부지에 의하면 이러한 '권도'를 행할 수 있는 사람이 반드시 성인이어야만 하는 것은 아니다. 이러한 원리를 깨닫고 노력한다면 누구든지 '권도'를 실행할 수 있다. 왕부지에 의하면 세상의 이치를 깨달은 성인이란 예측하지 않은 뜻밖의 상황에서 발생한 일에서만 '권도'를 실행하는 사람이 아니다. 성인이란 변화의 상황이나 일정한 질서의식이 유지되는 상황에 관계없이 항상 '권도'를 실행하는 사람이다. 성인은 세상의 근거를 고요함의 상태가 아니라 운동하는 기의 상태로 여길 뿐만 아니라, 고요함을 운동하고 변화하는 가운데 유지되는 일정한 규율의 상태로 여기기 때문이다.

'권도'에 대한 이러한 관점은 특수성을 중시하지 않는 초시공적인 원리주의나, 혹은 제한적인 보편성조차 거부하며 변화만을 강조하는 현상주의적 태도와 구별된다. 따라서 왕부지의 '권도'관은 다양성 가운데 통일성을 찾아 직면한 문제를 지혜롭게 해결하고자 하는 사람들에게 의미가 될 수 있다.

생각해 볼 문제

1. 원칙과 융통성 가운데, 무엇이 더 중요한지와 그 이유에 대해 생각해 보자.

2. 융통성이 없는 원칙주의자와 원칙이 없이 융통성만을 추구하는 사람의 특징에 대해 생각해 보자.

3. 원칙과 융통성의 통일 상태에서 원칙을 토대로 하는 융통성의 발휘인지, 아니면 융통성 속의 원칙인지에 대해 생각해 보자.

1) 이 장의 글은 저자의 논문 「『논어』에 나타난 '권도(權道)'의 논리 구조와 의미 - 주희와 왕부지의 관점을 중심으로-」(『시대와 철학』 제21권3호, 한국철학사상연구회, 2010) 가운데, 필요한 내용을 인용하며 수정하고 보완했음을 밝힌다.

2) 『論語』, 「子罕」, "可與共學, 未可與適道; 可與適道, 未可與立; 可與立, 未可與權."

3) 『孟子』, 「離婁上」, "男女授受不親, 禮也; 嫂溺援之以手者, 權也."

5장

몰라줌과 알아줌

論語

“다른 사람이 나를 알아주지 않음을 근심하지 말고,
다른 사람을 알아주지 못함을 근심하라.”

(『논어』, 「학이」)

1. 나와 타인

인간은 사회적 존재이다. 사회는 둘 이상이 모여 이루어진다. 인류의 역사는 사회 구성을 통해 초기의 열악한 환경을 극복하며 발전하였다. 두 사람 이상으로 구성된 집단지성의 발휘는 불리한 생존 환경을 극복하며 문화를 형성하였다. 이는 인간이 타인과 관계를 맺으며 고유한 문화를 발전시켰음을 의미한다. 그런데 타인과의 관계는 사람마다 다르게 형성된다. 가깝게는 부모와 자녀로부터 시작하지만, 멀리는 다른 나라의 사람까지 관계 맺음이 이어진다. 각 관계의 특징은 혈연, 지연, 학연, 직장, 이념, 종교, 취미 등 다양한 형태를 띤다. 이처럼 관계는 그 성격에 따라 삶의 방향, 내용, 방법 등에서 차이가 발생한다.

1) 나는 누구인가?

나는 누구인가? 나는 어디에서 와서 어디로 가는가? 현상적으로 보면 부모에게서 태어나 살다가 어느 시점에 죽는다. 그런데 인간은 누구나 자신이 원해서 태어나지 않는다. 나의 태어남은 나의 선택이 아니라, 부모의 선택 결과이다. 따라서 태어날 무렵의 환경은 부모에 의해 결정된다. 그러나 태어난 이후의 삶은 다양하게 펼쳐진다. 부모의 보호 아래 양육되기도 하고, 조부모나 친척에 의해 길러지기도 하며, 남에게 맡겨지기도 하고, 국가나 사회의 보육 기관에서 성장하는 경우도 있다. 또한 초기에 부모의 사랑을 받다가 부모의 사망이나 이혼 또는 특별한 사정에 의해 홀로 남겨지기도 한다.

나는 일생을 살아가면서 다양한 면을 함축하며 여러 번의 변화를 겪는다. 변화하기 이전도 나이고, 변화한 이후도 나이다. 또한 나는 육체를 가진 존재로서 식욕, 수면욕, 성욕 등의 생물학적인 측면이 있을 뿐만 아니라, 정신적인 면과 도덕적인 면도 갖추고 있다. 정신적인 면과 도덕적인 면은 생물학적인 본능의 영역에 귀속되지 않는다. 그것은 생물학적인 면을 통제하기도 하고, 초월하기도 한다. 배가 고픔에도 먹을 것을 타인에게 양보하는 행위, 몸이 피곤하여 졸음이 쏟아짐에도 일이나 공부하기 위해 잠을 자지 않는 행위, 성적인 욕구가 일어나도 상대의 처지를 배려하여 인내하는 행위 등은 이성이 본능에 귀속되지 않고 본능의 욕구를 극복하는 면이다. 또한 피곤함에도 버스나 기차에서 노약자나 임산부에게 자리를 양보하는 행위, 위기의 상황에서 살고 싶은 충동이 일어남에도 타인을 먼저 구제하는 행위 등은 도덕적인 가치가 본능의 욕구를 통제하는 면이다.

이는 인간이 단순한 존재가 아니라, 복합적이고 중층적인 존재임을 의미한다. 곧 나라는 존재를 구성하는 내용에는 생물학적인 몸과 감성, 이성적인 정신과 도덕성, 사회적 관계에서 형성된 이름, 명예, 흔적 등 다양한 면을 포괄하고 있다.

이러한 나는 타인에 의존하는 삶이 아니라, 주체적으로 판단하고 선택하며 결정하는 삶을 누릴 때 그 의의가 확대될 수 있다. 이는 내 삶의 주인이 나임을 의미한다. 누구도 내 삶의 진정한 주인이 될 수 없다. 나를 낳아준 부모 역시 내 삶의 협조자가 될 수 있지만, 내 삶의 궁극적인 주인이 될 수 없다. 따라서 나는 나이다.

2) 나와 너

내가 나의 독창적인 특성을 함유하고 있듯이, 타인 역시 그의 독창적인 특성을 갖추고 있다. 그러나 내가 나이고 너는 너이지만, 나는 나대로 제멋대로 살고 너는 너대로 함부로 살 수만은 없다. 사회는 나와 너가 분리된 상태에서 소통하지 않고 살기보다 서로 유기적인 관계를 통해 평화로운 어울림의 공동체를 구성할 때, 그 의의가 크기 때문이다. 이는 나와 타인을 이분법적으로 분리하는 내용이 제한적일 수밖에 없음을 의미한다. 나와 타인이 서로 관계하지 않고 각자의 방식대로 삶을 꾸리면 수시로 발생하는 자연재해를 비롯한 다양한 재난과 위협으로부터 벗어나기 힘들다. 인류의 역사는 인간이 혼자 살지 못하고 타인과 더불어 공동체 문화를 형성하면서 발전해 왔음을 보여준다. 예컨대 원시 사회에서 인간은 호랑이, 사자, 곰, 표범, 뱀, 악어 등의 맹수에 비해 생물학적으로 약한 존재였다. 또한 지진, 화산폭발, 태풍, 해일, 폭우, 폭설, 가뭄, 추위, 더위 등의 자연재해가 발생할 때, 이를 개인이 감당하기에 역부족이었다. 인간은 이러한 자연의 재난을 극복하기 위해 집단지성을 활용하였다. 이는 인간의 집단지성이 사회적 존재의 진가를 발휘하는 중요한 내용임을 의미한다. 이처럼 인류는 역사 과정에서 나와 너가 분리되어 대립할 수 없고, 반드시 서로 의지하고 소통하며 살아갈 수밖에 없는 존재임을 깨달았다.

2. 관계와 인정

관계는 본인의 의지와 무관하게 주어지기도 하고, 스스로 만들기도 한다. 모든 사람은 부모의 선택과 의지에 의해 태어나는 순간부터 부모와 관계를 맺는다. 이러한 관계는 본인의 의지와 무관하게 주어지는 관계이다. 또한 인간은 스스로 타인과 관계를 맺기도 한다. 이성이 발달하면서 또래 집단과 자연스럽게 관계를 맺기도 하고, 스스로 필요한 사람을 찾아 관계를 형성하기도 한다. 이처럼 관계는 부모를 비롯한 다양한 사람들의 선택에 의해 맺어지기도 하고, 자신이 필요한 사람을 찾아 관계를 형성하기도 한다.

그런데 관계를 맺는 사람들은 서로에 대한 관심을 가질 수밖에 없다. 관심의 내용은 사람에 따라 다른 면도 있고, 같은 점도 있다. 어떤 사람은 타인을 사랑의 대상으로 여기지만, 어떤 사람은 타인을 혐오나 미움의 대상으로 여기기도 한다.

또한 서로 관계하는 가운데 어떤 사람은 상대로부터 인정을 받고 싶어 하지만, 또 다른 사람은 타인의 관심을 부담스러워하기도 한다. 이처럼 관계 속에서 타인을 인정하는 것과 타인으로부터 인정받음의 문제는 일괄적으로 해결되지 않고, 특수한 상황에 따라 다르게 해결될 수 있다.

1) 욕망과 결핍

욕망은 하고자 함이다. 인간을 비롯한 생명체는 살아 있는 동안에 욕망을 발현한다. 그런데 욕망에는 대상이 있다. 그 대상이 무엇인지에 따라 실현될 수도 있고, 실현이 되지 않을 수도 있다. 예컨대 자동차, 배, 비행기 등의 도구에 의지하지 않고 서울에서 제주도에 도보로 가고 싶다고 해도, 그것을 이루는 사람은 거의 없다. 현재의 최첨단 과학기술을 동원하더라도 그 욕망이 실현되기는 어렵다. 욕망이 실현되는 것에는 짧은 기간에 해당할 수도 있고, 오랜 세월이 흐른 뒤에 실현될 수도 있다.

인정받고 싶은 마음은 욕망의 기본적인 내용이다. 적지 않은 사람들이 누군가로부터 인정을 받고 싶어 한다. 그런데 누군가로부터 인정받고 싶을 때, 그 욕망이 충족되는 경우와 충족되지 못하는 경우가 있다. 그 욕망이 충족되는 경우는 타인으로부터 내가 인정을 받을 때이고, 그 욕망이 충족되지 못하는 경우는 타인이 나를 인정하지 않을 때이다. 타인이 나를 인정하지 않는 경우, 결핍감이 스며든다. 그런데 타인으로부터 인정을 받지 못하는 원인은 하나인 경우도 있고, 중층적일 수도 있다. 비록 그 원인이 다양할지라도 서로 소통이 원활하지 않다는 점에서 공통점이 있다.

2) 욕망과 충족

누군가의 인정을 받고 싶은 사람이 그 사람으로부터 인정을 받는다면 인정을 받은 사람의 욕망은 충족된다. 이 욕망의 충족은 행복감으로 이어진다. 그 행복감은 삶의 활력을 불러일으킨다. 그러나 그 활력이 지속될지는 미지수이다. 욕망이란 어느 것에 충족된 이후에 그 상태를 영원히 유지하는 것이 아니라, 새로운 욕망이 생기면서 그 충족의 대상을 필요로 하기 때문이다. 따라서 행복의 근거인 충족은 항상 욕망보다 크지 않고, 욕망보다 작거나 같다.

3. 인정받지 못함의 서운함

인정받고 싶은 사람으로부터 인정을 받지 못하면 서운함이 밀려온다. 아무리 괜찮다고 마음을 달래보지만, 끊임없이 솟아나는 서운함의 감정을 멈추기 어렵다. 이때 사람들은 각자의 처지에 따라 원인을 자신에게서 찾으며 스스로 반성하는 경우도 있고, 원인을 상대에게서 찾으며 상대를 원망하기도 한다. 또는 상대에 대한 원망과 스스로에 대한 반성을 함께 하기도 한다. 그래도 서운한 감정은 쉽게 사라지지 않는다.

1) 무능력과 핑계

인정을 받지 못하는 원인 가운데 하나는 나의 무능력이나 불성실함 때문이다. 이는 상대가 공평한 사람인데 나의 불합리한 처사나 무능력으로 인해 상대를 불편하게 하는 경우이다. 그러나 일부의 사람들은 자신의 이러한 점을 반성하지 않고 자신을 몰라주는 상대를 원망한다. 그들 가운데 상당수는 문제를 근본적으로 해결할 지혜와 의지가 부족하다. 그러므로 핑계나 변명을 통해 문제를 해결하려고 한다. 그러나 이러한 방법은 상황을 더욱 악화시킬 뿐이다. 특히 이들은 비판과 비난의 차이를 잘 구별하지 못한다. 이 때문에 비판을 비난으로 오해한다. 비판은 명확한 근거에 의해 옳음과 그름을 구별하는 것이고, 비난은 타당한 근거 없이 모함하거나 헐뜯는 것이다. 세상살이에서 비난은 지양의 대상이지만, 비판은 지향의 대상이다. 비난은 혐오와 배제의 행위이지만, 비판 정신은 지혜의 반영이기 때문이다.

2) 능력과 경솔함

인정을 받지 못하는 또 다른 원인 가운데 하나는 나의 탁월한 능력을 경솔하게 활용하여 상대에게 불쾌감이나 불편한 마음을 불러일으키는 경우이다. 이것은 직장이나 연인 관계에서 종종 일어나는 상황이다. 상사보다 능력 있는 부하 직원이 자신의 능력을 믿고 상사를 무시하는 태도를 보일 때, 상사는 그 부하 직원에게 호의적이지 않다. 또한 연인 관계에서 자신의 외적인 조건만을 과신하여 상대에게 무례를 범할 때, 상대는 그 사람을 부담스러워한다. 이러한 경솔함이 교만으로 이어지면 관계는 더욱 악화될 수 있다. 교만과 오만은 능력의 문제가 아니라, 인격의 문제로 연결되기 때문이다. 따라서 좋은 관계는 능력만으로 이루어지지 않고, 겸허한 인격이 갖추어질 때에 빛을 발할 수 있다.

4. 인정하지 않음의 문제

상대가 타당함에도 인정하지 않는 사람들이 있다. 이는 상대를 정확하게 판단할 능력이 없거나, 상대를 정확하게 판단할 능력이 있음에도 시기심이 일어나는 경우이다. 또한 상대의 알찬 성장을 위해 인정을 보류하는 경우도 있다. 앞의 두 경우는 인정하지 않는 사람에게 문제가 있지만, 뒤의 경우는 교육의 측면이라고 할 수 있다.

1) 판단 능력의 결여

사람들은 수많은 상황에서 타인을 판단하고 평가한다. 판단과 평가의 근거가 타당할 때, 그 판단과 평가는 긍정적인 역할을 한다. 그러나 그 판단과 평가의 근거가 타당하지 않을 때, 부작용이 발생한다. 이는 판단 주체의 능력 문제와 관련된다. 판단 주체의 판단 능력이 결여된 상태에서 판단 대상에 대해 부당하게 평가하거나 고의로 평가하지 않는다면 판단 대상에게 피해를 입히는 것이다. 특히 인정할 위치에 있음에도 상대의 장점을 제대로 파악하지 못하여 인정하지 않는 경우가 있다. 이러한 경우는 인정할 위치에 있는 사람의 판단 능력에 문제가 있는 것이다. 그 문제점이 극복되지 않는다면 그의 지위는 남용과 오용의 대상이 될 수 있다.

2) 판단 능력과 시기심

상대의 능력을 정확하게 판단할 능력이 있음에도, 상대를 인정하지 않는 경우가 있다. 이러한 경우는 사사로운 감정, 시기심, 질투심 등의 발로에 의한 현상이다. 이는 상대를 평화로운 어울림의 대상이 아니라, 배타적 경쟁의 대상으로 여기는 것이다. 이러한 사람은 건강한 욕망의 발현이 아니라, 병든 욕망의 발현으로서 그가 속한 사회의 질서를 어지럽히는 역할을 한다. 이러한 사람의 영향력이 큰 사회는 불공정과 불평등의 문화가 만연하여 불만과 갈등이 증가하므로 평등하고 평화로운 공동체 문화 건설에 장애가 된다.

3) 견고함을 위한 기다림의 미학

상대의 능력을 정확하게 파악했음에도 인정하지 않는 경우가 있다. 이러한 경우는 상대의 장점을 인정했을 때, 상대의 교만함이 증가할 수 있음을 경계하기 위해서이다. 이는 상대의 가능성을 높게 평가하여 상대의 인격을 제고시킴과 아울러, 그의 능력을 더욱 견고하게 만들기 위한 방법적인 정책이다. 이러한 경우는 인정할 위치에 있는 사람의 인격과 안목이 탁월할 때 가능하다. 인정을 받고자 하는 사람이 인정하지 않은 사람의 깊은 뜻을 헤아려 인격을 수양하고 능력을 연마한다면 그의 삶은 더욱 풍요로워질 것이다. 그렇게 되면 둘 사이의 관계와 그들을 둘러싼 사회는 더욱 건강하게 작동될 수 있다.

또한 상대가 잘못했을 때, 상대의 잘못을 의도적으로 모른 채 하는 경우도 있다. 이는 상대의 잘못을 드러내어 상대를 곤경에 빠지게 하지 않고, 상대의 민망함을 덜어주어 상대가 스스로 개선하기를 바라는 심리의 반영이다. 이러한 방법은 상대가 저지른 잘못의 정도나 반성의 태도에 따라 시행 여부를 결정하는 것이 좋다. 예컨대 반역이나 살인과 같은 중범죄와 가벼운 잘못의 차이를 고려해야 하고, 상대의 반성 여부에 따른 차이를 구별해야 한다.

5. 인정의 초월과 자기만족

세상에는 타인에게 인정을 받으며 살고 싶은 사람도 있지만, 타인의 인정에 연연하지 않는 삶도 있다. 타인의 인정에 연연하지 않는 삶은 타인과 비교하는 경쟁의식의 허위를 인식하고, 높은 도덕의식의 연마를 통해 세상을 평화롭게 만들고자 하는 의지의 표현이다.

1) 비교의식의 초월

타인과 비교하는 상당수의 삶은 기본적으로 배타적 경쟁의식을 토대로 하는 자기중심주의적인 경향을 띤다. 자기가 중심이 되면 타인은 주변이나 반주변으로 밀려날 수밖에 없다. 이러한 사회에서는 평화로운 공동체 문화가 완성되기 어렵다. 이를 해결하기 위해 구성원 모두를 중심으로 여기거나, 모든 중심을 해체하는 방법을 모색할 필요가 있다. '지구가 둥글다.'라는 것은 지구의 어느 곳에 깃발을 꽂아도 모두 중심이 될 수 있음을 의미한다. 이처럼 어느 특정한 개인 중심의 관점이 아니라, 모든 사람을 중심으로 여기는 관점을 정립할 필요가 있다. 이는 역설적으로 중심주의의 해체를 통해 무중심주의의 평등 사회를 구성하는 논리로 작용할 수 있다. 이러한 논리는 비교의식을 초월하는 이론 근거가 될 수 있다. 이처럼 비교의식을 초월한 사람은 타인으로부터 인정을 받는지의 여부에 대해 크게 신경 쓰지 않는다.

2) 내적 초월의 보편의식

> 다른 사람이 나를 알아주지 않음을 근심하지 말고, 다른 사람을 알아주지 못함을 근심하라.(『논어』, 「학이」)[1)]
>
> 다른 사람이 나를 알아주지 않음을 근심하지 말고, 그것의 할 수 없음을 근심하라.(『논어』, 「헌문」)[2)]

이 글은 공자가 남이 나를 알아주지 않음이 문제가 아니라, 내가 남을 제대로 알아주지 못하는 것이 문제임을 드러내는 내용이다. 공자는 사회의 온갖 병폐의 원인 가운데 하나를 자기중심주의로 여긴다. 자기중심주의가 만연한 사회는 자신을 목적으로 대하고 타인을 수단으로 대하는 경향이 강하기 때문이다. 타인을 수단으로 대하는 것은 도구적 이성에 의해 타인을 이익이나 손해의 대상으로 여기는 것이다. 타인을 나와 같은 인격체가 아니라, 나의 이익을 확보하는 수단으로 여기는 사회는 양육강식의 힘의 논리에 의한 무질서가 횡행한다. 이러한 사회에서는 사회적 약자들의 삶이 피폐해진다. 공자는 이러한 사회를 지향의 대상이 아니라, 지양의 대상으로 여긴다.

공자는 이러한 문제를 극복하기 위해 타인의 인격을 나와 동일시하고, 문제를 타인이 아니라 자기에게서 찾을 것을 요청한다. 공자는 이러한 문제에 대해 도덕의식의 충만함에 의해 해결될 수 있을 것으로 생각한다.

공자에 의하면 내적인 도덕의식의 충만함은 자신의 삶을 이기주의적이거나 개인주의적인 범주에 가두지 않는다. 이러한 의식은 옳음과 의로움을 추구하고, 공동체의 안녕과 평화를 지향한다. 이는 개인과 사회를 대립적인 관계가 아니라, 유기적인 어울림의 관계로 여기는 것이다. 이 때문에 다른 사람이 자신을 몰라준다고 해서 서운해 하지 않는다. 오히려 자신이 다른 사람을 제대로 알아보지 못할까를 근심한다.

공자의 이러한 관점은 오늘날 타인에 대한 이해보다 자신의 드러냄을 맹목적으로 추구하는 사람들의 '관심증후군'의 문제를 극복하는 면에 지혜의 역할을 할 수 있다. 실제로 오늘날 적지 않은 사람들이 다른 사람들로부터 관심의 대상이 되고자 한다. 그들은 타인의 관심을 받기 위해 부정적인 면조차도 적극적으로 활용한다. 이른바 '노이즈 마케팅(noise marketing)'은 이러한 심리를 반영하는 대표적인 문화 현상 가운데 하나이다. 공자는 이러한 문화 현상을 공의로움을 토대로 하는 윤리의식의 확산을 통해 해결하고자 한다.

생각해 볼 문제

1. 인정받고 싶은 사람에게 인정받을 때의 기쁨이나 인정받지 못할 때의 서운함에 대해 생각해 보자. 또한 인정받거나 혹은 인정받지 못하는 원인을 찾아보자.

2. 타인의 장점을 인정하거나 인정하지 않는 원인을 각각 찾아보자. 타인의 장점을 인정하지 않고 오히려 그를 시기와 질투의 대상으로 삼는 사람의 심리를 생각해 보자.

3. 관심의 굴레를 벗어나 타인의 인정에 연연하지 않는 초월적인 삶의 의미에 대해 생각해 보자.

1) 『論語』, 「學而」, "不患人之不己知, 患不知人也."

2) 『論語』, 「憲問」, "不患人之不己知, 患其不能也."

6장

경쟁과 어울림

論語

"군자는 어울리되 동일화하지 않고,
소인은 동일화하되 어울리지 않는다."

(『논어』, 「자로」)

"군자는 다투는 것이 없지만,
반드시 활을 쏠 때에는 그렇게 할 것이다.
읍하고 사양하여 올라가고 내려와서는 마시게 한다.
그 다툼이 군자답다."

(『논어』, 「팔일」)

1. 경쟁

경쟁은 비교의식을 기반으로 하여 성립한다. 비교에는 여러 형태가 있다. 이전의 자아와 현재의 자아를 비교하는 것은 자신의 내부에서 일어나는 두 양상이다. 또한 다른 사람과의 비교를 통해 현재의 자신을 평가하는 것은 사회적 관계의 산물이다. 그러나 자신을 다른 사람과 비교하며 자기중심주의의 관점에서 다른 사람을 배제시키는 배타적 경쟁도 있다. 이러한 경쟁은 사회적 관계를 불편하게 만든다. 결국 배타적 경쟁의식의 확대는 평화로운 공동체 문화를 건설하는 면에 장애가 된다.

1) 경쟁의 개념

경쟁은 다툼이다. 다툼은 비교의식에서 출발한다. 비교의 대상은 다양하다. 이전의 자아와 현재의 자아 혹은 미래의 자아를 비교하는 심리는 자신의 내부에서 일어나는 것이므로 자신을 발전시키는 면에 도움이 될 수 있다. 예컨대, 공부하는 학생이 현재의 나태한 자세를 극복하기 위해 이전에 부지런했던 자신의 모습을 회복하고자 하는 것은 바람직하다. 그러나 이전의 화려했던 자신의 모습을 회상하며 현재의 부족한 상태를 자학하는 것은 바람직하지 않다. 또한 자신의 현재 역량을 다른 사람의 능력과 비교하며 분발의 계기로 삼는 것은 긍정적이다. 그러나 타인과 견주어 자신의 부족한 부분을 열등감의 근거로 삼거나, 타인보다 뛰어난 역량으로 인해 타인을 무시하는 교만한 태도는 지양되어야 한다.

군자는 다투는 것이 없지만, 반드시 활을 쏠 때에는 그렇게 할 것이다. 읍하고 사양하여 올라가고 내려와 마시게 한다. 그 다툼이 군자답다. (『논어』, 「팔일」)[1)]

이 글은 군자가 오직 활을 쏘는 행사에 참여할 때를 제외하고, 평소에 다른 사람과 경쟁하지 않음을 드러내는 내용이다. 공자에 의하면 군자는 다른 사람을 이기기 위해 경쟁하지 않는다. 활쏘기의 행사에서도 상대에게 사양의 예의를 갖춘 후에 시행하고, 마친 후에 이긴 사람이 진 사람에게 예의를 갖추어 벌주를 마시게 하는 것으로 행사가 종료된다. 이는 서로 견줄 수밖에 없는 활쏘기 행사에서조차 자신의 능력을 자랑하거나 과시하지 않고, 서로 예의를 갖추는 경쟁의 중요성을 지적하는 글이다.

경쟁에는 이 밖에도 자기중심주의의 관점에서 상대를 배제시키는 배타적 경쟁이 있다. 이러한 배타적 경쟁은 소수의 승자와 다수의 패자를 양산하여 사회적 약자들의 소외감을 증가시킨다. 이는 갈등을 확산시켜 공동체의 질서 유지를 어렵게 하는 중요한 원인 가운데 하나이다.

2) 배타적 경쟁의식의 확대

오늘날 세계는 자유와 평등의 양립 불가를 수용하는 신자유주의 이념이 만연하고 있다. 이러한 사상 풍조는 인간을 목적이 아니라, 수단으로 대하도록 유도한다. 이는 자기중심주의적인 이기심에 근거한 배타적 경쟁의식의 확산으로 인해 타인을 배려와 포용이 아니라 배제의 대상으로 여기도록 안내함을 의미한다. 이러한 사회는 기회의 균등과 나눔의 공정성이 확보되기 어렵기 때문에 소외 현상이 빈번하게 발생하고, 사회적 갈등의 확산으로 인해 불안감이 증폭된다. 곧 배타적 경쟁의식의 확대는 약육강식의 논리에 의한 승자 독식의 문화를 양산하여 패자의 인권 침해가 증가한다. 이러한 사회에서는 이른바 '갑'과 '을'의 수직적이며 권위주의적인 관계가 형성되고, '갑'의 횡포에 의해 수많은 '을'들의 삶이 피폐해진다. 이러한 상황에서 불의에 저항하며 사회 변혁을 추구하는 사람도 있지만, 소외된 사람들 가운데 상당수는 그 사회에 적응하지 못하고 배회한다. 또한 적지 않은 사람들이 외로움과 우울증에 시달리고 있으며, 일부는 자살을 선택하기도 한다.

그런데 이때의 자살은 개인의 문제에 국한되지 않는다. 상당수 자살은 사회적 관계의 부조화에서 나타난다. 특히 신자유주의 이념이 확대되는 현대 한국 사회에서 자살률은 매우 높다. 통계청이 발표한 2023년 '사망원인통계'에 따르면 2023년에 자살자 수는 13,978명(남성 9,747명; 여성 4,231명)이고, 인구 10만 명당 자살률은 27.3명(남성 38.3명, 여성 16.5명; 80세 이상 59.4명, 70대 39.0명, 60대 30.7명, 50대 32.5명, 40대 31.6명, 30대 26.4명, 20대 22.2명, 10대 7.9명)이다. 또한 2024년 '사망원인통계'에 따르면 2024년에 자살자 수는 14,872명(남성 10,615명; 여성 4,267명)으로 전년 대비 6.4%(894명) 증가했으며, 하루 평균 40.6명이다. 이 자살률은 인구 10만 명당 29.1명(남성 41.8명, 여성 16.6명; 80세 이상 53.3명, 70대 35.6명, 60대 31.9명, 50대 36.5명, 40대 36.2명, 30대 30.4명, 20대 22.5명, 10대 8.0명)

으로 OECD 38개 국가 평균의 2배 이상으로서 1위이다.

이는 자살이 이기심을 토대로 하는 자기중심주의적 관점에서 배타적 경쟁의식의 강화가 빚어내는 소외 현상 가운데 하나임을 의미한다. 배타적 경쟁은 기본적으로 나와 상대가 함께 승리하는 방식이 아니라, 내가 승리하기 위해 상대를 억눌러야 한다. 이러한 경쟁의 논리는 필연적으로 소수의 승리자와 다수의 패배자를 양산한다. 이때 승리자는 거의 모든 것을 점유할 수 있지만, 패배자는 거의 모든 것을 상실한다. 이 때문에 패배자는 재기할 기회를 갖기 힘들다. 승리자 역시 또 다른 경쟁에 참여하느라 패배자를 위로할 겨를이 없다. 국가나 공공 기관 역시 패배자에게 관심을 기울이기보다 승리자에게 더 많은 편익을 제공한다. 패배자는 이러한 난국을 극복하기 위해 모든 힘을 기울이지만, 현실은 냉혹하다. 패배자는 점점 하소연할 곳이 없이 이 세상에서 혼자라는 생각을 한다. 더 이상 의지할 곳이 없다는 생각이 강화될 때, 그는 끊임없이 밀려오는 외로움을 이겨낼 방법을 찾지 못한다. 자살은 이러한 심리 상태에서 수행되는 경우가 많다.

2. 획일화

획일화는 다양한 생각이나 가치관을 인정하지 않고, 어느 하나의 가치관을 중심으로 여기며 다른 가치관을 밀어낸다. 이러한 관념이 지배하는 사회는 다양성을 존중하는 민주적인 문화의식이 축소되고, 권위주의적인 문화의식이 확산된다. 이러한 사회에서는 지배의 위치에 있는 소수에게 많은 혜택이 돌아가고, 피지배의 위치에 있는 사람들에게 고통과 괴로움이 증가한다. 전체주의는 획일화를 상징하는 대표적인 이념이다. 이처럼 전체주의가 득세하는 사회는 경직되고, 수동적이며, 활력이 사라진다.

1) 획일화의 개념

획일화는 동일화와 같은 개념이다. 동일화는 나의 의견이 상대에 귀속되거나, 상대의 의견이 나에게 귀속되는 것을 말한다. 이는 둘 이상의 관계에서 상대의 견해를 존중하지 않고, 자신의 독선적인 견해를 강조하는 것이다. 이처럼 획일화가 강조되는 사회에서 구성원들은 집단지성을 발휘하여 그 획일화의 문제를 극복하며, 다양한 의견을 존중하고 수용하여 다원적인 민주 사회를 구성하기 위해 노력한다.

2) 획일화와 권위주의

> 소인은 동일화하되 어울리지 않는다.(『논어』, 「자로」)[2]

이것은 다원성을 존중하지 않고 어울림의 문화를 선호하지 않는 태도를 비판하는 글이다. 공자는 소인들이 서로 다른 의견을 조율하여 건강한 공동체 사회를 건설하지 않고, 사적인 이익 추구의 한 방향으로 향하는 것을 비판한다.

획일화 혹은 동일화를 추구하는 사람들은 강압적인 방식으로 개인의 창의성을 억제하고, 지도자의 일방적인 명령체계를 따를 것을 요구한다. 이를 수용하는 사람들은 비주체적인 모습으로 지도층의 권위에 맹목적으로 복종하는 것을 지향한다. 이러한 획일화 혹은 동일화는 개인의 의식뿐만 아니라, 가정과 사회 등 곳곳에서 권위주의의 모습으로 드러난다.

이전 시대 한국 사회에서 여성이 혼인을 하면 "이제부터 너는 너의 친정에서 교육받으며 형성했던 모든 문화의식과 생각을 버리고, 우리 집안의 가치관과 풍습을 따라야 한다."라고 하는 시댁 어른의 말은 획일화의 대표적인 내용이다. 인간은 누구나 자라면서 가치관을 형성하고, 주체적인 자세로 사태를 파악하며 자신의 정체성을 확보해 간다. 이러한 과정에 자신의 견해와 다른 의견을 가진 사람을 만나면 서로 민주적인 토론과 협의를 통해 합의를 도출한다. 그러나 이러한 시댁 어른의 말은 친정에서 형성된 가치관을 모두 부정하고, 낯선 문화와 환경과 가치관에 맹목적으로 따를 것을 강요하는 것이다. 이러한 획일화는 수직적이고 권위주의적인 문화를 양산하여 인간의 자유의지를 제약하는 폭력이며 강요이다. 공자는 이러한 면을 지향의 대상이 아니라, 극복의 대상으로 여긴다.

이러한 획일화의 경향은 정치 현실에서도 발견할 수 있다. 어떤 문제에 대해 다양한 해결책이 있음에도, 오직 하나의 해결책을 진리로 여기며 이데올로기화하는 현상은 동일화의 모습이다. 한국 현대사에서 박정희와 전두환의 군부 통치는 민주적인 다양한 의견의 조율이 아니라, 군인들의 가치관을 일방적으로 강요하는 독재정치의 상징이다. 이는 다양성의 어울림이 아니라, 동일화 혹은 획일화의 경향을 강화하는 것이다. 이러한 동일화 혹은 획일화의 전형적인 모습은 히틀러의 전제정치를 통해 확인할 수 있다. 히틀러는 자신의 이념을 실현하는 과정에 유대인을 대량으로 학살하고, 제2차 세계대전을 일으켜 인류의 평화를 짓밟는 만행을 저질렀다. 이는 그가 자신이 추구하는 사상 혹은 가치관을 유일한 진리로 여기고, 다른 사상이나 가치관을 모두 허위로 여기며 배척하는 것이다.

이처럼 동일화 혹은 획일화가 중심이 되는 사회는 개인의 자유가 말살되고, 권위주의적인 질서가 강조되어 능동적이고 적극적인 모습보다 소극적이고 수동적인 모습이 일반화된다. 이러한 사회는 비판성이 사라지고, 생명력과 역동성이 약화되어 창의적인 문화가 형성되기 어렵다. 이는 지향의 대상이 아니라, 지양의 대상이다.

3. 어울림

어울림이란 서로 응하는 상태, 잘 어우러지는 피리 소리, 고대에 조리할 때 쓰는 그릇[盉] 등의 사전적인 뜻이 있다. 그러나 이것은 사상적인 측면에서 서로 다른 성향의 사람들이 각자의 특성을 배제하지 않고 존중하면서도, 각자의 길로 가지 않고 함께 공동의 문화를 형성하기 위해 협의하고 합의하는 과정에서 형성되는 조화, 협조, 화합, 온화,

화해, 평화 등의 상태를 의미한다. 이 때문에 이것은 나의 이익을 위해 상대를 배제시키는 배타적 경쟁이나, 자신의 고유한 특성을 버리고 상대에게 귀속되는 동일화와 다르다.

1) 어울림의 개념

> 예(禮)의 쓰임은 어울림이 귀하다.(『논어』, 「학이」)[3]

이 말은 격식을 차리는 예의의 측면에서도 경직된 자세가 아니라, 사람과 사람 사이를 평화로운 어울림을 통해 원활한 소통의 관계로 형성하는 것의 중요함을 지적하는 내용이다. 이처럼 어울림은 자기중심주의적인 관점에서 서로를 대립의 대상으로 여겨 배척하거나, 어느 한쪽으로 귀속시키는 것과 다르다. 어울림은 서로 다름을 인정하고 존중하는 가운데, 협의를 통해 공통의 공속의식을 도출하는 것이다. 『논어』는 이러한 어울림이 일상생활은 물론 엄숙함의 상징으로 여겨지는 예의의 자리에서도 필요한 것으로 여긴다.

[그림] 여러 음식 재료들이 어울려 맛을 낸 김치찌개(20251120)

제후가 사냥터에서 돌아왔을 때, 안자(晏子)가 천대에서 경공(景公)을 모시고 있었는데 자유[梁丘據]가 달려와 천대에 이르자, 제나라 경공이 "오직 양구거만 나와 어울리는구나."라고 하자, 안자가 "양구거 또한 동일화인데 어떻게 어울림을 얻었다고 할 수 있습니까?"라고 했다. 경공이 "동일화와 어울림은 다른가?"라고 묻자, 안자가 "다릅니다. 어울림은 국을 끓이는 것과 같아서 물 · 불 · 식초 · 젓갈 · 소금 · 매실로 생선과 고기를 삶아 불을 때어 익히고 요리사가 그것들을 잘 조절하여 맛을 알맞게 하고 모자란 것을 보충하며 지나친 것을 덜어내니, 군자는 그것[국]을 먹고서 그 마음을 평안하게 합니다. 임금과 신하 또한 그와 같아서 임금이 옳다고 하더라도 옳지 않은 것이 있으면 신하는 옳지 않은 점을 말하여 옳은 것을 이루게 하고, 임금이 옳지 않다고 하더라고 옳은 것이 있으면 신하는 옳은 점을 말하여 옳지 않은 것을 제거하도록 합니다. 이 때문에 정치가 평화로워져서 서로의 영역을 침범하지 않으니 백성들도 다투는 마음이 없습니다. 그러므로 『시경』에서는 '또 양념이 잘 갖추어진 국이 있으니, 이미 각각의 역할을 경계하여 맛을 조절하였다. 모두 말이 없으니, 이에 다투는 사람도 없다.'라고 하였습니다. 선대의 임금이 다섯 가지 맛으로 맛을 조절하고, 다섯 가지 소리로 소리를 조절한 것은 그 마음을 평화롭게 하고, 그 정사를 이루기 위함입니다. 소리 또한 맛과 같아서 1기, 2체(文舞와 武舞), 3류(風 · 雅 · 頌), 4물(四方에서 생산한 물건들로 만든 악기), 5성(宮 · 商 · 角 · 徵 · 羽), 6율(黃鐘 · 太簇 · 姑洗 · 蕤賓 · 夷則 · 無射), 7음(宮 · 商 · 角 · 徵 · 羽 · 變宮 · 變徵), 8풍(八方의 바람), 9가(六府와 三事, 곧 水 · 火 · 木 · 金 · 土 · 穀 및 正

德 · 利用 · 厚生)가 서로 어울려 음악을 이루고, 맑음과 흐림, 작음과 큼, 짧음과 김, 빠름과 느림, 슬픔과 즐거움, 굳셈과 부드러움, 더딤과 빠름, 높음과 낮음, 나아감과 들어옴, 빽빽함과 성김 등이 서로 어울려 가지런해지니, 군자는 그것을 듣고 그 마음을 평안하게 합니다. 마음이 평안하면 덕이 온화해집니다. 그러므로 『시경』에서는 '덕의 소리에 흠결이 없다.'라고 했습니다. 그런데 양구거는 그렇지 않아서 임금이 옳다고 하는 것을 양구거 또한 옳다고 하고, 임금이 옳지 않다고 하는 것을 양구거 또한 옳지 않다고 하여 마치 물로써 물을 조리하는 것과 같이 하니 누가 그것을 먹겠으며, 금과 슬이 오로지 하나의 소리만 내는 것과 같이 하니 누가 그것을 듣겠습니까? 동일화해서는 안 되는 것이 이와 같습니다."라고 하였다.(『춘추좌전』, 「소공 20년」)[4]

안자(晏子)의 관점에 따르면 어울림이란 다양한 음식 재료들이 각각의 특성을 잃지 않으면서 서로 골고루 섞이어 맛있는 국을 끓이는 것뿐만 아니라, 여러 악기와 다양한 음성이 조화를 이루어 아름다운 음악을 창출하는 것과 같다. 이는 자기중심주의적인 관점에서 상대를 밀어내는 배타적 경쟁이나 자신의 고유한 특성을 배제한 채 상대의 관점에 맹목적으로 동화되는 획일화의 논리와 차이가 있다. 이 때문에 안자는 임금 말의 옳고 그름을 주체적으로 분별하지 않고 맹목적으로 임금 말을 따르는 양구거의 태도를 어울림이 아니라, 동일화의 모습이라고 지적한다. 안자는 자신의 주체적인 관점에 의해 임금 말의 옳고 그름을 분별한 후, 옳은 것을 수용하고 옳지 않은 것을 비판하는 관점을 어울림으로 생각한다.

이러한 안자의 관점은 구체적인 특성을 배제한 채 절대적인 보편 원리에 무조건적으로 복종하는 태도, 상대주의적인 관점에서 제한적인 보편성조차 용인하지 않는 태도 등과 구별된다. 어울림은 초시공의 절대 보편 원리에 의해 역동적으로 변화하는 구체적인 상황이 재단되는 것과 다르다. 어울림이란 끊임없이 변화하는 구체적인 것들이 모여 특수한 상황을 만들고, 특수한 여러 상황이 균등하게 상호 교류하면서 합리적인 협의와 합의 과정을 통해 공동으로 추구할 가치를 함께 지향하는 것이다. 이는 어울림이 다양성 가운데 통일성을 지향함을 의미한다.

이처럼 어울림의 논리에 따르면 나는 나이고 너는 너이다. 그러나 나는 나이고 너는 너일지라도, 나와 너는 서로를 배제시키지 않고, 함께 교류하며 살아가야 할 존재이다.

이때 나에게는 나만의 정체성이 있을 뿐만 아니라, 너와 관련되면서 형성된 너의 특성을 포함하고 있다. 너 역시 너만의 정체성이 있을 뿐만 아니라, 나와 관련되면서 영향을 받은 나의 특성을 포함하고 있다. 이는 우리가 건강한 공동체 사회의 구축을 위해 세계의 많은 사람들과 평화롭게 어울려야 할 존재임을 의미한다.

[그림] 정의와 평화의 어울림
(20241130, 서울 광화문)

2) 어울림의 향연

> 군자는 어울리되 동일화하지 않는다.(『논어』, 「자로」)[5)]
>
> 군자는 어울리되, 휩쓸리지 않는다.(『중용』10장)[6)]

오늘날 우리는 민족, 인종, 종교, 세계관 등에서 차이를 드러내는 다양한 구성원들이 공존하는 '다문화' 시대를 목도하고 있다. 이러한 시대에 배타적 경쟁의식이 빚어내는 다름에 대한 배제, 특수성을 선험적인 보편성으로 귀속시키려는 맹목적인 동일화의 논리 등은 약자를 소외시키고 사회적 갈등을 유발하는 원인 가운데 일부이다.

유학의의 어울림 논리에 의하면 나는 나이고 너는 너이지만, 나와 너는 서로 결별하여 살 수 없다. 서로 완전히 결별한다면 상대를 인정하는 면이 있을지라도, 가치상대주의에 빠지기 때문이다. 가치상대주의는 너는 너만의 가치로 살고, 나는 나만의 가치로 살자는 논리로 평화로운 공동체 사회를 구성하는 논리에 부적합한 몰가치주의나 회의주의로 귀결된다. 따라서 주돈이(周敦頤)의 '호위기근(互爲其根)'[7)]의 논리처럼, 나는 나이고 너는 너이지만, 나는 너 속의 나이고 너는 나 속의 너이다. 결국 나와 너는 서로 무관심해야 할 대상이 아니라, 긴밀한 교류를 통해 공동의 가치를 추출하고 그 가치를 이 땅에서 건강하게 구현해야 할 동반자이다.[8)]

맹자가 "하늘의 때는 땅의 이로움만 못하고, 땅의 이로움은 사람들의 어울림만 못하다."[9)]라고 하고, "나의 노인을 노인으로 여겨 다른 사람의 노인에게까지 미치고, 나의 어린이를 어린이로 여겨 다른 사람의 어린이에게까지 미친다."[10]라고 지적한 내용은 사랑의 베풂을 나와 내 가족에 한정시키지 않고, 어울림을 통해 이웃과 타민족과 세계로 확산시켜 건강한 공동체 사회를 구성하자는 의미이다.

따라서 어울림철학에 의하면 다름은 틀림이 아니라 조율을 통해 함께 해야 할 동반자이다. 이것은 수많은 특수성으로서의 다름과 다름 및 다름과 같음의 관계를 평등의 시선으로 대하기를 요청한다. 이러한 논리에 의하면 세계는 움직인다. 움직임이 주된 것이고, 고요함은 움직임의 일시적인 정지일 뿐이다. 움직임은 시간과 공간의 변화를 의미하므로 움직이는 상태에서 이전 것과 완전히 동일한 새로운 것이란 존재하지 않는다. 따라서 다름은 그 자체로 독립적이다. 그러나 역사의 진행과정에 다름은 다름으로서만 존재할 수 없다. 다름이 다름으로만 존재한다면 그 다름은 지속적으로 생존하기 어렵다. 인간의 역사는 약육강식의 법칙이 지배하는 자연의 위협을 극복하는 과정에 다름과 다름의 연합을 통해 위기를 극복했다. 인간의 사회에서 다름은 또 다른 다름과 관계할 수밖에 없다. 이 다름이 저 다름과 관계하지 않는다면 각각의 다름은 그 고유한 가치를 인정받을 수 있지만, 사회적 존재임을 포기하는 결과가 도래할 수밖에 없다. 사회적 관계가 생략된 다름은 또 다른 다름의 관심 영역에서 벗어난다.

어울림철학은 이러한 다름과 다름의 유기적인 관계를 통해 서로의 협의와 합의에 의해 도출된 공동의 가치를 그 사회의 구성원들이 존중해야 할 보편적인 덕목으로 생각한다. 이러한 가치는 절대자나 절대적 이념에 의해 일방적으로 정해지지 않고, 그 사회에 살고 있는 구성원들의 평등한 절차에 의해 결정된다. 따라서 이 가치는 주어진 보편이 아니라 구성원들의 자율적인 합의로 만들어가는 수평적인 보편이기 때문에 능동적으로 실현할 수 있다.

그리고 구성원들이 지켜야 할 보편성을 담보한 그 가치는 시대 상황의 변화에 비례하여 그 사회 구성원들의 의지에 따라 새롭게 정립될 수 있다. 이 때문에 이러한 보편성은 제한된 보편성 혹은 시한부 보편성이다. 이는 보편성이 구성원들의 의지에 관계없이 선험적으로 주어지는 것이 아니라, 그 사회를 이루고 있는 구성원들의 의지가 적극적으로 반영된 것으로서 특수성과 특수성의 유기적인 교류에 의해 도출되었음을 의미한다.

따라서 이러한 같음과 다름 및 보편과 특수는 '보편에서 특수'가 아니라, '특수에서 보편'이다. 이러한 같음과 다름 및 보편과 특수에 대한 어울림은 오늘날 '다문화' 시대에 발생하고 있는 부당한 차별과 소외로 인한 사회적 갈등을 해소하고, 평화로운 공동체 사회를 구축하는 데에 필요하다.

[그림] 꽃피는 봄날, 캠퍼스의 어울림 풍경 (20250408)

생각해 볼 문제

1. 배타적 경쟁의식의 확산과 배제의 논리에 따른 소외 현상의 실태를 알아보고, 그것의 극복 방안을 모색해 보자.

2. 다양한 생각이나 가치관을 인정하지 않는 획일화 논리의 특징을 분석하고, 그것의 극복 방안을 모색해 보자.

3. 서로 다름을 인정하고 존중하는 가운데, 협의와 합의를 통해 공동의 가치를 도출하는 어울림철학의 의의에 대해 생각해 보자.

1) 『論語』, 「八佾」, “君子無所爭, 必也射乎! 揖讓而升, 下而飮. 其爭也君子.”

2) 『論語』, 「子路」, “小人同而不和.”

3) 『論語』, 「學而」, “禮之用, 和爲貴.”

4) 『春秋左傳』, 「昭公20年」, “齊侯至自田, 晏子侍于遄臺, 子猶馳而造焉. 公曰, ‘唯據與我和夫!’ 晏子對曰, ‘據亦同也, 焉得爲和?’ 公曰, ‘和與同異乎?’ 對曰, ‘異. 和如羹焉, 水 · 火 · 醯 · 醢 · 鹽 · 梅, 以烹魚肉, 燀之以薪, 宰夫和之, 齊之以味, 濟其不及, 以洩其過, 君子食之, 以平其心. 君臣亦然, 君所謂可而有否焉, 臣獻其否以成其可; 君所謂否而有可焉, 臣獻其可以去其否. 是以政平而不干, 民無爭心. 故詩曰, 「亦有和羹, 旣戒旣平. 鬷假無言, 時靡有爭.」 先王之濟五味, 和五聲也, 以平其心, 成其政也. 聲亦如味, 一氣, 二體, 三類, 四物, 五聲, 六律, 七音, 八風, 九歌, 以相成也; 淸濁, 小大, 短長, 疾徐, 哀樂, 剛柔, 遲速, 高下, 出入, 周疏, 以相濟也, 君子聽之, 以平其心. 心平, 德和. 故詩曰, 「德音不瑕.」 今據不然, 君所謂可, 據亦曰, 「可」, 君所謂否, 據亦曰, 「否」, 若以水濟水, 誰能食之? 若琴瑟之專壹, 誰能聽之? 同之不可也如是.’”

5) 『論語』, 「子路」, “君子和而不同”

6) 『中庸』 10章, “君子和而不流.”

7) 周惇頤, 『太極圖說』, “一動一靜, 互為其根. 分陰分陽, 兩儀立焉.”

8) 이철승, 「같음과 다름의 관계와 유가의 어울림철학 – ‘다문화’시대 특수와 보편의 관계를 중심으로」, 『시대와 철학』 제26권 3호, 한국철학사상연구회, 2015, 141쪽 참조.

9) 『孟子』, 「公孫丑下」, “天時不如地利, 地利不如人和.”

10) 『孟子』, 「梁惠王上」, “老吾老, 以及人之老; 幼吾幼, 以及人之幼.”

7장

부유와 가난

論語

"적음을 근심하지 않고 고르지 않음을 근심하며,
가난함을 근심하지 않고 편안하지 않음을 근심한다.
일반적으로 고르면 가난함이 없고,
어울리면 적음이 없으며,
편안하면 기울어짐이 없다."

(『논어』, 「계씨」)

1. 소유와 축적

인류는 초기에 생존에 필요한 물품을 마련하기 위해 자연을 가공하고 변형하여 의식주(衣食住)를 해결하였다. 인류는 시간의 흐름에 비례하여 불완전한 자연조건에서 더 안정적인 삶을 확보하기 위해 소유욕을 확대하여 축적의 문화를 형성했다. 인류는 소유와 축적을 통해 삶의 기반을 공고히 하고, 문명을 발전시켰다.

1) 생존의 욕망

인간을 비롯한 모든 생명체는 기본적으로 살고자 하는 욕망이 있다. 그 욕망은 생물학적인 본능으로 드러나기도 하고, 이성적인 판단으로 드러나기도 하며, 도덕적인 가치로 드러나기도 하고, 종교적인 신념으로 드러나기도 한다. 특히 인간에게는 생물학적인 면, 이성적인 면, 도덕적인 면, 종교적인 면 등 다양한 형태의 욕망이 복합적으로 갖추어져 있다.

문명이 발달하기 전의 인류는 초기에 약육강식의 법칙이 지배하는 자연에서 삶의 조건이 매우 불안정하였다. 초기의 인류에게 자연은 따뜻하고 포근한 모습이 아니라, 두려움과 공포의 대상으로 다가왔다. 수시로 발생하는 화산폭발, 지진, 해일, 폭우, 가뭄, 화재 등의 자연재해는 물론 무서운 동물들로부터 자신의 생명을 보호하기가 쉽지 않았다. 인간은 자연의 위력 앞에서 강자가 아니라, 약자였다. 이러한 조건에서 인간은 이성의 발휘를 통해 생존을 위한 도구를 만들고, 원자화된 개인이 아니라 사회적인 공동체 생활을 통해 불리한 환경을 극복하기 시작했다.

2) 소유의 욕망

소유는 대상에 대한 점유를 의미하는데, 소유의 대상은 다양하다. 소유의 대상은 사람, 생명, 사랑, 생각, 재산, 동물, 식물, 물, 땅, 집, 자동차, 로봇, 각종 물건 등 유형과 무형을 포함하여 방대하다. 소유의 주체 역시 다양하고, 주체가 하나일지라도 시간과 공간의 차이에 따라 내용이 달라질 수 있다. 이는 소유의 주체와 대상 및 주체의 상황에 따라 그 내용이 달라질 수 있음을 의미한다. 어느 경우에는 대상에 대해 개인이 독점적으로 점유하기도 하고, 공동으로 점유하기도 한다. 또한 주체에 따라 대상이 선택되기도 하고, 선택되지 않기도 한다. 한 사람이 자신이 소유하고자 하는 대상을 자유로운 선택에 의해 소유할 수 있는 사회라면 그에 대한 만족도는 향상될 수 있다.

문제는 소유하고자 하는 대상을 선택할 수 없는 상황, 대상이 적음에도 그것을 소유하고자 하는 사람이 많을 경우, 자신의 소유가 타인에게 큰 피해를 주는 경우, 외부의 강요에 의한 소유의 상황 등에서 나타날 수 있다. 이는 선택할 수 있는 권리의 결여, 수요와 공급의 불일치, 탐욕에 의해 붕괴되는 공동체, 비민주적인 권위주의의 도래 등 다양한 문제가 발생될 수 있음을 의미한다.

초기의 인류는 열악한 자연환경에서 살아남기 위해 먹이가 되는 동물과 식물을 소유하기 시작하였다. 특히 인구가 증가하고 먹을 것이 부족해지면서 인류는 부족한 식량을 해결하기 위해 이동을 하면서 다른 부족과 전쟁을 일삼았다. 전쟁에서 승리한 부족이 패배한 부족을 소유의 대상으로 삼는 것은 자연스러운 현상이 되었다. 이는 역사가 진행되면서 인간이 동물이나 식물뿐만 아니라, 인간을 소유의 대상으로 삼는 것으로 자연계의 약육강식의 법칙을 인간에게 적용시키는 것이다.

3) 축적의 욕망

소유욕의 증가는 사람들의 안정적인 삶을 위해 식물을 재배하고 동물을 기르는 문화를 탄생시켰다. 이것은 사냥과 수렵을 통해 먹는 문제를 해결하던 이전의 방식과 다른 새로운 방법이다. 이는 인류가 생존의 기본적인 욕구인 먹는 문제를 해결하는 면에서 이동 생활을 하지 않고 정착 생활을 하더라도, 식량의 축적을 통해 이전보다 더 안정적인 삶을 확보하는 방법이다. 그런데 인류의 소유욕은 여기에서 멈추지 않는다. 인류는 역사의 진행 속도와 비례하여 인간을 목적이 아니라, 수단으로 대하는 문화를 확산하였다. 일부의 인간이 소유의 축적을 통해 다른 사람들을 지배하는 풍조가 확대되면서 사회적 갈등이 확산되었다.

2. 독점과 착취

공급이 풍부하고 수요가 적을 때에 소유와 축적은 인류의 문명을 발전시키는 면에 기여한다. 그러나 공급의 부족으로 수요를 해결하지 못하는 상황에서 소유와 축적의 욕망이 적절하게 조정되지 않으면 인류는 불행의 터널로 들어갈 수 있다. 일부의 사람들이 자기중심주의적인 이기심의 발현을 통해 소유를 독점하고, 다른 사람들을 착취의 대상으로 삼기 때문이다. 이러한 사회는 불평등의 만연으로 인해 혜택을 받지 못한 사람들의 삶이 어려움에 처할 수 있다.

1) 독점의 욕망

공급이 적고 수요가 많으면 소유하고자 하는 욕망이 끊임없이 일어난다. 특히 필요한 것이 부족할수록 독점욕은 강화된다. 그런데 필요한 것이 부족하지 않음에도 독점욕이 강한 사람들이 있다. 그들의 심리가 다른 사람과의 비교를 통해 다른 사람보다 우위에 있고 싶은 욕구가 강하게 작용하기 때문이다. 이러한 독점욕은 자연스럽게 타인을 지배하고자 하는 심리를 강화시킨다. 그들은 다른 사람들을 평등의 대상으로 여기지 않는다. 이는 그들이 다른 사람들을 따뜻한 사랑과 존엄한 인격의 대상이 아니라, 자신의 이익 확보를 위한 수단으로 여기고 있음을 의미한다.

2) 착취의 욕망

독점욕이 강한 사람들 가운데 일부는 자신의 이익을 극대화하기 위해 타인의 소유물을 착취의 대상으로 여긴다. 그들은 필요한 소유물을 타인과 공평하게 나누는 것을 허용하지 않는다. 필요한 소유물을 타인과 공유하면 희소가치의 효과를 거둘 수 없기 때문이다. 따라서 그들은 수단과 방법을 가리지 않고 타인의 소유물을 착취하기 위해 노력한다. 이러한 현상은 불평등한 사회 구조에서 많이 발생한다. 특히 지배와 피지배의 관계가 형성된 상태에서 지배층이 피지배층을 착취의 대상으로 여기는 사회에서 많이 나타난다.

예컨대 공자가 살던 춘추 시대에 새롭게 등장한 신흥 지주 계층은 백성들을 착취의 대상으로 여겼고, 근대 산업혁명 시대의 유럽에서 많은 부르주아는 프롤레타리아를 착취와 억압의 대상으로 여겼으며, 21세기가 진행되고 있는 오늘날 신자유주의 이념을 신봉하는 사람들 가운데 일부는 비정규직의 노동자들을 착취의 대상으로 여긴다.

3) 불의한 부자

> 부유함과 귀함은 사람이 하고 싶어하는 것인데, 그 도로써 얻지 않으면 처할 곳이 없다.(『논어』, 「리인」)[1)]
>
> 의롭지 않으면서 부유하거나 귀한 것은 나에게 뜬구름과 같다. (『논어』, 「술이」)[2)]
>
> 나라에 도가 없는데 부유하거나 귀한 것은 부끄러움이다. (『논어』, 「태백」)[3)]

공자는 경제적인 부유함과 정치적인 신분의 귀함을 부정적으로 여기지 않는다. 그는 재화의 많은 소유를 의미하는 부유함과 신분의 높은 지위를 의미하는 귀함을 사람들이 추구하는 기본적인 욕망의 발현으로 생각한다. 공자는 이러한 소유의식을 자연스럽게 형성되는 심리의 반영으로 여긴다. 그가 염려하는 것은 이러한 소유를 올바르지 않은 방법으로 획득하는 경우이다. 그는 비정상적인 방법으로 경제적인 이득을 취하거나 높은 지위를 얻는 것을 자랑이 아니라 부끄러움으로 생각한다.

[그림] 하늘에 떠 있는 구름 (20250626)

[그림] 한라산 백록담 위의 뜬구름 (20250626)

공자에 의하면 부당한 방법으로 부자가 되거나, 신분이 높아지는 것은 뜬구름과 같이 허무하다. 그 부유함과 신분의 뿌리가 깊지 않고, 수명이 오래 지속되지 못하기 때문이다. 그럼에도 자신의 부유함이나 신분을 확보하기 위해 수단과 방법을 가리지 않고 쟁취하는 경우가 있고, 타인의 소유를 탈취하는 사람들도 있다. 이들은 나쁜 부자, 정치가, 공무원, 직장인 등이다. 그들에게서 정의와 평등의식을 찾기란 쉽지 않다. 그들은 위선적인 면이 많다. 그들 가운데 일부는 공개적으로 정의와 평등을 외치지만, 자신의 부유함이나 귀한 신분을 확보하기 위해 온갖 불법과 탈법을 저지른다. 그들 가운데 적지 않은 사람들이 자신의 금력과 권력을 이용하여 사회적 약자의 인권을 수시로 침해한다. 이러한 사람들이 많은 사회는 건강한 욕망이 발현되는 평화로운 사회가 아니라, 병든 욕망이 발현되는 부패한 사회이다.

이러한 현상은 공자가 생존하던 춘추시대뿐만 아니라, 21세기인 오늘날에도 한국을 비롯한 세계 곳곳에서 발생하고 있다.

3. 비움과 가난

현대사회에서 생존에 필요한 물품이 인류의 초기처럼 절대적으로 부족한 것은 아니다. 물품의 총량은 오히려 풍부하다. 일부 사람들에 의한 사치와 낭비 역시 만연하다. 특히 개인의 이기심을 적극적으로 권장하는 '자유지상주의'의 이념이 일부의 사람들을 위한 이데올로기로 작용하면서 소수의 부자와 다수의 가난한 사람들이 발생하고 있다. 이 때문에 이들 사이의 갈등이 증가하고 있다.

이처럼 소유와 축적의 욕망은 일부 사람들의 풍요를 충족시키는데 기여하지만, 다수에게 빈곤과 수탈로 인한 인간성 파괴 현상을 증가시키는 역할을 한다. 또한 일부 자본가의 탐욕에 의해 무차별적으로 개발된 자연환경의 파괴로 인해 생태 질서의 교란이 심각하다. 이는 현대사회에서 소유의 욕망과 축적의 욕망이 더 이상 미덕이 아니라, 사회적 갈등을 양산하는 주범이 되고 있음을 뜻한다.

그런데 이기심의 확대를 위한 지나친 탐욕은 타인의 탐욕과 충돌할 때 갈등이 유발된다. 이러한 욕망을 절제하지 않을 경우, 서로 간에 지켜야 할 분수를 넘을 수 있을 뿐만 아니라 상황판단을 제대로 하지 못하게 된다. 이러한 욕망의 분출은 주위 사람들에게 불편과 피해를 줄 수 있기 때문에 지혜로운 처사가 아니다.

이제 인류는 지나친 소유욕을 줄이고, 비움의 확산을 통해 가난을 즐길 수 있는 문화를 추구하는 방향으로 나아갈 필요가 있다. 독점적 소유로 인한 부유와 가난의 이분법적 논리가 아니라, 공존과 공생의 공유의식을 통해 평화를 찾을 필요가 있다.

1) 비움의 평안

소유욕의 근거라고 할 수 있는 이기심을 제거하는 것은 쉽지 않다. 그러나 나의 이기심이 한 대상에 대한 소유욕을 강화시키고, 다른 사람 또한 그 대상에 대해 소유욕을 강화시킨다면 나의 이기심은 반드시 다른 사람의 이기심과 충돌할 수밖에 없다. 이러한 이기심과 이기심의 충돌은 어느 한쪽이 양보하지 않거나, 서로 만족할 수 있는 대안을 강구하지 않을 경우에 다툼이 발생한다. 인류는 법과 제도를 통해 이러한 이기심끼리의 충돌을 해결하고자 했지만, 사회계약의 법과 제도 역시 완전한 해결책은 아니다. 법과 제도는 강제적이고 타율적이기 때문에 자발적으로 문제를 해결하는 면에 제한적이다.

더 근원적인 방법은 인격 수양을 통해 이기심을 스스로 조절하는 것이다. 이것은 비움의 논리를 통해 가능하다. 곧 다른 사람은 나의 배타적 경쟁 대상이 아니라, 나와 함께 공존하고 공생해야 할 어울림의 대상이다. 함께 평화롭게 살기 위해 나의 이기적인 욕망을 비우는 훈련이 필요하다. 이러한 비움의 노력은 나와 나의 주위 사람들의 평화 유지에 도움이 될 수 있다.

2) 부지런한 가난

> 거친 밥을 먹고 물을 마시며, 팔을 굽혀 베개를 삼아도 즐거움은 또한 그 속에 있다.(『논어』, 「술이」)[4]
>
> 어질도다. 안회여! 한 대그릇의 밥을 먹고 한 표주박의 물을 마시며 누추한 마을에 살고 있다. 사람들은 그 근심을 감당하지 못하는데, 안회는 그 즐거움을 고치지 않는구나. 어질도다. 안회여!(『논어』, 「옹야」)[5]
>
> 예(禮)는 사치스러운 것보다 차라리 검소한 것이 낫다.(『논어』, 「팔일」)[6]

공자는 거대하고 웅장하며 화려한 것보다 소박하고 검소한 것을 선호한다. 그는 가난함이 문제가 아니라, 편안하지 않음을 문제로 여긴다. 이는 그가 가난을 부정적인 대상으로 여기지 않는 것이다. 그에 따르면 먹을 것이 소박하고 입을 것이 부족하며 사는 곳이 누추할지라도 즐거움을 만끽할 수 있다. 마음속에서 형성되는 탐욕을 비우는 노력을 통해 평안을 찾을 수 있기 때문이다.

이러한 비움의 논리가 확산되면 세상은 소유의 대상이 아니라, 함께 누리고 향유해야 할 대상으로 변한다. 이것은 물품을 많이 보유하거나 적게 확보함으로써 형성되는 부유와 가난의 이분법적 논리로 설명되지 않는다. 행복은 재산의 많고 적음에 의해 결정되지 않고, 즐거움과 평안함에 의존하기 때문이다. 이는 가난 속에서도 즐거움을 만끽할 수 있음을 의미한다. 여기에서 물품에 대한 소유의 확대가 빚어내는 부유함을 맹목적으로 추구하는 논리는 사라지고 평화로움의 풍부한 논리가 성립된다. 이 때문에 소유욕에 대한 가난을 부지런하게 형성할 필요가 있다.

4. 무소유의 즐거움

소유욕을 부지런히 가난하게 하여 무소유의 경지에 이른다면 세상은 새로운 문명을 건설할 수 있다. 이러한 사회는 소유욕을 통해 타인을 지배하는 데서 나타나는 온갖 소외와 불평등의 사슬에서 벗어나, 구성원들이 서로의 인격을 존중하며 함께 즐거움을 만끽할 수 있다. 이것은 공존과 공생과 공영의 공동체적 삶의 즐거움이다.

1) 존재의 즐거움

선택할 수 있는 권리의 있고 없음은 주인과 노예를 구별하게 하는 핵심적인 내용이다. 주인은 자신이 필요로 하는 것을 주체적으로 선택할 수 있는 자유가 있지만, 노예는 자신의 인생에서 자신이 주체적으로 선택할 수 있는 자유가 없다. 노예는 오직 주인의 명령에 의해 살아갈 뿐이다. 주인이 시키는 일을 잘하면 기본적인 의식주(衣食住)를 해결할 수 있다. 그러나 주인의 명령을 거부하면 삶이 힘들어진다. 심지어 자신의 생명을 유지하지 못할 수도 있다. 자유가 없기 때문이다.

오늘날 인류는 이러한 비인간적인 노예제를 극복하여 인간의 존엄성이 평등하게 존중되는 민주주의의 시대를 풍미하고 있다. 민주주의의 이념에 의하면 생명을 가진 인간은 모두 누구의 소유가 아니다. 인간은 태어나면서부터 자유롭고 평등한 존재이며, 그 자체로 소중하다. 그 인격은 다른 사람들과의 관계를 통해 자신에게 갖추어진 존엄성을 최대로 발휘하고, 자신이 추구하는 삶의 방향을 스스로 결정하여 가꿀 수 있다. 이러한 삶은 자율적이며 능동적이기 때문에 즐거울 수밖에 없다.

공자는 인간을 타율적인 존재가 아니라, 자율적인 존재로 여긴다. 그는 인의예지(仁義禮智)의 도덕성을 자율성의 핵심으로 생각한다. 이는 그가 인간에 대해 누구의 강요가 아니라, 자신의 삶을 주체적으로 선택하고 결정하며 구성하는 숭고한 존재로 여기는 것이다. 이처럼 인간을 존엄한 존재로 여기는 그의 관점은 부유와 권력 등 외적 조건에서 자유롭지 못한 현대인들의 스트레스를 치유하는 면에 도움이 될 수 있다.

2) 나눔의 즐거움

자율적이며 능동적인 생명의 존재인 나는 다른 사람들과 유기적으로 연계되어 있다. 다른 사람들 역시 나와 같이 생명의 활력이 넘치므로 함께 협력할 경우, 기존의 문화와 다른 새로운 문화를 건설할 수 있다. 이러한 문화는 인간이 서로에 대해 소유가 아니라, 나눔과 함께 어울림의 대상으로 여긴다. 이 때문에 이러한 사회에서는 결핍감에 의한 시기심이나, 자기중심주의적인 이기심의 발로가 제어될 수 있다.

[그림] 雲鳥樓(20231108, 전남 구례)

[그림] 운조루의 〈他人能解〉
(20231108, 원하는 사람은 누구든지 이 뒤주에 담긴 쌀을 가져갈 수 있음)

3) 공유의 즐거움

공동으로 보유하고 함께 향유하는 것은 나의 독점적 소유나 다른 사람의 독점적 소유로 인한 부족 현상을 극복하는 방법 가운데 하나가 될 수 있다. 특히 내면에서 옹달샘처럼 끊임없이 솟아나는 생명의 의지는 새로운 문명을 창출하는 원동력이 될 수 있다. 이처럼 생동감이 충만한 사람들은 나태와 게으름으로 상징되는 소극적인 태도가 아니라, 적극적이고 능동적인 모습으로 생생한 문화를 생성한다. 이러한 역동적인 생명 문화는 소수의 독점적 소유의 대상이 아니라, 다수 민중이 즐길 수 있는 공유의 산물이다.

5. 균등의 조화

현대사회는 한편으로 불합리한 점을 법의 이름으로 바로잡는 경우가 있고, 다른 한편으로 법이나 관습 등의 이름으로 불합리고 불공정한 차별을 주장하는 경우도 있다. 특히 법 적용의 허점을 찾아 자신의 이익 확보를 위한 기회로 활용하는 경우가 있다. 이는 자유와 평등의 양립보다 소수의 특권의식을 반영하고 있음을 의미한다. 그러나 이러한 불합리한 차별을 묵인하거나 정당화하는 행위는 정의로운 태도가 아니다. 자유와 평등의 양립을 방해하는 법이나 제도는 정의와 평화 사회를 건설하는데 장애가 될 수 있기 때문이다. 그 사회를 이루는 구성원들의 균등함이 조화롭게 이루어지는 사회가 정의로운 사회이고, 그들이 평화롭게 어울리는 사회가 건강한 사회이다.

> 적음을 근심하지 않고 고르지 않음을 근심하며, 가난함을 근심하지 않고 편안하지 않음을 근심한다. 일반적으로 고르면 가난함이 없고, 어울리면 적음이 없으며, 편안하면 기울어짐이 없다.(『논어』, 「계씨」)[7]

인간을 목적이 아니라 수단으로 대하는 사회나, 소유의 불평등이 심한 사회는 균등한 사회가 아니다. 인간은 도구가 아니라, 그 자체로 존엄한 인격체이다. 그 인격체는 어떤 사람으로부터도 침해를 받지 않아야 한다. 특히 물품 소유의 많고 적음에 의해 그 사람의 인격을 평가하는 행위는 바람직하지 않다. 나와 타인이 동등한 인격체로서 균등하게 대우받을 때, 건강한 우리의 문화가 조화롭게 건설될 수 있다.

공자가 "나라에 도가 없음에도 부유하거나 귀한 것은 부끄러운 일이다."라고 한 것은 소유의식을 반영하는 부유함이나 신분의 귀함 자체에 대한 비판이 아니라, 정의롭지 않은 방법으로 경제적인 부와 정치적인 지위를 누리는 행위에 대한 비판이다. 이는 그가 인간의 소유의식을 이기심의 탐욕이 아니라, 생존에 필요한 자연스러운 욕망의 발현으로 여기는 것이다. 그는 이러한 소유의식이 공동체의 평화 유지에 필요한 균등 사회를 구성하는 방향으로 승화되어야 할 것으로 생각한다.

공자는 적음과 가난함보다 고르지 않음과 편안하지 않음을 문제로 삼는다. 그는 이의 해결책으로 균등함과 어울림과 편안함의 논리를 제시한다. 이때 적음과 가난함은 각각 소유의 많음과 부유함에 대한 상대적인 결여로서 양적으로 부족한 상태에 해당하고, 균등함과 편안함은 각각 평등과 안정을 통한 평화의 가치가 반영된 것으로서 질적으로 높은 품격 있는 삶을 의미한다.

이처럼 공자는 소유의식 자체를 인정하는 가운데, 소수의 특권층이 재화와 신분을 독점하여 민중들에게 상대적인 박탈감을 부여하는 태도를 비판하고, 사회적 약자에 해당하는 많은 민중들에게 재화가 고르게 분배되는 균등의식이 반영된 평등 사회의 건설을 지향한다. 이러한 균등관은 오늘날에도 여전히 유효하게 적용될 수 있다.

생각해 볼 문제

1. 공자의 "의롭지 않으면서 부유하거나 귀한 것은 나에게 뜬구름과 같다."라는 말의 의미를 생각해 보자.

2. 공자의 "적음을 근심하지 않고 고르지 않음을 근심하며, 가난함을 근심하지 않고 편안하지 않음을 근심한다."라는 말에 동의할 수 있는가? 이 말에 동의할 수 있거나, 혹은 동의할 수 없다면 그 이유에 대해 서로 이야기해 보자.

3. 공자의 제자 안회(顔回)는 가난 속에서도 도(道)를 즐긴 것으로 유명하다. 안회처럼 가난함을 즐길 수 있는지에 대해 생각해 보자.

4. 법정 스님은 무소유(無所有)를 실천한 사람으로 알려져 있다. 세상에는 법정 스님 이외에도 무소유를 실천한 사람들이 적지 않다. 무소유의 의미에 대해 생각해 보자.

1) 『論語』, 「里仁」, "富與貴是人之所欲也, 不以其道得之, 不處也."

2) 『論語』, 「述而」, "不義而富且貴, 於我如浮雲."

3) 『論語』, 「泰伯」, "邦無道, 富且貴焉, 恥也."

4) 『論語』, 「述而」, "飯疏食飲水, 曲肱而枕之, 樂亦在其中矣."

6) 『論語』, 「雍也」, "賢哉. 回也! 一簞食, 一瓢飲, 在陋巷. 人不堪其憂, 回也不改其樂. 賢哉. 回也!"

7) 『論語』, 「八佾」, "禮, 與其奢也寧儉."

8) 『論語』, 「季氏」, "不患寡而患不均, 不患貧而患不安. 蓋均無貧, 和無寡, 安無傾."

8장

부모와 자녀[1]

論語

"군자는 근본에 힘쓰니, 근본이 서야 도가 생겨난다.
효도와 공손은 인을 행하는 근본이다."

(『논어』, 「학이」)

1. 현대사회에서 '효'가 필요할까?

현대사회의 가족 구성은 전통 시대와 차이가 있다. 전통 사회에서 한국을 비롯한 동아시아국가들은 대가족제도를 유지했다. 특히 한국은 가문(家門) 중심의 문화가 왕성하게 펼쳐졌다. 가족 구성원은 3대(조부모, 부모, 나)가 기본이다. 4대(3대에 증조부모 포함)로 구성된 집도 적지 않았고, 가정마다 형제자매가 많았다. 친척들 역시 자주 왕래하였다. 이는 자연스럽게 혈연의 중요성을 강화시키는 요인으로 작용하였다.

이러한 환경에서 부모를 잘 섬기는 것을 핵심으로 하는 '효(孝)'는 인간의 기본적인 도리로 여겨졌다. 자녀는 할머니와 할아버지를 잘 모시는 어머니와 아버지의 모습을 통해 부모를 기쁘게 해야 한다는 의식이 자연스럽게 형성되었다.

그러나 현대 한국 사회의 가족 구성은 이전 시대와 차이가 있다. 3대 이상으로 구성된 집은 일부이고, 대부분 부모와 자녀로 구성되었다. 형제자매 역시 적다. 자녀가 1명 혹은 2명으로 구성된 집이 많고, 자녀가 없는 집도 적지 않다. 자녀들이 성장했음에도 혼인하지 않는 경우가 많고, 혼인해도 자녀를 낳지 않는 경우가 적지 않으며, 1인 가구 역시 증가하고 있다.

전통 사회에서 육아와 노인 봉양을 각각 부모와 자녀가 담당했던 것과 달리, 오늘날 육아와 노인 봉양은 어린이집, 유치원, 요양원 등 교육기관과 복지 시설을 통해 이루어지는 경우가 확대되고 있다.

이러한 시대 환경에서 '효' 의식은 점점 약화되고 있다. 전통 사회에서 많은 사람들은 부모에게 효도하는 것을 당연한 의무로 여겼다. 그러나 이러한 의식은 현대사회에서 점점 축소되고 있다. 특히 일부의 사람들은 부모에게 효도하는 것을 무조건적으로 수행해야 하는 의무가 아니라, 조건에 따른 상대적인 일로 여긴다. 그들은 부모가 자신에게 잘할 때에 효도할 수 있지만, 부모가 자신에게 잘못 할 때에 효도하지 않아도 될 것으로 생각한다. 이는 그들이 '효'를 절대적인 의무 윤리가 아니라, 상대적인 가치로 여기는 것이다.

[그림] 3대(할머니, 엄마, 어린이)의 평화로운 어울림
(20251011, 자은도 해변)

또한 오늘날 일부의 가정에서는 부모가 자녀를 학대하기도 하고, 자녀가 부모를 구박하기도 한다. 그들 가운데 일부는 부모가 자녀를 살해하기도 하고, 자녀가 부모를 살해하기도 한다. 그 원인은 각각의 가정마다 차이가 있을 수 있지만, 결과는 각 가정의 비극으로 나타난다. 이러한 가정에서 자녀에 대한 부모의 사랑과 부모에 대한 자녀의 효도와 같은 전통적인 유학의 가치관이 자리매김할 수 있을까? 부모와 자녀의 관계에 대한 유학의 가정윤리관은 다양한 문제가 중층적으로 나타나고 있는 현대사회에서 어떤 의의가 있을까?

2. '효'의 개념과 철학적 원리

유학에서 '효(孝)'는 부모를 잘 섬기는 것을 의미한다. '효(孝)'의 글자는 『설문해자(說文解字)』에 의하면 노(老)에서 비(匕)가 생략되고, 그 자리에 자(子)가 첨가되었다. 이는 자식이 늙은 부모의 뜻을 이어감을 의미한다. 또한 『예기』에서는 도리를 따르고 인륜을 거스르지 않는 것으로 여기고[2], 『중용』에서는 사람의 뜻을 잘 잇고 사람의 일을 잘 따르는 것으로 여긴다.[3]

이 '효' 개념은 부모와 자녀의 관계에서 성립되는 것으로 자녀가 부모보다 먼저 존재할 수 없다는 사실을 전제한다. 자녀는 필연적으로 부모에게서 태어난다. 이러한 부모와 자녀의 관계는 다시 그 후손으로 이어지며, 생(生)의 질서의식이 형성된다. 이 '효'는 생물학적인 시간 개념에 국한되지 않고, 인간다운 삶의 근원적 가치를 반영한 보응의식으로 전화된다.

유학은 인간을 자연[天地]으로부터 유래했으며, 자연과 긴밀히 관계하는 존재로 생각한다. 『주역』은 인간의 기원에 대해 "천지가 있은 다음에 만물이 있고, 만물이 있은 다음에 남자와 여자가 있으며, 남자와 여자가 있은 다음에 남편과 아내가 있고, 남편과 아내가 있은 다음에 부모와 자식이 있으며, 부모와 자식이 있은 다음에 임금과 신하가 있고, 임금과 신하가 있은 다음에 위와 아래가 있으며, 위와 아래가 있은 다음에 예(禮)와 의로움의 둘 곳이 있다."[4]라고 지적한다.

이는 인간의 존재가 자연과 관계없는 독자적인 기원이 있지 않고,

하늘과 땅으로 상징이 되는 자연으로부터 유래하는 것임을 의미한다. 따라서 인간은 만물보다 먼저 존재하지 않고, 만물의 존재 이후에 형성된 것으로 여긴다. 인간 가운데에서도 자녀는 남녀→부부→부모 등의 단계를 거친 후에 태어났다.

이러한 생성의 과정은 자녀가 초기에 필연적으로 부모에 의존하여 살 수밖에 없는 존재이고, 인간이 자연에 의존하여 살 수밖에 없는 존재임을 알려준다. 이처럼 자녀와 부모 및 인간과 자연의 관계는 긴밀하다.

그러나 이러한 관계가 자녀의 인격이 사라진 상태로 부모에 귀속되거나, 인간의 자율성이 사라진 상태로 자연에 귀속되는 자연주의적인 것을 의미하지 않는다. 인간은 비록 자연으로부터 나왔지만, 자연의 약육강식과 같은 법칙에 맹종하지 않고, 약육강식의 법칙을 극복하여 자연의 또 다른 운행 원리인 조화의 질서에 동참하는 존재이다. 자녀 역시 비록 부모에게서 태어났지만, 부모에 맹종하지 않고 자신의 고유한 인격으로 부모와 조화를 이룬다. 자녀는 사랑을 바탕으로 하는 '효'를 통해 이러한 고유의 인격을 실현한다.

그런데 유학은 이러한 자녀와 부모 및 인간과 자연의 유기적 관계의 근거를 생명의 논리로 설정한다. 『주역』에서는 "생겨나고 생겨나는 것을 역(易)이라고 한다."[5]라고 하고, "하늘과 땅의 큰 덕을 생(生)이라고 한다."[6]라고 지적한다. 이는 유학이 인간과 자연을 포함하는 우주를 죽음과 다른 끊임없는 생명의 이어짐으로 보고 있을 뿐만 아니라, 그 생명을 고귀한 가치로 여기는 것이다. 『주역』은 우주에 대해 "한 번은 음이 되고 한 번은 양이 되는 것을 도(道)라고 하니, 이어가는 것이 선(善)이고, 이룬 것은 성(性)이다."[7]라고 지적하여, 음과 양이라는 두 요인의 유기적인 관계에 의해 운행되는 생명의 질서가 끊임없이 지속되는 곳으로 여긴다. 이러한 우주의 질서 속에 인간을 포함한 모든 존재가 편입된다.

곧 『주역』은 모든 존재의 기원이 되는 하늘의 도[乾道]에 의해 세계의 모든 질서가 바르게 형성되고[8], 하늘의 뜻을 받드는 땅의 도[坤道]를 통해 만물이 잘 생성되고 길러지는 것으로 생각한다.[9] 이는 우주의 운행이 어떤 단일한 존재에 의해 일방적으로 진행되지 않고, 서로 다른 두 성질의 짝이 서로를 견인하며 조화로운 생명의 질서를 유지한다는 의미이다.

유학자들은 "하늘의 운행은 부지런하니, 군자는 이를 본받아 스스로 힘써 쉬지 않는다."[10] 라는 것과 "땅의 형세가 곤(坤)이니, 군자는 이를 본받아 덕을 두텁게 하고 만물을 싣는다."[11]라고 하는 『주역』의 내용을 적극적으로 수용한다. 그들은 '원 · 형 · 이 · 정(元 · 亨 · 利 · 貞)'[12]으로 상징되는 하늘의 길[天道]을 마음속에서 자각적으로 본받은 '인 · 의 · 예 · 지(仁 · 義 · 禮 · 智)'를 사람의 길[人道]로 여기고, 천도와 인도의 결합인 '천인합일(天人合一)'의 상태를 인간이 추구하는 이상적인 삶의 모습으로 여긴다.[13]

유학은 생명의 질서의식이라는 프리즘으로 이러한 자연의 원리와 인간의 도리를 결합한 도덕적인 삶을 숭고한 가치로 여긴다. 유학의 이러한 논리는 인간의 삶 속에서 자연스럽게 문화유전자로 자리매김하면서 후손의 단절에 대해 부정적인 시각을 형성한다. 왜냐하면 유학은 한 인간의 존재를 부모와 부모의 부모 등 조상으로부터 유래한 관계의 산물로 여기고 있을 뿐만 아니라, 지속적으로 이어져온 관계가 단절되지 않고 새로운 관계를 형성하는 것을 중요한 가치로 생각하기 때문이다. 맹자가 세 가지 불효 가운데 후손이 없는 것을 가장 큰 불효라고 여긴 것은 이러한 이유에서다.[14)]

이처럼 유학에서 말하는 '효'의 본질은 끊임없이 이어지는 생명의 질서에 동참할 수 있는 기회를 제공해 준 부모의 은혜에 감사하는 보응의 성격을 띠고 있다. 이는 자식이 부모의 뜻을 잘 이으며, 부모를 잘 섬길 것을 요청하는 논리적 근거가 된다. 또한 이는 부모가 모범적인 삶을 살지 못할지라도, 자식은 공경함으로 부모를 봉양해야 하는 논리적 근거 역할을 한다.

3. '효' 의식의 운용

유학에서 이상적인 부모와 자녀의 관계란 부모의 모범적인 삶을 자녀가 본받는 것이다. 공자는 "군자는 근본에 힘쓰니, 근본이 서야 도가 생겨난다. 효도와 공손은 인을 행하는 근본이다."[15)]라고 하여, 부모에게 효도하고 이웃 어른께 공손한 것을 인(仁)을 실천하는 근본으로 여긴다. 그는 또 "자녀는 들어가면 효도하고 나오면 공손하며, 삼가고 진실하며 널리 무리를 사랑하고 인을 가까이 한다. 행하고 남은 힘이 있으면 글을 배운다."[16)]라고 지적한다. 이는 그가 자녀가 집에 들어가면 효도하고, 집 밖에 나오면 어른들께 공손하며, 항상 진실하고 신중한 태도를 유지하면서 사람들을 사랑하는 것이 인간이 행해야 할 가장 중요한 역할이라고 생각하는 것이다. 글을 배우는 것은 그 다음의 일이다.

이처럼 공자는 출세를 위한 공부나 도구적인 성과를 도출하기 위한 노력보다 인성 함양을 통한 인격의 배양을 중요하게 생각한다. 그는 부모의 모범적인 삶을 본받는 효도를 인간의 정체성을 확립하는 기초로 여긴다.

그러나 현실은 부모가 모범적인 모습을 보일지라도, 자녀가 문제를 일으키는 경우가 있다. 이 경우에 부모는 훈육을 통해 자녀의 문제를 해결할 수 있다. 또한 자녀는 모범적인 삶을 살지만, 부모가 문제를 일으키는 경우도 있다. 부모가 잘못하거나 잘못할 낌새를 보일 때 자녀는 어떻게 해야 할까? 공자는 이에 대해 "부모를 섬길 때에 기간(幾諫)하라."[17]라고 지적한다. 그런데 학계에는 이 '기간(幾諫)'에 대해 서로 다른 해석이 존재한다. 특히 이 '기(幾)'의 글자에 대한 해석에서 학자들 사이의 견해 차이가 있다.

1) '기간(幾諫)'의 전통적 해석

학계에서는 『논어』의 '기간(幾諫)'에서 '기(幾)'를 '미(微)'로 해석한 경우가 많았다. 이와 같은 해석은 『예기』의 "부모에게 잘못이 있으면 기운을 낮추고 얼굴빛을 온화하게 하며, 소리를 부드럽게 하여 간하라. 간한 것이 만약 받아들이지 않더라도 공경함을 일으키고 효를 일으켜 기뻐하면 다시 간하라. 기뻐하지 않더라도 마을에서 죄를 얻기보다 차라리 익숙하게 간하는 것이 낫다. 부모가 성내며 기뻐하지 않아서 종아리를 쳐 피를 흘리더라도, 감히 원망하지 말고 공경함을 일으키고 효도를 일으켜라."[18]라고 하는 내용에 근거한다.

주희 역시 '기'를 '미세함'으로 풀이한 이 관점을 적극적으로 수용한다. 그는 '기간'에 대해 부모에게 엄숙하거나 사나운 표정으로 간하지 말고, 온화한 얼굴빛과 부드러운 목소리로 점점 세밀하게 간해야 할 것으로 생각한다.[19]

이처럼 이 '기간'에 대해 학계에서는 주로 부모가 잘못할 경우에 자식은 부모를 원망하거나 부모에게 화를 내지 말고, 최대한 공경한 자세를 갖추어 '미세하게 간하라'라고 해석하였다.

이러한 해석은 부모에 대한 깊은 사랑과 신뢰를 바탕으로 부모에게 공손한 태도를 유지하도록 안내한다. 부모에 대한 이러한 자녀의 태도는 지극한 정성으로 부모를 감동시키고자 하는 방법이다. 이러한 방법은 부모와 자녀 사이에 굳건한 신뢰가 형성되어 있기에 자녀가 정성을 다하면 부모는 그 자녀의 정성에 감동을 받아 잘못을 뉘우칠 수 있다는 신념에 근거한다.

그러나 부모의 잘못과 관련된 이러한 자녀의 태도에 대한 검토가 필요하다. 왜냐하면 이 방법은 예방의 차원이 아니라, 이미 저질러진 결과를 수습하는 차원에 머무르기 때문이다. 이러한 방법은 비록 부모가 자녀의 간언을 수용하여 잘못을 다시 저지르지 않을지라도, 부모가 이미 저지른 잘못이 사라지는 것은 아니다. 부모가 행한 잘못은 과거에 발생했던 사실이기 때문이다. 반성의 결과가 과거의 사실을 없애지는 못한다. 이는 부모에 대한 자녀의 '미세하게 간함'이 부모의 잘못을 본질적으로 해결하는 최선의 방법이 될 수 없음을 의미한다.

그런데 부모가 잘못하는 내용은 다양할 수 있다. 각 잘못의 종류와 정도가 다를 수 있다. 이러한 잘못에는 가벼운 실수도 해당할 수 있지만, 무거운 범죄도 해당할 수 있다. 특히 이미 저지른 부모의 잘못이 잔인한 '살인'이나 부당한 '내란'과 같이 용서받기 어려운 범죄에 해당하는 경우라면 '미세하게 간함'이라는 자녀의 태도가 감당하기 어려울 수 있다. 이러한 무거운 범죄는 '미세하게 간함'의 여부에 상관없이 사회적 파장이 클 수 있다.

이는 '기간'의 '기(幾)' 자(字)를 '미세함'으로 해석할 경우, 적지 않은 문제가 발생할 수 있음을 의미한다. 일부의 학자는 이러한 문제를 인식하여 '기'의 글자를 '미세함'이 아니라, '낌새'로 해석한다.

2) '기간(幾諫)'의 새로운 해석

'기간'의 '기'를 '미세함'이 아니라 '낌새'로 해석하는 것은 부모의 잘못을 예방하는 면에 도움이 될 수 있다. 이는 자녀가 부모의 잘못을 차마 볼 수 없음을 의미한다. 유학에서 자녀란 좋은 일에는 부모에게 영광을 돌리고, 나쁜 일에는 자신에게 책임을 돌리는 존재이다. 이러한 생각을 가진 자녀는 항상 부모를 세심하게 관찰하며 정성스럽게 봉양한다. 이 자녀는 부모와 소통을 통해 부모의 생각을 읽을 수 있다. 이러한 자녀는 부모가 어떤 일을 하려고 할 때, 미리 그 일의 징조가 있음을 알 수 있다. 따라서 자녀는 부모가 잘못하려고 할 때, 잘못을 저지를 부모의 낌새를 보고 잘못을 저지르지 않도록 간해야 한다.

이처럼 '기간'의 '기'를 '낌새'로 해석한 대표적인 학자는 왕부지이다. 왕부지는 『논어대전(論語大全)』의 내용 가운데, "기간은 낌새를 보고 간하는 것입니까?"[20]라고 말한 어떤 사람의 질문 내용을 중시한다. 그는 주희에게 질문한 이 사람의 질문을 매우 의미가 있는 것으로 생각한다.[21]

왕부지는 이 질문에 대한 주희의 "사람이 일을 할 때에도 스스로 갑자기 하는 경우가 있는데, 어디에서 낌새를 논의할 것인가?"[22]라는 대답을 충분하지 않은 것으로 생각한다.[23] 왕부지는 "갑자기 하는 경우는 스스로 일에 처하고 사물에 접할 때에 가볍게 허락하고 가볍게 믿으며, 가볍게 받고 가볍게 사양하는 종류이다. 이것은 의논하는 일에 부합하는 것이니, 이미 의논이 있으면 명목상으로 간하는 것이 아니다. 반드시 간해야 할 것은 반드시 소리와 얼굴빛과 재화와 이익의 탐닉 및 싸움과 원수 맺음과 소송하는 일 등이다. 이것은 주시하는 것이 반드시 평소에 있으므로 빚어지는 것에도 반드시 원인이 있다. 세상에 어찌 갑자기 한 여자가 나타났다고 해서 곧바로 그를 방으로 끌어들일 수 있으며, 문득 한 생각이 분수에 맞지 않는 재물에 미친다고 해서 갑자기 바로 뜻하지 않은 재물을 손에 쥘 수 있는 이치가 있겠는가? 한 때에 그것을 행하고 이미 일찍이 계획을 세웠다면 다른 사람은 낌새를 알지 못하였을지라도, 자녀는 진실로 이미 그것을 알았을 것이다."[24]라고 지적한다.

이는 왕부지가 갑자기 일어나는 경우는 가볍게 처리할 수 있는 일들이고, 중요한 일들은 그 일이 현실로 드러나기 전에 반드시 조짐이 있기 때문에 그 낌새를 먼저 보는 것의 중요성을 지적하는 내용이다. 특히 부모의 잘못과 같이 자녀가 감당하기 어려운 일에는 반드시 사전에 조짐이 있으므로 자녀는 먼저 그 낌새를 보고 부모에게 간해야 한다.

왕부지는 『예기』(「내칙」)의 "기운을 낮추고, 얼굴빛을 온화하게 하며, 소리를 부드럽게 하여 간하라."라고 한 내용에 대해서도, 말의 기운을 온화하게 하라는 것이지 말의 내용을 숨기라는 뜻이 아닌 것으로 이해한다. 왕부지에 의하면 기운을 낮추고 얼굴빛을 부드럽게 하며 소리를 온화하게 하더라도, 오히려 할 말은 다해야 할 것으로 생각한다. 예컨대 부모가 사람을 죽이려고 한다면 자녀는 마땅히 그 부모의 잘못을 말려야 한다. 자녀는 부모가 죄를 짓는 것을 차마 볼 수 없기 때문이다.[25)]

이처럼 왕부지는 '기'를 '숨김'이나 '미세함'으로 해석할 경우에 부모의 잘못을 방지하지 못하고, 방관하게 될 수 있음을 염려한다. 왕부지에 의하면 부모의 잘못을 방관하는 것이야말로 자녀가 경계해야 할 일이다. 자녀는 마땅히 부모가 잘못을 저지르려고 하는 낌새를 파악하여 예방할 수 있어야 한다.

왕부지는 '기간'과 관련하여 부모의 잘못에 대해 공손하게 간하는 자녀의 태도를 본질로 삼은 것이 아니라, 잘못을 저지르지 않도록 하는 것을 본질로 삼았다. 왕부지의 관점에 의하면 주희 등 이전 학자들의 '기간'에 대한 해석은 부모의 잘못을 근원적으로 막을 수 없는 한계를 지닌다.

그의 견해에 의하면 자녀가 부모에게 간할 때 기운을 낮추고 얼굴빛을 온화하게 하며 소리를 부드럽게 하는 것은 부모의 감성을 자극하지 않는 방법이다. 그것은 부모의 마음을 상하지 않도록 하는 부모에 대한 자녀의 배려일 수는 있어도, 부모의 잘못을 초기에 예방할 수 있는 최선책이 아니다. 그렇다고 해서 그가 부모에 대한 자녀의 공손한 태도를 부정하는 것은 아니다. 그 역시 부모에게 간하는 자녀의 태도가 불손한 것보다 공손한 것이 낫다고 생각한다. 다만 그는 부모에 대한 자녀의 공손한 태도를 본체가 아니라, 작용으로 여긴다.

왕부지에 의하면 부모가 잘못을 저지르려고 할 때에는 반드시 낌새가 나타난다. 자녀는 항상 부모의 동태를 살피기 때문에 부모의 낌새를 바로 알 수 있다. 자녀는 부모가 잘못하려고 하는 낌새를 보면 망설이지 말고 바로 간해야 한다. 그래야 부모의 잘못을 막을 수 있다. 만일 부모의 낌새를 파악하지 못한다면 그것은 잘못된 일이다. 자녀는 마땅히 부모의 낌새를 파악하여 부모가 큰 잘못을 저지르지 않도록 최선을 다해야 한다. 부모의 잘못을 방관하는 것은 자녀의 도리가 아니기 때문이다. 따라서 낌새를 파악하자마자 부모에게 간하는 것이 본체이고, 온화하게 간하는 공손한 태도는 작용이다.

4. '효'의 현실적 의의

공자를 중심으로 하는 유학에서는 부모와 자식의 관계를 임금과 신하의 관계와 다르게 생각한다. 유학에 의하면 임금과 신하는 자율적인 선택에 의해 서로 계약으로 맺어지는 관계이지만, 부모와 자식의 관계는 혈연으로 맺어진다. 계약의 관계는 이성적 판단이 주요 역할을 하지만, 혈연의 관계는 정감이 토대가 된다.

현대사회는 도구적 이성에 의한 인간의 수단화 현상이 확산되고 있다. 이러한 현상은 일부의 가정에서도 발생하고 있다. 이러한 문화는 인간관계를 삭막하게 하고, 가족들 사이의 갈등을 유발하기도 한다. 정감을 중시하는 혈연의 관계는 맹목적일 수도 있기에 비합리적인 문화를 양산하기도 한다.

그러나 좋은 정감은 사랑을 전제로 하여 형성된다. 서로에 대한 따뜻한 관심과 사랑은 공동의 문화를 평화로움으로 안내한다. 특히 가족 구성원들 사이에 이러한 정서의 교류는 평화로운 어울림의 건강한 공동체 문화를 형성하는 토대가 될 수 있다.

유학은 이러한 가족의 정서를 중시한다. 특히 부모는 자녀에 대한 무한한 사랑과 모범적인 생활을 통해 자녀를 바르게 양육하고자 한다. 자녀 역시 이러한 부모의 사랑을 감사의 마음으로 받아들이며 바른 가치관을 형성한다.

『논어』에 의하면 비록 부모가 부모답지 못할지라도, 자녀는 부모를 원망하기보다 사랑과 감사의 마음으로 부모를 대해야 한다. 부모로 인해 고귀한 생명의 질서의식에 참여할 수 있는 기회를 가졌기 때문이다. 유학은 효도를 조건에 의한 선택이 아니라, 감사와 보응의 의무로 여긴다. 혹 부모의 잘못이 있을지라도, 그것을 빌미로 자식이 부모에게 불효를 해서는 안 된다. 부모의 잘못에 대한 책임은 자녀가 아니라 그 부모가 져야 하기 때문이다. 따라서 부모의 잘못으로 인해 그 자녀가 부모에게 효도하지 않아도 된다는 타당한 논리적 근거는 없다. 효도는 부모에 대한 자녀의 고유한 의무이자 권리이기 때문이다.

또한 『논어』의 '기간(幾諫)'관은 부모의 잘못을 예방하고자 하는 자녀의 간절함을 반영하는 사상이다. 특히 '기(幾)'를 '미세함'이나 '숨김'이 아니라, '낌새'로 여기는 왕부지의 관점은 부모에 대한 자녀의 도리에 관한 내용이다. 자녀로서 부모의 잘못을 목격하는 것은 괴로운 일이다. 자녀는 부모가 잘못을 저지르지 않도록 마땅히 예방해야 한다. 이를 위해 자녀는 항상 부모에게 관심을 기울이며 부모의 동정을 살펴야 한다. 부모에게 관심을 깊게 기울이지 않으면 자녀는 부모의 상태를 제대로 파악할 수 없다. 부모의 상태를 제대로 파악하지 못하면 부모의 불행을 예방할 수 없다.

이것은 부모를 감시하라는 것이 아니다. 부모의 건강을 살피고, 부모를 잘 봉양하라는 의미이다. 실제로 부모가 평안하게 생활하는 것은 그 자녀에게도 큰 기쁨일 수 있다. 항상 부모를 사랑하는 마음으로 부모에게 관심을 기울이면 부모가 하려는 일의 낌새를 파악할 수 있다. 부모가 잘하는 일은 적극적으로 찬성하지만, 부모가 잘못하려는 조짐이 보일 때, 자녀는 그 낌새를 보고 부모에게 간절하게 간해야 한다. 이미 부모가 잘못을 저지른 상태에서 단지 온화한 자세로 부모에게 간하는 것은 2차적인 잘못을 막을 수 있을지라도, 1차적인 잘못을 소멸시킬 수 없다. 1차적인 잘못이 사소한 것이라면 큰 문제가 되지 않을 수 있다. 그러나 1차적인 잘못이 살인이나 내란과 같은 무거운 범죄에 해당하는 일이라면 온화한 태도의 의미는 반감될 수밖에 없다. 특히 무거운 범죄는 두 번째 일어날 때 방지하기보다 처음 발생하려고 할 때 방지하는 것이 낫다. 이 때문에 왕부지는 이 '기간'을 이전 학자들이 주장한 '공손한 태도로 간함'이 아니라, '낌새를 보고 간함'으로 여긴다. 그는 이것을 부모에게 간함의 본질로 여긴다.

'기간'에 대한 왕부지의 이러한 관점은 인격의 수양이 결여된 상태에서 명예욕과 사리사욕 등 여러 형태의 탐욕을 발현하여 자녀들의 처지를 어렵게 하는 부모들의 잘못을 방지할 수 있는 사상적 토대가 될 수 있다.

또한 이것은 오늘날 도구적 인간관에 의해 부모를 자신의 출세와 경제적 이익 확보를 위한 수단으로 여기는 태도, 바쁜 생활을 빌미로 부모에게 소홀히 하는 태도, 부모를 조건의 대상으로 여기는 태도, 부모를 미움의 대상으로 여기는 태도, 부모의 외로움을 방치하며 회피하는 태도, 부모에게 무관심한 태도 등 온갖 형태의 불효를 극복하는 면에 이론적인 기여를 할 수 있다.

곧 부모에 대한 깊은 관심을 전제로 하는 이러한 '기간'관은 다양한 원인으로 인해 부모에게 소홀히 대하는 문화가 증가하고 있는 오늘날, 감사와 사랑을 토대로 하는 효(孝) 윤리의 확립을 통해 평화로운 가족공동체 건설에 이바지할 수 있다.

생각해 볼 문제

1. 유학에서 중시하는 효(孝)의 참된 의미와 생명사상에 대해 생각해 보자.

2. 부모가 자녀를 학대하는 것과 같이 나쁜 부모에게도 효도를 해야 할까? 이에 대해 이야기해 보자.

3. 부모로서 무거운 범죄를 저지르고 수배를 받는 자녀를 사법 기관에 신고해야 할까? 아니면 숨겨주어야 할까? 이에 대해 이야기해 보자.

4. 정년퇴임을 한 부모가 관련 분야의 경험이 없는 상태에서 새로운 일을 시작하려고 하면 자녀로서 어떻게 해야 할까? 이에 대해 생각해 보자.

1) 이 장의 글은 저자의 논문 「유가철학에 나타난 '孝'관의 현실적 의의-『論語』의 '幾諫'관을 중심으로-」(『유교사상문화연구』 제70집, 한국유교학회, 성균관대학교 유교문화연구소, 2017) 가운데, 필요한 내용을 인용하며 수정하고 보완했음을 밝힌다.

2) 『禮記』, 「祭統」, "孝者, 畜也. 順於道, 不逆於倫, 是之謂畜."

3) 『中庸』 제19장, "夫孝者, 善繼人之志, 善述人之事者也."

4) 『周易』, 「序卦傳」, "有天地然後有萬物, 有萬物然後有男女, 有男女然後有夫婦, 有夫婦然後有父子, 有父子然後有君臣, 有君臣然後有上下, 有上下然後禮義有所錯."

5) 『周易』, 「繫辭傳上」, "生生之謂易."

6) 『周易』, 「繫辭傳下」, "天地之大德曰生."

7) 『周易』, 「繫辭傳上」, "一陰一陽之謂道, 繼之者善也, 成之者性也."

8) 『周易』, 「乾卦 · 彖傳」, "大哉乾元! 萬物資始, 乃統天. 雲行雨施, 品物流形. 大明終始, 六位時成, 時乘六龍以御天. 乾道變化, 各正性命, 保合太和, 乃利貞. 首出庶物, 萬國咸寧."

9) 『周易』, 「坤卦 · 彖傳」, "至哉坤元! 萬物資生, 乃順承天. 坤厚載物, 德合无疆, 含弘光大, 品物咸亨. 牝馬地類, 行地无疆, 柔順利貞. 君子攸行, 先迷失道, 後順得常. 西南得朋, 乃與類行, 東北喪朋, 乃終有慶. 安貞之吉, 應地无疆."

10) 『周易』, 「乾卦 · 象傳」, "天行健, 君子以自强不息."

11) 『周易』, 「坤卦 · 象傳」, "地勢坤, 君子以厚德載物."

12) 『周易』, 「乾卦」, "乾, 元 · 亨 · 利 · 貞."

13) 『周易』, 「說卦傳」, "是以立天之道曰陰與陽, 立地之道曰柔與剛, 立人之道曰仁與義. 『中庸』 제22장 : 唯天下至誠, 爲能盡其性; 能盡其性, 則能盡人之性; 能盡人之性, 則能盡物之性; 能盡物之性, 則可以贊天地之化育; 可以贊天地之化育, 則可以與天地參矣."

14) 『孟子』, 「離婁下」, "不孝有三, 無後爲大."

15) 『論語』, 「學而」, "君子務本, 本立而道生. 孝弟也者, 其爲仁之本與!"

16) 『論語』, 「學而」, "弟子入則孝, 出則弟, 謹而信, 汎愛衆, 而親仁. 行有餘力, 則以學文."

17) 『論語』, 「里仁」, "事父母幾諫."

18) 『禮記』, 「內則」, "父母有過, 下氣怡色, 柔聲以諫. 諫若不入, 起敬起孝, 說則復諫. 不說, 與其得罪於鄕黨州閭, 寧孰諫. 父母怒不說而撻之流血, 不敢疾怨, 起敬起孝."

19) 朱熹, 『論語集註』, "幾諫, 只是漸漸細密諫. 不要峻暴, 硬要闌截." 참조.

20) 『論語大全』, 「里仁」, "幾諫是見微而諫否?"

21) 王夫之, 『讀四書大全說』 卷6, 「論語, 里仁篇」19, "小註中'有問「幾諫」是見微而諫否'者, 說甚有理." 참조.

22) 『論語大全』, 「里仁」, “人做事, 亦自有驀地做出來, 那裏去討幾微處?”

23) 王夫之, 『讀四書大全說』卷6, 「論語, 里仁篇」19, “朱子之答問者曰, ‘人做事, 亦自有驀地做出來, 那裏去討幾微處?’ 此正不足以破見微之說.” 참조.

24) 王夫之, 『讀四書大全說』卷6, 「論語, 里仁篇」19, “驀地做來底, 自是處事接物之際, 輕許輕信·輕受輕辭之類. 此是合商量底事體, (卽)[旣]有商量, 不名爲諫. 所必諫者, 必其聲色貨利之溺, 與夫爭鬪仇訟之事也. 此其眈之必有素, 而釀之必有因. 天下豈有驀地撞著一個女子, 便摟之入室; 忽然一念想及非分之財, 驀地便有橫財溱手之理? 則爲之於一時, 而計之已夙, 他人不知其幾, 而子固已知之矣.”

25) 王夫之, 『讀四書大全說』卷6, 「論語, 里仁篇」19, “「內則」云‘下氣·怡聲·柔色’, 彼亦但言辭氣之和, 而非謂言句之隱. 氣雖下, 色雖柔, 聲雖怡, 而辭抑不得不盡. 假令父母欲殺人, 而姑云“此人似不當殺, 請舍之, 以體好生之德”, 豈非“越人關弓, 談笑而道” 之比哉? 참조.

9장

법치와 도덕정치[1)]

論語

"법령으로 인도하고 형벌로 가지런히 하면
백성은 (죄를) 면하나 부끄러워함이 없고,
덕으로 인도하고 예(禮)로 가지런히 하면
부끄러움이 있고 또 선(善)에 이른다."

(『논어』, 「위정」)

1. 법치와 도덕정치의 계보

인간은 사회적 존재이면서 정치적 존재이다. 법치(法治)와 도덕정치[德治]는 통치 수단이다. 법치는 주로 객관적으로 규정된 규범체계에 의해 통치하는 것을 말하고, 도덕정치는 주로 내부에 함유된 도덕의식의 발현에 의해 통치하는 것을 의미한다. 또한 전자는 강제 질서의 필요성을 강조하지만, 후자는 자율 질서를 중시한다. 그런데 실정법을 중시하는 법실증주의자들은 존재와 당위를 유기적인 관계로 여기는 자연법론자들과 다르게 존재와 당위의 분리를 중시한다.

서양에서는 초기에 플라톤이 그의 『정체(政體 : Politeia)』에서 도덕성을 중시하는 '철인정치(哲人政治)'를 주장하고, 『법률(法律 : Nomoi)』에서 '철인정치'의 이상을 실정법에 반영하여 도덕정치와 법치의 조화를 추구하였다. 이후 아리스토텔레스의 목적론적 자연법, 토마스 아퀴나스(Thomas von Aquino)의 신학적 자연법, 칸트의 실천이성의 자연법, 라드부르흐(Gustav Radbruch, 1878~1949)의 자연법 등이 있다. 또한 19세기 초에 후고(Hugo)와 사비니(C.F.v. Savigny) 등에 의해 창립된 '역사법학파'와 영국의 벤담(Jeremy Bentham : 1748~1832)과 오스틴(John Austin : 1790~1859) 등의 공리주의를 각각 계승한 한스 켈젠(Hans Kelsen : 1881~1973)과 허버트 하트(Herbert Lionel Adolphus Hart : 1907~1992) 등의 법실증주의가 법치의 이론적 중추 역할을 하고 있다.

한편 중국에서는 초기에 이회(李悝), 오기(吳起), 상앙(商鞅), 신불해(申不害), 신도(愼到), 한비(韓非) 등이 법치를 중시하고, 공자와 맹자를 중심으로 하는 유학자들이 도덕정치를 중시하였다. 이후 현실 정치인들은 각각의 선호도에 따라 법치와 도덕정치를 활용하였다. 특히 진(秦)나라는 법가의 이념에 충실했지만, 한(漢)나라는 유학의 이념을 중시했다. 그리고 남송(南宋) 시대에 유학의 이념이 과거 시험의 주요 과목으로 채택된 이후, 원(元), 명(明), 청(淸)까지 유학의 가치관은 통치의 주요 이념 역할을 했지만, 그 이념을 실현하는 과정에 법의식이 배제되지 않았다.

이는 도덕정치와 법치가 송대 이후 전통 사회의 현실 정치에서 상호 배타적으로 작용하지 않고, 서로 보완의 관계를 형성했음을 의미한다. 성리학을 주요 이념으로 여겼던 조선(朝鮮)에서도 이러한 기조가 유지되었다. 이는 송대 이후의 중국 전통 사회와 조선 사회에서 유학의 도덕의식이 주요 통치 이념으로 여겨짐과 아울러, 그 이념을 구체적으로 실현하는 과정에 법치의 방법이 활용되었음을 의미한다. 이처럼 동서양을 막론하고 법치와 도덕정치는 현실 정치의 주역들에 의해 각각 선택적으로 활용되기도 하고, 상호 유기적으로 활용되기도 했다.

그런데 민주주의 정신이 보편적 이념으로 자리매김한 오늘날 세계의 많은 나라들, 특히 자유민주주의 국가에서는 도덕정치보다 법치를 중요한 통치 방법으로 여기고 있다. 이들 국가에서는 대부분 도덕의식과 관련된 자연법론보다 도덕과 법을 분리하는 법실증주의를 법치의 주요 이념으로 간주한다. 법실증주의를 옹호하는 사람들은 객관성과 합리성에 근거한 효율성을 중시한다. 그들에 의하면 자연법론은 당위적인 요소가 강한 법의 형이상학으로서 관념적이고 비실제적이다. 그리고 도덕의식은 가치중립적인 사실로부터 직접적으로 도출되지 않는다.

그런데 자유민주주의는 인간을 이기적인 존재로 여기고, 그 이기심을 부정적으로 보지 않는다. 그러나 이기심은 배타적인 자기중심주의의 성향이 있으므로 다른 이기심과 충돌할 수밖에 없다. 이기심과 이기심의 충돌은 서로의 이기심에 상처가 될 수 있으므로 이를 조절하기 위해 계약이 필요하다. 이성적 합의의 결정체인 법은 이러한 사회계약에 의해 결정된 것이기에 객관성과 합리성을 담보한 것으로 이해된다.

이 때문에 자유민주주의 사회에서 중시하는 법실증주의는 자연법적 의미가 강한 이른바 국민의 '법감정'에 휩쓸리지 않고, 냉정하게 사태를 바라보며 평가 기준을 냉철하게 제시한다. 법실증주의의 관점에 의하면 실정법은 행위규범이고 강제규범이며, 모든 사람은 법 앞에 평등하다. 따라서 '악법'도 그 법이 개정되지 않는 한 '법'이다. 이것은 자연법에서 '악법은 법이 아니다.'라고 주장하는 견해와 다르다.

그러나 입법 기관에서 입법의 주체는 자신의 계급적 특성을 반영한다. 입법 주체의 계급적 특성이 반영된 법은 다양한 구성원들의 서로 다른 입장을 고르게 반영하는 면에 제한적이다. 또한 법의 집행 과정에서 법은 집행의 주체들에 의해 왜곡, 굴절, 남용, 오용 등의 문제가 발생할 수 있다.

이는 모두가 법 앞에서 실제적으로 평등할 수 없음을 의미한다. 이러한 구조적인 문제로 인해 법 집행 과정에서 소외 현상이 발생한다.

이른바 '무전유죄(無錢有罪), 유전무죄(有錢無罪), 소전중죄(少錢重罪), 다전과죄(多錢寡罪), 무권유죄(無權有罪), 유권무죄(有權無罪), 소권중죄(少權重罪), 다권과죄(多權寡罪)' 등은 이러한 문제를 반영하는 개념이다.

역사는 우리에게 성문법에 기초한 이러한 실정법의 집행으로 인해 많은 피해자와 가해자가 있음을 증명해 주고 있다. 이 실정법은 타율적 질서의식을 중시하므로 자유의지의 발현에 제약이 될 뿐만 아니라, 법규범의 과거 지향성으로 인해 새롭게 형성되는 문제에 능동적으로 대처하지 못한다. 이러한 실정법의 수동성과 소극성의 성향은 창의성의 발현에 제약이 될 수 있다.

이처럼 법실증주의는 실정법을 중시하기 때문에 법 조항을 현실에 적용시키는 면에 효율성이 있을지라도, 법 자체의 기원과 의미를 규명하는데 한계가 있다. 곧 이미 있는 법을 집행하는 정책적 측면에 법실증주의의 효력이 있을지라도, 그 법을 있게 하는 입법 정신의 가치를 정당화할 근거가 박약하다. 헌법은 이러한 문제점에 대한 대안이 될 수 있다. 그러나 헌법정신은 법의 가치를 반영하기 때문에 도덕의식과 무관하지 않다. 이것은 존재와 당위, 사실과 가치의 분리를 중시하는 법실증주의의 논리와 충돌한다.

한편 공자와 맹자를 중심으로 하는 초기유학의 도덕정치는 도덕성을 갖춘 사람을 통치자로 만들거나, 통치자가 도덕성을 갖추기를 요구한다. 이는 모든 인간에게 도덕성의 함유를 전제하기 때문에 도덕성을 갖추지 않은 지도자가 제멋대로 정치하는 것을 선호하지 않음을 의미한다. 곧 초기유학은 법치에서 중시하는 실정법을 문제 해결의 본질적 대안으로 여기지 않는다. 유학은 실정법을 도덕 실현의 목적이 아니라 수단으로 여긴다. 유학은 법치에서 말하는 법의식의 근거를 도덕의식으로 여긴다. 그리고 이러한 도덕의식은 강제적인 타율에 의해 발현되지 않고, 자율적으로 발현된다.

그러나 이것은 도덕성을 갖춘 사람이 실제로 나타나지 않을 때, 어떻게 통치할 수 있는지에 대한 대안이 약하다. 이는 당위적으로 수용될 수 있을지라도, 현실적으로 받아들이기에 난점이 있다.

2. 정의규범과 도덕

정의(正義)는 공정하고 정당한 도리이다. 이것은 올바른 삶의 근원적인 가치의 영역에 해당하므로 개인뿐만 아니라, 사회에서도 중요하게 취급된다. 이 때문에 자신의 삶뿐만 아니라, 자신이 속한 사회를 건강하게 만들고자 하는 사람들은 이 정의를 바로 세우기 위해 노력한다. 특히 정의는 민주주의 사회에서 통치자들에게 중요한 의미로 작용한다. 민주주의 사회에서 정치가 정의롭게 진행되지 못한다면 그 정치는 비판의 대상이 된다. 이러한 정의의 속성 때문에 민주주의 사회에서는 법과 제도를 통해 정의 사회를 구현하려고 한다. 이는 정의를 개인의 양심 영역으로 제한시키지 않고, 시스템을 통해 사회에 실현하려는 것이다. 민주주의의 이념을 채택한 나라에서 법에 의한 통치는 이러한 정의 사회를 구현하는 면에 유효하게 활용된다.

켈젠은 정의에 대해 인간의 미덕이며 도덕적 성격을 띠지만, 인간에 대해 말해진 정의의 특성이나 미덕이 사회적 행위를 통해 드러나는 것으로 생각한다. 켈젠에 의하면 인간의 사회적 행위가 그 행위를 규정하는 규범에 부합되는 경우에 정당하지만, 합치되지 않는 경우에 부당하다. 따라서 정의란 인간의 사회적 행위의 정의를 의미한다. 그리고 인간의 사회적 행위의 정의는 그의 행위가 정의 가치를 형성하는 규범에 합치되는 데에 그 본질이 있다. 그러한 규범을 정의규범이라고 한다. 도덕규범은 인간에 대한 행위를 규율하는 사회규범이기 때문에 정의규범이다. 그러나 모든 도덕규범이 정의규범은 아니고, 정의 가치를 형성하는 것도 아니다. 다른 인간에 의한 인간의 일정한 취급, 예컨대 입법자나 법관에 의한 인간의 취급을 규정하는 규범만 정의규범이다.

이는 켈젠이 한편으로 정의규범을 도덕규범과 연계시키면서도, 다른 한편으로 정의규범을 도덕규범과 분리시키는 것이다. 그는 정의규범을 형이상학적 유형과 합리적 유형으로 구분한다. 그에 의하면 형이상학적 유형은 본질적으로 모든 경험적 인식을 넘는 초월적 심급(審級)으로부터 출발한다. 따라서 그것은 도덕규범으로서 합리적인 인식의 대상이 아니라, 믿음의 대상이다. 이와 달리 합리적 유형은 경험 세계에서 정립된 인간의 행위에 의해 확정된 것으로 이성에 의해 파악될 수 있다. 따라서 도덕규범은 우리의 인식 대상이 아니기에 진정한 의미의 정의규범이 아니고, 오직 경험 세계에서 이성적으로 파악할 수 있는 과학적이고 합리적인 유형이 진정한 의미의 정의규범이다.

이처럼 켈젠은 당위적인 도덕규범과 사실에 근거한 정의규범을 구분하고, 사실로부터 선(善)한 가치가 즉자적으로 도출될 수 없음을 주장한다. 이러한 논리에 의해 그는 플라톤의 이데아, 토마스 아퀴나스의 신, 칸트의 정언명령 등과 같은 자연법에서 중시하는 가치를 정의규범의 영역에서 제외시킨다. 그는 정의규범을 과학적이고 경험적이며 합리적인 실정법의 범주로 한정시킨다. 이는 그가 정의규범을 신상필벌(信賞必罰)의 응보 원칙에 적용시키며, 자율질서를 중시하는 도덕규범의 영역으로부터 분리시키는 것이다.

그러나 공자는 정의규범을 도덕규범과 분리시키지 않는다. 공자는 "정치란 바르게 함"[2]이며, "임금이 임금답고 신하가 신하다우며, 부모가 부모답고 자식이 자식다워야 한다."[3]라고 지적한다. 이는 공자가 정의를 도덕의식과 긴밀하게 관련시키는 것이고, 이러한 도덕의식을 현실 사회에 제대로 구현함이 바른 정치임을 강조하는 것이다. 곧 그는 인간의 고유한 도덕성을 바르게 구현하는 것이야말로 바른 정치의 요체라고 생각한다. 그는 "건도가 변화하여 각기 성(性)과 명(命)을 바르게 하는"[4] 것과 같이, 인간도 각자의 위치에서 각자에게 부여된 일을 사심(私心) 없이 제대로 수행하는 것을 정치의 요체라고 생각한다.

이처럼 공자가 추구하는 정치의식은 철저하게 정명관(正名觀)에 기초한다. 공자는 정치의 핵심적인 가치에 대해, "반드시 명분을 바로잡겠다. …… 명분이 바르지 않으면 말이 순조롭지 않고, 말이 순조롭지 않으면 일이 이루어지지 않으며, 일이 이루어지지 않으면 예(禮)와 악(樂)이 일어나지 않고, 예와 악(樂)이 일어나지 않으면 형벌이 알맞게 집행되지 않으며, 형벌이 알맞게 집행되지 않으면 백성들이 손과 발을 둘 곳이 없다. 그러므로 군자는 명분이 있으면 반드시 말을 할 수 있고, 말을 하면 반드시 행할 수 있으니, 군자는 그 말에 대해 구차한 것이 없을 뿐이다."[5]라고 지적한다.

여기에서 명분은 바로 정당성의 근거이다. 공자는 정치를 할 때에 명분이 바르면 백성들이 편안할 수 있지만, 명분이 바르지 않으면 백성들의 삶이 어려울 것이라고 생각한다. 그런데 이 정당성은 임의적으로 주어지지 않는다. 특히 일부 정치가의 자의(恣意)적인 뜻에 의해 정당성이 주어지는 것은 아니다. 정당성이란 그 사회의 구성원들이 보편적으로 인정할 만한 합리적인 가치를 확보할 때 주어진다. 공자는 이러한 정당성의 기준을 사욕(私欲)이 아니라, 공의로움[公義]으로 여긴다. 따라서 공자가 추구하는 정치란 철저히 인(仁)을 함유하는 공의로운 명분에 입각하여 바르게 통치하는 것이라고 할 수 있다.

곧 공자에 의하면 바른 명분은 엄격한 법의식에서 형성되지 않고, 인간에게 갖추어져 있는 인의예지(仁義禮智)의 도덕성에서 나온다. 공자는 "법령으로 인도하고 형벌로 가지런히 하면 백성은 (죄를) 면하나 부끄러워함이 없고, 덕으로 인도하고 예(禮)로 가지런히 하면 부끄러움이 있고 또 선(善)에 이른다."[6]라고 지적한다. 이는 그가 한편으로 정치에서 법 적용의 필요성을 인정하고, 다른 한편으로 근본적인 문제 해결을 위해 도덕의 중요성을 강조하는 것이다. 공자에 따르면 법치는 현상적인 범죄를 면하게 하는 역할을 할 수 있지만, 범죄를 저지르고자 하는 의식을 근본적으로 제거하는 면에 제한적이다. 그는 도덕정치를 통해야 비로소 범죄행위도 해결되고, 인간의 내면에서 형성되는 범죄의식을 근본적으로 사라지게 할 수 있을 것으로 생각한다. 도덕성의 자각은 잘못에 대한 부끄러움을 일깨우고, 선한 삶을 지향하도록 안내하는 역할을 하기 때문이다. 공자는 형벌을 통한 범죄의 단절보다 교화를 통한 잘못의 예방을 더 가치 있는 정치 행위로 생각한다.

이처럼 그는 도덕성을 바르게 할 때, 그 도덕성이 법과 제도가 적용되는 현실 사회에서 제대로 구현되는 것으로 여긴다. 이는 그가 법과 도덕성의 분리가 아니라, 둘을 유기적으로 관련시키는 가운데 정의의 원리와 운용 방법을 도출하는 것이다. 곧 공자는 도덕과 법을 배타적인 관계가 아니라, 본체와 작용의 관계로 여긴다. 도덕은 본질적인 측면에서 인간의 정체성과 관련되고, 법은 현실 사회에서 나타나는 다양한 문제를 효과적으로 처리하는 유용한 방법 가운데 하나가 될 수 있기 때문이다.

이는 마치 논리학에서 논의하는 류(類)와 종(種) 개념의 관계와 유사하다. 특히 도덕의식은 최대도덕으로서 최고류(最高類)의 개념에 해당하고, 법은 최소도덕을 반영하는 형식적인 규범으로서 종 개념에 해당한다고 할 수 있다.

이와같이 법실증주의와 초기유학은 정의규범에 대한 이해와 적용의 측면에 차이를 드러낸다. 법실증주의가 정의규범을 비도덕적이고 상대적인 실정법의 영역에 한정시킨 것과 달리, 공자는 정의규범을 도덕의 중요한 내용으로 여기고 실정법을 도덕의식의 현실화를 위한 도구로 여긴다.

3. 근본규범과 가치

오늘날 법치를 중시하는 대부분의 자유민주주의 국가에서 헌법은 실정법의 이론 근거 역할을 하고 있다. 이는 실정법이 헌법정신을 반영하고 있음을 말해준다. 이 때문에 헌법정신을 제대로 반영하지 못하는 실정법의 수명은 길지 못하지만, 헌법정신을 제대로 반영하는 실정법은 현실에서 유효하게 활용된다.

그런데 이 헌법정신은 '법이란 무엇인가?'라는 실증주의적인 물음보다 우리는 '왜 법에 복종해야 하는가?'라는 철학적인 물음과 깊게 관련된다. 이 철학적인 물음은 법의식의 궁극적 의미를 묻는 것으로, '어떻게 사는 것이 바람직한 것인가?'라는 윤리적 물음과 직결된다. 따라서 이 헌법은 법의식을 도덕성과 깊게 관련시키는 자연법론자들이 매우 중시한다.

법실증주의에서도 규범이 존재해야 하는 궁극적인 물음의 중요성 때문에 헌법을 외면하지 않는다. 법실증주의는 자연법론과 구별되는 헌법론을 제기한다. 곧 자연법론자들이 존재와 당위를 밀접하게 관련시키면서 헌법정신의 중요성을 강조한 것과 달리, 법실증주의에서는 헌법을 가치의 영역이 아니라 인식의 영역으로 제한한다. 켈젠은 『순수법학』에서 '근본규범'이라는 개념을 사용하여 이러한 헌법정신에 관해 논리를 전개한다.

켈젠에 의하면 법이론에서 자연법론은 이원론이고, '순수법학'은 일원론이다. 왜냐하면 자연법론에 의하면 실정법 외에 자연법이 존재하지만, '순수법학'은 오직 하나의 실정법만 존재하기 때문이다. '순수법학'에 의해 확립된 근본규범은 실정법과 다른 법이 아니고, 단지 실정법의 효력 근거이자 실정법의 효력을 갖기 위한 선험적 · 논리적 조건일 뿐이다. 근본규범은 그 자체로 윤리적이고 정치적인 성격을 갖는 것이 아니라, 인식론적 성격을 갖는다.

곧 켈젠에 의하면 인간에 의해 정립된 가변적인 실정법 외에 관념적, 초월적, 불변적인 형이상학적 자연법론에서 중시하는 근본규범은 과학적 인식을 넘어서는 것으로 인식의 대상이 아니라, 신앙의 대상이 될 뿐이다. 이러한 자연법은 결국 논리적인 정합성을 배제한 채 존재와 당위, 사실과 가치를 긴밀하게 관련시킨다. 따라서 법실증주의의 '순수법학'에서 말하는 근본규범은 이러한 당위적인 영역을 제외하고, 인식의 영역만 수용할 뿐이다.

켈젠에 의하면 우리가 법적 행위를 객관적 근거로서 인정하는 규범의 효력 근거는 법원의 판결을 인정하는데 기초한다. 우리는 그 판결에 대해 개별적 규범으로서의 객관적 의미를 부여하기에 그러한 행위를 정립하는 기관을 법원이라고 해석한다. 그 이유는 법원의 행위를 법률, 곧 강제 행위를 확정하는 일반적 규범을 정립하는 자들이 입법 기관으로 해석되는 사람들에 의해 정립된 일정한 행위를 주관적 의미뿐만 아니라, 객관적 의미에서도 규범으로 간주되는 일반적 규범의 집행을 승인하고 있기 때문이다. 따라서 우리는 이러한 사람들을 입법 기관으로 해석한다. 그리고 이러한 규범을 헌법이라고 해석한다. 이는 헌법 제정으로 해석되는 행위가 객관적으로 효력 있는 규범을 정립하는 행위로 간주될 수 있을 뿐만 아니라, 그러한 행위를 정립하는 사람들이 헌법 제정의 권위가 있는 것으로 여겨질 수 있도록 하는 규범을 전제하는 경우에만 가능하다. 이 규범이 국가 법질서의 근본규범이다. 이 근본규범은 적극적인 법적 행위에 의해 정립되지 않고, 문제된 행위가 헌법 제정 행위로 해석되며, 이러한 헌법에 의거해 정립된 행위가 법적 행위로 해석되는 한에서 전제된다. 법질서의 궁극적인 효력 근거는 본질적으로 조건적일 뿐이기 때문에 가설적인 효력 근거는 이러한 전제에 기초한다. 법질서의 효력 근거로 나타나는 근본규범은 실효성 있는 강제 질서의 기초인 헌법과 관련된다.

이처럼 켈젠은 법의 동태적 성격의 측면에서 헌법을 다른 규범의 창조를 규율하는 상위질서의 규범으로 여기고, 헌법의 규율에 따라 창조된 규범을 하위질서의 규범으로 여긴다. 그는 이러한 상위질서의 헌법과 하위질서의 규범의식을 통해 법질서를 수직적 관계로 설정한다. 그의 이러한 법질서의 통일이라는 도식은 결국 모든 규범들을 근본규범으로 귀결시키는 일원적 순환 과정으로 설정하는 것이다.

그런데 '순수법학'에서 주장하는 이 근본규범은 켈젠이 말한 것과 같이 가치의 대상이 아니라 오로지 인식의 대상일 뿐인가? 켈젠은 근본규범에 대해 실제로 있지 않고, 실정법의 효력 근거이자 실정법의 효력을 갖기 위한 선험적 · 논리적 조건일 뿐이라고 주장한다. 이처럼 실정법 질서의 타당성을 도덕적 원리가 아니라, 실정법에 의해 이미 논리적으로 전제된 근본규범에서 찾고자 하는 켈젠의 논리는 정당성 및 정의규범의 근거에 대한 문제가 발생한다.

이는 정당성의 기준을 도덕성을 함유한 보편적인 정의 원리가 배제된 상태에서 실정법에 부합하는 것으로 한정할 때, 합법의 이름으로 사회적 불평등을 양산할 수 있음을 의미한다. 곧 이는 정의의 원리와 실정법의 규범이 불일치할 경우에 정의의 원리를 외면하고 형식적인 실정법의 규범을 정당성의 근거로 삼을 수 있음을 의미한다.

이것은 정의규범의 이론적 근거인 근본규범을 가치를 배제한 상태에서 형식논리적인 전제로만 제한할 경우, 그 정의규범인 실정법을 왜 지켜야 하는지에 대한 근원적인 물음에 합리적인 답을 제시할 수 없게 된다. 이는 정의규범의 근거인 근본규범과 도덕성이 명확하게 분리되지 않고, 밀접하게 관계되고 있음을 의미한다.

결국 근본규범과 실정법에 기초한 정의규범에 대한 켈젠의 관점은 경험적인 실정법 규범이 어떻게 비경험적인 근본규범과 긴밀하게 관련되어 상위질서와 하위질서라는 수직적 관계를 형성할 수 있는지에 대해 논리적인 정합성의 문제가 발생한다.

한편 켈젠이 고안한 근본규범의 이러한 문제점에 대해 박은정은 『자연법의 문제들』에서 켈젠의 근본규범을 '법존재론'에 의한 '법인간학'의 차원으로 해석한다. 박은정에 의하면 켈젠의 근본규범은 실정법에 대한 초실정적 효력 근거를 이룬다. 근본규범의 이러한 초실정성은 선험적 · 논리적 전개의 의미를 넘어 실정법의 존재론적 전제의 의미로 확대되어 이해될 수 있기 때문에 자연법 이론의 의미 영역과 질적으로 구별되지 않는다. 사유 구조의 선험성의 결과로서 근본규범의 초실정성과 자연법의 초실정성은 형식적으로 구별되지만, 실질적으로는 동일하다. 이러한 실질적 관점은 선험적 질서 철학을 존재론으로 풀이하는 바탕에서 가능하다. 이때 실정법을 그것 자체로서 근거 짓는 질서 철학, 곧 법존재론의 탄생이 가능하다. 이 법존재론은 특정한 실정법을 도덕적 혹은 정치적으로 정당화하기 위한 이론이 아니라, 존재하는 것 일체의 가능성의 전제를 묻는 가운데 본질적으로 질서를 구상하기 위한 통찰로서 나타난다.

박은정은 『자연법의 문제들』에서 켈젠의 법단계구조론을 토마스 아퀴나스의 질서 철학으로 해석하는 르네 마르취치(Renè Marcic)의 견해를 수용하여 존재법으로서의 선험적 질서를 실제적 현실이 아니라 '관계적 현실'을 의미하는 상응 관계로 이해한다. 곧 켈젠 자신은 실증주의 법이론가로서 존재와 당위를 엄격하게 구별하지만, 근본규범의 내용인 헌법 준수의 원리는 법존재가 인간존재에 다가오는 형식이다.

이러한 논리에 의하면 켈젠의 근본규범이 지니는 인식론적 성격은 선험적 · 논리적 의미에만 국한되지 않는다. 그의 근본규범의 이론은 '법인간학'과 긴밀하게 관련된다. 이는 최상의 당위를 존재의 한 특수한 양식으로 파악하는 것과 같이 근본규범을 존재론적으로 파악하기 때문에 이 당위의 존재 양식으로서 행위의 필연성에 이르게 됨을 의미한다. 그것이 바로 사람들에게 헌법의 지시에 따라야 한다는 법칙의 존중으로부터 나오는 행위의 필연성이다. 따라서 '법인간학'을 법의 존재론적인 근거에 관여하는 이론으로 여기기 때문에 법의 본질과 인간의 삶을 긴밀하게 연계해야 한다.

그러나 헌법정신으로 대표되는 근본규범과 도덕성을 필연적 관계로 상정하지 않는 켈젠의 법실증주의의 관점과 달리, 초기유학은 법의식의 근거를 도덕성으로 여긴다. 유학은 특히 가치 있는 삶을 하늘의 길(天道)과 함께 하는 것으로 생각한다.

공자는 도덕성을 인간의 중요한 특징 가운데 하나로 여긴다. 곧 공자는 "하늘이 나에게 덕을 생겨나게 하셨다."[7]라고 하고, 군자란 "천명을 두려워한다."[8]라고 하여, 사람이 하늘의 원리를 잘 파악하여 '하늘의 길'에 부합하는 삶을 살아야 할 것으로 생각한다. 곧 그는 원형이정(元亨利貞)의 '하늘의 길'과 인의예지(仁義禮智)의 '사람의 길'을 유기적으로 결합하여 하늘과 인간을 통일시키는 것을 도덕성을 현실에서 구현하는 삶으로 생각한다.

맹자 역시 도덕성을 선험적인 것으로 여긴다. 그는 "사람이 배우지 않고도 할 수 있는 것은 양능이고, 생각하지 않고도 알 수 있는 것은 양지이다."[9]라고 말하여, 인간을 태어날 때부터 '양지양능(良知良能)'으로 상징되는 도덕성을 갖추고 있는 존재로 생각한다. 그는 누구나 가지고 있는 선한 본성을 마음을 다하여 현실에 구현하는 것을 인간의 정체성이 확립되는 삶으로 이해한다.[10]

이와같이 공자와 맹자를 중심으로 하는 초기유학은 사회적 문제를 해결하기 위해 법과 제도의 방식보다 도덕성의 발현이라는 방식을 더 선호한다. 곧 공자에 의하면 법과 제도 역시 통치에 필요한 수단이지만, 그것들은 문제를 일시적으로 해결하는 보조적인 수단에 불과하다. 따라서 도덕성의 자율적인 발현이야말로 문제를 본질적으로 해결할 수 있다.

그러나 이것은 요(堯)임금과 순(舜)임금처럼 도덕성과 능력이 함께 갖추어진 지도자가 없을 때, 어떻게 바르게 통치할 수 있는지에 대한 대안이 약하다. 이러한 상황에서는 초기유학의 이론을 당위적으로 수용할 수 있으나, 실제적인 효과를 발휘하는 면에 제한적이다. 특히 구조적인 요인으로 인해 소외 현상이 증가하는 현대사회에서 고통받는 약자들의 삶을 구체적으로 개선하는 면에 어려움이 있다.

4. 법치와 도덕정치의 조화

다양한 가치관이 혼재하는 21세기 사회는 법치와 도덕정치 가운데 어느 하나를 유일한 해결책으로 제시하기 어렵다. 법치는 법을 왜 지켜야 하는지에 대한 근원적인 물음이 제기될 수 있고, 도덕정치는 도덕성을 갖추지 않은 사람이 통치할 때 발생하는 문제를 효율적으로 해결하는 면에 제한적이기 때문이다.

이러한 면을 해결하기 위해 유학의 도덕정치와 민주주의의 법치를 결합할 필요가 있다. 그런데 이때 법과 제도는 법실증주의에서처럼 개인의 더 큰 이익의 확대를 위한 것이 아니라, 공의로움의 토대 위에 공정성의 확대를 위한 법과 제도이어야 한다.

또한 모든 인간에게 보편적으로 주어진 선험적인 본성론을 중시하는 초기유학의 도덕의식은 이러한 관점에 동의하는 사람들에게 좋은 사상으로 여겨질 수 있을지라도, 도덕의식을 비선험적인 사회적 산물로 여기는 사람들에게 비판의 대상이 될 수 있다. 그러나 이러한 문제점이 있다고 해서 일부의 보편성조차 인정하지 않는 회의주의의 태도 역시 문제가 있다. 도덕회의주의는 한편으로 초시공의 절대주의적 윤리설에 내포된 문제점을 지적하는 면에 의의가 있을지라도, 다른 한편으로 다양한 생각을 가진 사람들의 자발적인 협의와 합의에 의해 형성된 공통의 질서의식까지 부정하게 되어 가치관의 혼란을 초래할 수 있다. 따라서 초시공의 불변적인 절대주의적 윤리설에 내포된 비실제성의 문제와 도덕회의주의를 극복하기 위해 시공(時空)의 영향을 받는 윤리의식과 제한된 보편성을 결합한 시한부 보편윤리관을 구축할 필요가 있다.

이는 도덕을 태어날 때부터 주어지는 절대불변의 선험적인 가치가 아니라, 역사의 대열에 참여하는 구성원들 각자가 자신의 시대를 살아가면서 갖는 공통된 공속의식을 반영하여 만들어가는 삶의 원리로 생각하는 것이다. 이러한 도덕은 시대와 장소에 따라 내용이 다를 수 있을 뿐만 아니라 변화할 수 있다. 이 때문에 도덕의 내용은 어느 시기에 어느 지역에서 일정 기간 보편성을 유지하다가 다른 시기에 다른 상황에 의해 특수성으로 전락되거나, 혹은 어느 시기에 어느 지역에서 특수성으로 머물다가 다른 시기에 그 사회를 포함한 다른 사회에까지 보편성으로 확대될 수 있다. 이것을 '시한부 보편성' 혹은 '제한된 보편성'이라고 부를 수 있다. 이 시한부 보편성 혹은 제한된 보편성은 절대주의적 윤리설과 같이 초시공적으로 주어지는 불변의 보편성이 아니다. 또한 이것은 법실증주의와 같이 상대주의적인 법의식이 아니고, 도덕회의주의와 같이 가치중립적이거나 몰가치적인 것도 아니다. 이는 시간과 공간의 영향을 받으며 그 사회를 구성하고 있는 사람들의 자유로운 협의와 합의를 바탕으로 하여 만들어지기도 하고 사라지기도 하는 변화 가능한 도덕의식이다.

따라서 이러한 시한부 보편윤리관은 상대주의적인 법의식을 통해 사회질서를 타율적으로 유지하려는 법실증주의의 관점과 달리, 시대정신을 반영하는 자율적인 질서의식의 발현을 통해 평화로운 사회를 구축하는 면에 도움이 될 수 있다.

생각해 볼 문제

1. "악법도 법이다."라는 명제와 "악법은 법이 아니다."라는 명제 가운데, 어느 관점이 타당한지에 대해 생각해 보자.

2. 자연법과 실정법(법실증주의) 가운데, 어느 것이 더 중요할까? 이에 대해 서로 이야기해 보자.

3. 법치와 도덕정치 가운데, 어느 것이 21세기 한국 사회에 더 어울릴까? 이에 대해 서로 의논해 보자.

4. 법치와 도덕정치의 유기적인 조화의 방안을 모색해 보자.

1) 이 장의 글은 저자의 논문 「민주주의의 법치와 유가의 덕치 문제-법실증주의의 법의식과 초기 유가의 도덕의식을 중심으로-」(『철학연구』106집, 철학연구회, 2014) 가운데, 필요한 내용을 인용하며 수정하고 보완했음을 밝힌다.

2) 『論語』, 「顔淵」, "政者, 正也."

3) 『論語』, 「顔淵」, "君君 , 臣臣 , 父父 , 子子."

4) 『周易』, 「乾卦 · 彖傳」, "乾道變化, 各正性命."

5) 『論語』, 「子路」, "必也正名乎!…… 名不正, 則言不順 ; 言不順, 則事不成 ; 事不成, 則禮樂不興 ; 禮樂不興 , 則刑罰不中 ; 刑罰不中, 則民無所措手足. 故君子名之必可言也, 言之必可行也, 君子於其言, 無所苟而已矣."

6) 『論語』, 「爲政」, "道之以政, 齊之以刑, 民免而無恥 ; 道之以德, 齊之以禮, 有恥且格."

7) 『論語』, 「述而」, "天生德於予."

8) 『論語』, 「季氏」, "畏天命."

9) 『孟子』, 「盡心上」 , "人之所不學而能者, 其良能也 ; 所不慮而知者, 其良知也."

10) 『孟子』 「盡心上」, "盡其心者, 知其性也. 知其性, 則知天矣. 存其心, 養其性, 所以事天也. 殀壽不貳, 修身以俟之, 所以立命也."

10장

선비정신과 풍류문화[1)]

論

語

"뜻있는 선비와 어진 사람은 생명을 구함으로써 인(仁)을 해 침이 없고, 자신을 죽임으로써 인을 이룸이 있다."

(『논어』, 「위령공」)

"나라에 현묘한 도(道)가 있는 것을 풍류(風流)라고 한다.
가르침을 세우는 근원은
'선사(仙史)'에 상세히 갖추어져 있는데,
실제로 삼교(三教)를 포함하고, 많은 백성과 사귀어 교화한다.
가령 들어와서는 집안에서 효를 행하고
나가서는 나라에 충성하는 것은 공자의 가르침이고,
무위(無爲)로 일을 처리하고 말없이 가르침을 행하는 것은
노자의 종지이며, 모든 악을 짓지 말고
모든 선을 받들어 행하는 것은 석가모니의 교화이다."

(최치원, 「난랑비서」, 『삼국사기』)

1. 선비의 개념과 의미

공자를 중심으로 하는 유학에서 중시하는 선비란 자신의 인격을 성실하게 연마하고, 사회적 갈등 문제를 바르게 진단하여 지혜롭게 치유할 수 있는 인간이다. 유학의 이념을 중시했던 한국의 전통 사회에서 중시한 선비는 오늘날 우리 사회에서 발생하는 온갖 문제를 근원적으로 해결하는 데에 도움이 될 수 있는 인간형이다.

1) 선비의 개념

공자가 중시하는 선비는 이기심을 경계하고 공공의 의로움을 추구하는 사람이다. 선비는 이 세상에 나타나는 대부분의 문제가 이기심으로부터 비롯되는 것으로 여긴다. 선비의 관점에 의하면 인간은 누구나 태어나면서부터 하고자 하는 마음이 있다. 이 하고자 하는 마음이 바로 욕망이다. 그런데 욕망에는 먹고 자는 생물학적 욕망, 생각하고 판단하고 추론하는 이성적 욕망, 아름답고 착하며 가치 있게 살고 싶어 하는 도덕적 욕망 등이 있다.

선비는 생물학적 욕망 그 자체를 부정적으로 생각하지 않는다. 생물학적인 욕망은 육체를 가진 인간이 그 생명을 유지하는데 필요한 토대이기 때문이다. 만일 생물학적인 욕망 자체를 부정한다면 개인의 생명이 유지되지 못할 뿐만 아니라, 인간이라는 종의 유지도 불가능할 수 있다. 이는 생물학적인 욕망의 추구를 생존에 필요한 자연스러운 이치로 여기는 것이다.

문제는 생물학적인 욕망을 추구하는 과정에서 주변 환경이나 다른 사람의 처지를 고려하지 않고 자신의 욕망을 지나치게 실현하고자 하는 상태에서 나타나는 불합리한 상황이다. 예를 들면 여러 사람들이 공동으로 생활하는 사회에서 한정되어 있는 음식을 한 사람이 모두 먹는 바람에 다른 사람들이 굶주리게 되는 상황에서 나타나는 이기적인 욕망이다. 공자를 비롯한 여러 유학자들은 이러한 이기적인 욕망을 사회적 갈등을 일으키는 주범으로 생각한다.

그런데 선비는 이기적인 욕망이 생물학적인 부분에 한정되어 있는 것으로 생각하지 않는다. 선비는 이기적인 욕망이 이성적인 부분에도 있는 것으로 생각한다. 예를 들면 사회적 지위가 낮지 않은데 더 높은 지위를 차지하기 위해 경쟁 관계에 있는 사람을 모함하거나 비방하는 행위, 공부를 열심히 해서 좋은 성적을 받으려 하기보다 부정적인 방법을 통해 좋은 성적을 거두려는 행위, 경제적으로 이익을 많이 낸 회사인데 더 많은 돈을 벌기 위해 직원들의 봉급을 올려주지 않는 경영자 행위, 출세하기 위해 비정상적인 방법으로 상사에게 뇌물을 주는 행위, 비리를 숨기기 위해 또 다른 비리를 저지르는 행위, 공적인 지위를 이용하여 사적인 이익을 확대하는 행위, 자신의 이익을 위해 사기 · 절도 · 강도 · 살인 등 각종 범죄를 저지르는 행위 등이 여기에 해당한다.

선비란 이러한 이기적 욕망에 종속되지 않을 뿐만 아니라, 이기적 욕망으로 인해 나타나는 개인과 개인, 개인과 집단, 집단과 집단 사이에서 발생하는 온갖 병폐를 치유하는 사람이다. 선비는 이러한 문제를 해결하기 위해 결코 욕망을 포기하라고 말하지 않는다. 욕망의 발현은 살아 있을 때에 형성되는 특권이기 때문이다. 죽은 사람에게서는 욕망이 일어나지 않는다.

따라서 선비는 욕망의 포기가 아니라, 욕망의 대상과 방향의 전환을 주문한다. 선비의 관점에 의하면 욕망에는 어떤 욕망이든지 반드시 대상이 있고 방향이 있다. 어떤 욕망을 가지고 있으며, 방향을 어디로 향하느냐에 따라 병든 욕망이 될 수도 있고 건강한 욕망이 될 수도 있다.

선비는 욕망의 대상이 이기심으로부터 도덕적인 부분으로 전환해야 할 것으로 생각한다. 도덕적 욕망은 병든 욕망과 구별되는 지렛대이기 때문이다. 선비에 의하면 도덕성은 인간을 인간으로 규정하는 중요한 정체성 가운데 하나이다. 비록 도덕성을 담보한 구체적인 규범이 시대나 장소에 따라 변할 수 있을지라도, 도덕적 욕망을 유지해야 하는 것은 인간의 고유한 영역이다. 도덕적 욕망을 배제할 경우, 인간의 고유한 문화는 사라지고 약육강식의 법칙이 지배하게 된다. 이러한 이기적인 욕망이 주도하는 사회는 품격 있는 사회가 아니다. 품격 있는 사회에서는 사람들이 좋은 것을 홀로 챙기지 않고, 서로 공유한다.

2) 선비의 의미

선비는 오늘날 우리 사회에 나타나는 다양한 문제를 외면하거나 도피하는 사람이 아니다. 또한 선비는 당면한 문제를 생각으로만 취급하는 몽상가가 아니다. 선비는 이러한 문제를 근원적으로 해결하기 위해 노력한다. 곧 선비는 눈앞에 펼쳐진 문제에 깊게 개입하여 실제적인 대안을 찾기 위해 노력한다.

이 때문에 선비는 현실적인 능력을 키우기 위해 끊임없는 노력을 아끼지 않는다. 특히 선비는 역사의 흐름을 정확하게 파악하는 능력을 기르기 위해 노력한다. 왜냐하면 역사의 흐름을 정확하게 파악하지 못한 상태에서 제시되는 해결책은 본질적인 대안이 되기 어려워 오류를 발생시킬 확률이 높기 때문이다. 사실 우리는 역사를 통해 많은 교훈을 얻는다. 비록 동일한 모습으로 역사가 반복되는 것은 아니지만, 역사의 내용 가운데 적지 않은 부분은 원리적인 면에서 이전 시대와 유사한 경우가 있다. 원리적인 면은 주로 사상이나 가치와 관련이 깊다. 외적인 환경은 비록 이전 시대와 현대 사이에 많은 차이가 있을지라도, 보이는 현상 이면에 내재된 사상과 가치는 이전 시대와 공통된 부분이 있다. 또한 이러한 사상과 가치는 이후의 시대에 영향을 미칠 수도 있고, 미치지 않을 수도 있다. 이때의 영향 역시 광범위할 수도 있고 부분적일 수도 있을 뿐만 아니라, 긍정적일 수도 있고 부정적일 수도 있다.

곧 이전 시대에 형성된 사상과 가치는 일찍 수명을 다하는 경우도 있지만, 어떤 사상과 가치는 상당 기간 수명을 유지하다가 사라지는 경우도 있다. 또 다른 사상과 가치는 이전 시대에 형성되었지만, 21세기의 많은 사람들에게 보편적인 사상과 가치로 받아들여지기도 한다. 그리고 현대에도 여전히 새로운 사상과 가치가 형성되기도 한다. 이러한 사상과 가치는 지역 · 민족 · 인종 등에 따라 다르게 적용되기도 하고, 공통으로 적용되기도 한다.

이와같이 사상과 가치는 시대와 장소에 따라 특수하게 적용되기도 하고, 보편적으로 적용되기도 한다. 역사의 흐름에 대한 성실한 통찰은 이러한 사상과 가치가 어떻게 생성되고 변형되며 유지되다가 사라지는지를 바르게 이해하는 면에 도움이 된다.

이러한 역사 원리의 특성 때문에 선비는 늘 공부하는 일을 소홀히 하지 않는다. 공부의 내용은 일반인들과 구별된다. 일반인들은 상당수가 자신의 출세를 위해 공부한다. 그러나 선비는 자신의 출세가 목적이 아니다. 선비는 소외로 인해 드리워진 사회의 그늘진 곳을 치유하기 위해 고뇌한다. 그의 공부는 부정과 부패 및 편견과 왜곡 등으로 인해 고통받는 사람들을 구제하여 밝은 사회를 이루고자 하는 방향으로 설정된다. 공자는 "뜻있는 선비와 어진 사람은 생명을 구함으로써 인(仁)을 해침이 없고, 자신을 죽임으로써 인을 이룸이 있다."[2]라고 지적한다. 이는 선비란 자신의 이익을 위해 도덕성을 상실해서는 안 되고, 어려운 처지에 있는 사람을 구제하기 위해 자신의 목숨까지 바칠 수 있는 사람임을 의미한다. 이러한 선비는 이른바 '살신성인(殺身成仁)'의 정신을 구현하기 위해 꾸준히 노력한다.

또한 선비의 관점에 의하면 나라에 정의가 공정하게 펼쳐지는데도 어렵게 사는 사람이 있다면 그 사람이 게으른 탓으로 인한 것이기에 사회 전체적으로 크게 문제 될 것이 없다. 그러나 나라에 정의가 공정하게 펼쳐지지 않는데도 부유하거나 높은 지위를 차지하고 있는 사람이 있다면 그 사람이 부정과 비리로 인해 부유하거나 높은 지위에 오른 것이기 때문에 그 사회는 문제가 많다. 따라서 이러한 사회의 병폐는 반드시 고쳐야 한다. 선비란 이러한 사회의 문제를 해결하기 위해 노력하는 사람이다.

이 때문에 이러한 사회의 문제를 해결하기 위해 노력하는 선비는 다른 사람들에 의해 규정된 가치를 맹목적으로 수용하여 무비판적으로 활용하지 않는다. 선비는 자신이 주체적으로 생각하여 능동적으로 공부하는 습관을 형성한다. 선비는 주체적으로 생각하지 않으면서 수동적으로 배우기만 하는 태도, 자기중심주의적인 자세로 일관하면서 자기 생각만 옳다고 여기며 객관적인 자세로 배우지 않는 태도 등을 지혜롭지 않은 공부 방법이라고 생각한다. 이는 무비판적 태도나 독단주의적 태도에서 벗어나 자유로운 선택에 의해 배워야 할 내용을 곱씹으면서 자기 것으로 체득해야 사회 정의를 실현하는 토대를 갖출 수 있음을 의미한다.

따라서 이러한 선비란 성품이 온유하면서도 뜻은 강직하고, 타인에게 너그러우면서도 자신에게 엄격하며, 옳지 않은 현실과 타협하지 않고, 때와 장소에 맞지 않는 낡은 원칙의 고수가 아니라 변화하는 상황을 심층적으로 고려하여 융통성 있게 대처하며, 앎과 행함 및 배움과 익힘을 통일시키고, 따뜻하고 포근한 감성과 냉철한 이성의 조화를 추구하는 사람이다.

결국 오늘날 우리 사회에서 필요로 하는 선비란 건강한 욕망을 토대로 하여 이기심의 발현을 경계하며, 자신이 속한 사회의 구성원들이 고른 대접을 받아 함께 즐기는 평화로운 공동체사회를 구성하는 일에 앞장서는 사람이라고 할 수 있다. 이를 위해 선비는 항상 겸허한 마음으로 자신의 삶을 성찰할 뿐만 아니라, 밝은 미래를 안내할 눈을 길러야 한다.

2. 선비정신의 발현

조선 시대의 조광조(趙光祖, 1482~1520)는 선비정신이 반영된 왕도정치(王道政治)를 구현하기 위해 개혁 정책을 추진했다. 그는 언로의 개방과 소통의 확대[3], 향약 운동을 통한 농촌 사회의 교화, 도교의 소격서(昭格署) 폐지 등 신비주의와 미신 타파, 현량과(賢良科)를 통한 현명한 인재의 등용, 훈구대신들의 공훈 박탈과 신진 사대부의 등용 등의 정책을 시행했다.

그러나 조광조의 개혁 정책은 홍경주, 남곤, 심정 등 훈구파들의 방해와 모함[4]으로 인해 중단되고, 그는 전라도 능주로 귀양을 간 후 그곳에서 사약을 받았다. 그는 죽기 전에 충과 절개와 의리정신이 깊게 새겨진 절명시(絶命詩) 한 수를 남겼다.[5] 이것이 1519년의 기묘사화이다.

공적 의로움의 실현을 통해 사회적 안정과 평화를 추구하는 전통 사회에서 중시되던 선비정신은 오늘날에도 다양한 모습으로 발현되고 있다. 이 선비정신은 나라와 민족이 위기에 처할 때 선명하게 드러나기도 하고, 평화로운 시절에 발현되기도 한다.

국가가 위기에 처할 때 자신의 이익과 편리한 생활을 지양하고 위기 극복을 위해 불편을 감수하는 태도는 선비정신의 한 유형이 반영된 상태이다. 예컨대 1997년의 외환 위기 때 많은 국민들이 '금모으기'를 통해 나라의 어려움을 극복하고자 했던 일, 2020년의 '코로나19'로 인한 어려운 상황에서 많은 국민들이 합심하여 위기를 극복했던 일 등은

[그림] 조광조의 〈'유허비'와 '절명시'〉 (20241105, 전남 화순 능주)

선비정신이 현대적으로 발현된 형태라고 할 수 있다.

또한 20세기 후반기 산업화 과정에서 나타난 그늘진 사회 문제를 해결하기 위해 민주화 운동에 앞장섰던 대학생들과 시민들의 삶, 21세기에 대통령과 그 주변 세력들에 의해 자행된 불의(不義)에 저항한 2016~2017년의 '촛불혁명'과 2024~2025년의 '빛의 혁명' 등도 선비정신이 발현된 모습이라고 할 수 있다. 이는 조선 시대 임금이나 관리들의 독단과 폭정에 의해 나라가 피폐해질 때, 이를 시정하기 위해 노력했던 성균관 유생을 비롯한 곳곳의 뜻있는 선비들의 정신과 통한다고 할 수 있다.

선비의 모습은 평화로운 시기에도 다양한 형태로 나타난다. 예컨대 다양한 분야에서 인류의 평화를 위해 자신의 인격을 성실하게 닦고, 부지런히 학문을 연마하는 사람들의 모습에서도 선비정신을 발견할 수 있다.

이는 전통 사회에서 출세에 초연하며 고고하게 학문을 탐구했던 선비들의 모습과 유사한 태도라고 할 수 있다. 공자는 "선비가 도에 뜻을 두고 허름한 옷과 거친 음식을 부끄러워하는 자는 함께 논의하기에 충분하지 않다."[6]라고 지적한다. 이는 그가 선비란 밖으로 남에게 화려하게 보이기 위해 노력하는 사람이 아니라, 안으로 인격을 수양하여 덕을 베푸는 사람으로 여기는 것이다. 공자에 의하면 입는 것이 남루하고, 먹는 것이 부실하며, 사는 집이 누추한 것 등을 부끄러워하는 사람은 진정한 의미의 선비가 될 수 없다. 그는 자신의 인격을 닦아 어려운 처지에 있는 사람들을 구제하는 사람을 참된 선비라고 생각한다.

가정에서 부모에게 효도하고 자녀를 사랑하며 형제나 자매 사이에 우의를 다지고, 이웃과 평화롭게 지내는 삶 역시 선비정신의 발현이라고 할 수 있다. 선비정신은 자신과 가족과 이웃을 무관한 관계가 아니라 밀접한 관계로 여기고, 관계의 기초를 시기나 질투가 아니라 사랑과 포용과 배려로 여기기 때문이다.

그리고 오늘날 공무원으로서 공공의 안녕과 질서를 위해 희생정신을 일상적으로 실천하는 사람들 역시 전통 사회에서 청백리 역할을 통해 사회의 안정과 평화를 추구했던 많은 관리들의 삶과 다르지 않다. 이러한 삶의 모습 역시 선비정신과 관련이 깊다. 자신이 종사하는 직장에서 자신에게 주어진 일을 성실하게 수행하고, 자신의 소질을 부지런히 계발하여 기쁨을 만끽하며, 일의 성취를 통해 주변 사람들에게 나눔과 봉사 정신을 발휘하고, 그들과 함께 즐거움을 누리는 행위 역시 선비정신과 통하는 삶이다.

또한 정직한 자세로 성실하게 일을 하여 경제적 부유를 이루거나 높은 사회적 지위를 확보한 후, 그 부유나 사회적 지위를 어려운 사람들을 위해 사용하는 태도 역시 선비정신과 괴리되지 않는다. 왜냐하면 선비정신은 개인과 개인, 개인과 집단, 집단과 집단 등의 사회적 관계를 배타적 경쟁이 아니라 평화로운 어울림의 관계로 여기기 때문이다.

이와같이 선비정신은 오늘날 가정과 사회와 국가 등 여러 곳에서 다양한 형태로 발현되고 있다. 이러한 선비정신이 반영된 선비의 삶은 이후에도 건강한 공동체 사회를 이루고자 하는 사람들에게 본받음의 대상으로 여겨질 수 있다.

3. 선비의 문화의식

개인의 이기적 삶보다 공공의 의로움을 추구하는 선비는 문화를 삶의 활력으로 여긴다. 선비의 관점에 의하면 인간은 비록 자연에서 나왔기 때문에 자연과 더불어 살아갈 수밖에 없는 존재이지만, 수동적인 자세로 자연의 속성에 맞추어 살아가는 존재가 아니다. 이는 인간이 자연의 운행 원리와 속성을 주체적으로 파악하고 활용하여 문화를 형성하는 존재임을 의미한다. 이처럼 문화란 넓은 의미로 말할 때 자연에 반대되는 개념이며, 자연에 대한 인간의 모든 작용을 의미한다.

이러한 관점에 의하면 아마존의 밀림에서 생활하고 있는 '조에족'의 삶 속에 문화적인 면이 없는 것은 아니지만, 그들이 살아가는 생활 양식은 대체적으로 자연적인 모습이라고 할 수 있다. 이 때문에 많은 사람들은 '조에족'을 역사 시대의 문화인이라고 칭하지 않고, 역사 이전의 원시 부족과 같은 삶을 사는 종족이라고 명명한다.

또한 좁은 의미로 바라볼 때, 문화란 역사가 진행되는 가운데 순수한 정감의 발현으로 인해 형성된 각종 문학과 예술, 이성의 발현으로 인해 형성된 여러 합리적인 산물, 감성과 이성의 유기적인 결합으로 인해 형성된 평화로운 삶의 양식 등이라고 할 수 있다. 이러한 관점에 의하면 근거 없이 다른 사람을 욕하고 비방하여 당사자에게 많은 상처를 입히는 것과 같은 태도를 건강한 문화라고 할 수 없다. 이는 병든 욕망의 발현이다.

선비의 관점에 의하면 문화란 인간의 고유 영역으로 감각과 지각을 토대로 하는 감성과 개념, 판단, 추론 등을 토대로 하는 이성의 유기적 결합이 빚어낸 건강한 삶의 흔적이다. 이는 감성을 배제한 상태에서 형성된 이성의 산물이나, 이성을 배제한 상태에서 형성된 감성의 산물 등을 건강한 문화라고 여기지 않음을 의미한다. 건강한 문화란 감성과 이성 및 도덕적 가치 가운데 어느 하나라도 소홀히 취급되지 않고, 모두가 유기적으로 어울리는 상태에서 형성된 삶의 양식이다.

이 때문에 선비는 순수한 정감을 축소하고 차가운 이성만을 확대하여 타인을 포용하지 않고, 자신의 출세만을 위해 정진하는 것과 같은 삶을 풍부한 문화의식의 발현이라고 여기지 않는다. 선비는 배타적인 경쟁의식에 의한 이기적인 삶의 흔적이 아니라, 서로 보듬고 안으며 따뜻하게 위로하는 가운데 형성된 공동체적 삶의 흔적을 건강한 문화의식의 발현으로 생각한다.

이러한 문화의식을 순조롭게 발현하기 위해 선비는 항상 자신의 마음을 경건하게 닦고, 몸을 청결하게 유지하며, 인격 수양에 힘쓴다. 그의 궁극적인 목적은 혼자만 기뻐하는 것이 아니라, 민중들 모두가 함께 즐기는 사회를 구현하는 것이다. 이를 위해 그는 단계적인 노력의 필요성을 역설한다. 선비의 관점에 의하면 세상 사람들과 평화롭게 어울리고자 한다면 먼저 그가 속한 민족 구성원들을 안정시켜야 한다. 민족 구성원들이 안정된 상태에서 서로서로 감싸며 이해하고 배려하기 위해서는 먼저 각각의 집안이 평안해야 한다. 각각의 집안이 평안하기 위해서는 먼저 각자의 인격이 닦여져야 한다. 각자의 인격이 바르게 형성되기 위해서는 먼저 마음을 바르게 사용해야 한다. 마음이 바르게 작용하기 위해서는 먼저 뜻이 진실해야 한다. 뜻이 진실하기 위해서는 먼저 제대로 진리를 알아야 한다. 제대로 진리를 파악하기 위해서는 먼저 성실하게 공부해야 한다.

이는 숭고한 가치를 구현하기 위해 멀리에서부터 시작하지 말고, 가까운 데에서부터 시작하라고 말하는 것이다. 곧 게으르지 않게 연구해야 참다운 이치를 제대로 파악할 수 있으므로 부지런히 공부하는 것이 기본적인 삶의 자세이다. 이왕 공부를 시작했으면 삶의 도리를 실질적으로 이해할 때까지 계속 해야 한다. 삶의 도리를 알았을지라도 뜻을 진실하게 가꾸지 않으면 마음이 비뚤어질 수 있다. 그러므로 뜻을 항상 성실하게 하여 마음이 바른 방향으로 드러날 수 있도록 한다. 마음이 바르게 발현되면 몸을 건강하게 닦을 수 있다. 몸을 건강하게 닦는다는 것은 품위 있는 인격을 형성함을 의미한다. 품위 있는 인격이야말로 가정을 화목하게 이끌 수 있다. 가정과 친척 및 이웃 사이에 발생할 수 있는 여러 갈등 요인을 합리적으로 조율하고 조정하여 문제를 근원적으로 해결할 수 있을 때, 비로소 나라를 경영할 수 있는 자질을 인정받는다.

이때 필연적으로 갖추어야 할 리더십은 사사로운 이익을 멀리하고, 공공의 안녕과 질서를 확립하여 구성원들에게 합리적인 기준에 의한 정당성이 실현되고 있음을 각인시키는 것이다. 특히 사회적인 약자들을 불쌍히 여기며 그들이 외롭지 않도록 여러 복지 정책을 앞장서서 실시해야 한다. 이와같이 따뜻하면서도 균등하고 공정한 리더십을 발휘할 때에야 비로소 민중들이 함께 한다. 리더와 리더 주위의 사람들만 즐길 것이 아니라, 민중들과 함께 즐겨야 비로소 세계 평화를 실현할 수 있는 동력을 얻을 수 있다.

선비가 추구하는 건강한 문화의식이란 이와같이 민중을 배제한 상태에서 자기들끼리만 누리는 삶이 아니라, 민중과 함께 슬픔과 즐거움을 공유하는 삶의 양식이다. 이처럼 민중과 함께 형성하는 어울림의 문화야말로 건강한 공동체 사회의 총화이다.

4. 풍류의 개념과 의미

> 나라에 현묘한 도(道)가 있는 것을 풍류(風流)라고 한다. 가르침을 세우는 근원은 '선사(仙史)'에 상세히 갖추어져 있는데, 실제로 삼교(三教 : 유교, 불교, 도교)를 포함하고, 많은 백성과 사귀어 교화한다. 가령 들어와서는 집안에서 효를 행하고 나가서는 나라에 충성하는 것은 공자의 가르침이고, 무위(無爲)로 일을 처리하고 말없이 가르침을 행하는 것은 노자의 종지이며, 모든 악을 짓지 말고 모든 선을 받들어 행하는 것은 석가모니의 교화이다.(최치원, 「난랑비서」, 『삼국사기』)[7]

이는 신라의 최치원이 풍류(風流)에 대해 정리한 글이다. 그는 풍류를 유 · 불 · 도(儒 · 佛 · 道) 사상을 결합한 현묘한 도로 생각한다. 곧 풍류의식이란 생명을 존중하고 소통을 중시하는 유학과 불교와 도가철학을 융합한 한국 고유의 사상으로 자연의 원리와 인간의 도리를 유기적으로 결합한 문화의식이다. 이것은 인간을 자연에 귀속시키는 자연주의적인 삶의 양식도 아니고, 인간이 자연 위에 군림하며 자연을 무차별적으로 착취하는 인간 우월주의적인 문화의식도 아니다. 이는 자연의 속성 가운데 하나인 약육강식의 법칙과 인간의 삶을 결합하는 방식이 아니라, 자연의 또 다른 특징 가운데 하나인 조화와 인간의 도덕성을 결합한 문화의식이라고 할 수 있다.

이 때문에 풍류사상은 여가 문화의 상징으로 여겨지며 전통 시대의 선비들이 동경하는 삶의 모습을 반영하고 있다. 전통 사회에서 선비들은 이러한 삶을 누리기 위해 많은 노력을 기울였다. 그들은 바쁜 일상 속에서도 한가로운 마음을 유지하며 풍류를 즐겼다. 그들에게 풍류는 일과 놀이의 이분법적인 분리의 대상이 아니다. 그들은 일의 고단함을 극복함과 아울러, 놀이의 방임적 경향을 극복하였다. 곧 그들은 놀이의 즐거움과 일의 의미를 유기적으로 연결시킨 풍류 문화를 즐겼다. 이 때문에 풍류의 대상은 다양하다.

1) 풍류의 개념

풍류(風流)란 말 그대로 바람따라, 구름따라, 물따라, 세월따라 흐르는 것을 말한다. 그러나 이것은 단순한 자연의 흐름이 아니라, 흐름 가운데 중생을 현묘한 도로 교화하여 그들과 함께 자연스럽게 어우러지는 삶의 모습을 의미한다. 이는 탐욕이 없이 다른 사람들과 더불어 순수하게 어울리는 평화로운 삶의 추구를 의미한다.

2) 풍류의 의미

풍류를 추구하는 삶은 단순히 인간을 물리적인 자연에 귀속시키는 자연주의적인 삶이나, 자연을 인간의 이용 대상으로 여기며 무차별적으로 개발하는 인간중심주의적인 삶이 아니다. 또한 타인을 자신의 이익 창출의 대상으로 여기고 타인의 위에 군림하는 자기중심주의적인 삶도 아니다. 이처럼 풍류는 인간과 자연 및 인간과 인간의 평화로운 조화를 통해 즐거운 문화생활을 함께 공유하는 삶을 의미한다.

5. 풍류문화의 즐거움

풍류사상은 여가 문화의 상징으로 여겨지며 전통 시대의 선비들이 동경하는 삶의 모습을 반영하고 있다.

> 도(道)에 뜻을 두고, 덕(德)에 의거하며, 인(仁)에 기대고, 예(藝)에서 노닌다.(『논어』, 「술이」)[8)]
>
> 시(詩)에서 일어나고, 예(禮)에 서며, 음악에서 이룬다. (『논어』, 「태백」)[9)]

이 글에서 공자는 인간의 정체성에 해당하는 도덕의 내용을 깊이 간직한 채, 감성과 이성의 유기적인 결합의 산물인 예술의 경지에서 즐기는 삶의 아름다움을 노래한다. 공자는 예술의 경지를 삶의 종합으로 여긴다. 공자는 이러한 중층적이며 종합적인 예술의 경지에서 노니는 삶을 소중하게 여긴다. 이러한 삶 속에는 풍류의식이 풍부하게 반영되어 있다.

공자는 이러한 삶을 혼자 즐기지 않고 다른 사람들과 함께 즐길 때 의미가 확대될 것으로 생각한다. 실제로 그는 자주 다른 사람들과 함께 즐겼다. 『논어』에는 "공자는 사람들과 함께 노래할 때 잘하면 반드시 그에게 다시 하라고 요청하고, 이후에 화답한다."[10)]라는 글이 있다. 이것은 그가 다른 사람들과 함께 풍류를 즐길 때, 적극적으로 호응하며 평화로운 문화를 만들기 위해 노력한 흔적이다.

전통 사회에서 선비들은 이러한 삶을 누리기 위해 많은 노력을 기울였다. 그들은 바쁜 일상 속에서도 한가로운 마음을 유지하며 풍류를 즐겼다. 그들에게 풍류는 일과 놀이의 이분법적인 분리의 대상이 아니다. 그들은 일의 고단함을 극복함과 아울러, 놀이의 방임적 경향을 극복하였다. 그들은 놀이의 즐거움과 일의 의미를 유기적으로 연결시킨 풍류 문화를 즐겼다.

1) 놀이의 즐거움

놀이는 자신이 좋아하는 취미 생활이다. 이 때문에 놀이는 마음에 부담이 되지 않고, 기쁨과 즐거움이 넘친다. 이러한 놀이는 현상적으로 경제적인 생산물을 가져오지 않고 에너지와 시간을 소비하는 성격을 띠지만, 삶의 낭비는 아니다. 인간은 놀이를 통해 정서를 순화시키며 삶의 활력을 불어넣는다. 이러한 놀이는 풍류문화의 한 형태이다.

2) 일의 즐거움

일은 살아가는데 필요한 인간의 역할 가운데 중요한 영역을 차지한다. 일이란 생존에 필요한 물품을 생산하여 경제적인 효용성을 창출하는 행위이다. 이러한 일이 어떤 사람에게는 피하고 싶은 부담스러운 대상이 되기도 한다. 그러한 사람들은 대부분 자신의 적성에 맞지 않지 않으면서 가족을 부양해야 하는 의무감으로 일하기 때문이다. 그러나 또 다른 사람들에게 일은 즐거움의 대상이 된다. 그들은 일을 통해 자신의 소질을 계발하고, 가족의 미래를 밝히며, 건강한 사회의 건설에 이바지하는 보람을 갖기 때문이다. 이러한 일은 풍류의 문화의식과 유기적으로 조화될 수 있다.

3) 여가의 즐거움

여가는 경제 활동을 하는 인간에게 반드시 필요한 영역이다. 인간은 경제 활동으로 인해 피곤해진 몸과 마음을 쉴 시간과 공간이 필요하다. 여가 문화는 이러한 쉼을 얻게 하는 면에 기여할 수 있다, 이 때문에 여가 문화는 인생의 소비나 낭비가 아니라, 새로운 활력을 생성하는 중요한 활동 영역이다. 지혜로운 여가 문화는 풍류의식이 추구하는 중요한 영역 가운데 하나이다.

4) 함께 하는 즐거움

풍류문화는 혼자 하기보다 여럿이 함께 어울릴 때 즐거움이 더 크다. 사회적 존재인 인간은 다른 사람들과 어울리며 문화의식을 공유할 때 존재감이 확대된다. 특히 지도층에 있는 사람일수록 민중들과 허심탄회하게 어울리는 것이 좋다. 이는 소통의 방법 가운데 가장 선호할 만한 것이다. 이 때문에 맹자도 '백성과 함께 즐기는 것[與民同樂]'의 중요성을 강조했고, 우리나라의 청와대에도 '여민관(與民館)'이 있다. 따라서 함께 하는 즐거움을 반영하는 풍류문화는 오늘날에도 여전히 유효하다.

[그림] 야외 수업(20091005, 성균관대 〈유학과 리더십〉, 율전캠퍼스)

[그림] 야외 수업(20170514, 조선대 〈논어와 21세기〉, 아시아문화전당)

6. 풍류와 대중문화

풍류문화는 지위의 높낮이에 관계없이 모두가 즐기는 문화이면서 저속하지 않은 문화이다. 이것은 생활 속에 반영된 문화이며, 일반적인 정서와 도덕적인 정감이 어우러지는 문화로서 삶의 귀감이 되는 문화이다.

조선 시대 선비들은 이러한 풍류 생활을 통해 여유로운 마음을 간직하였다. 시를 통해 정감을 승화시키는 일, 거문고나 가야금을 타며 정서를 정화시키는 일, 매화와 난초와 국화와 대나무의 그림을 통해 삶의 의미를 새기는 일, 경치가 빼어난 곳의 누각에서 술잔을 기울이며 우정을 다지는 일, 호수에 비친 달과 하늘에 떠 있는 달을 한 마음에 새기는 여유, 돌담 밑에 피어있는 꽃과 술래놀이를 하는 나비를 통해 관계의 소중함을 관찰하는 일, 미끼를 쓰지 않는 낚시질을 통해 기다림의 의미를 새기는 일, 주기적으로 돌아오는 봄 · 여름 · 가을 · 겨울의 운행을 통해 생명의 시작 · 성장 · 추수 · 저장의 의미 및 원칙과 융통성의 의미를 새기는 일 등은 선비들이 일상적으로 누리는 풍류 문화의 형태들이다. 곧 조선 시대의 선비들에게 이러한 풍류 생활은 자신의 정서를 함양하고 인격을 수양하여 건강한 공동체 사회를 이루기 위한 중요한 문화적 토양이라고 할 수 있다.

이러한 풍류의식은 21세기가 진행되고 있는 현대사회에서도 다양하게 반영되고 있다. 음악, 미술, 무용, 문학, 영화, 드라마, 연극, 의복, 음식, 스포츠, 건축, 학문 등 여러 분야에 중층적으로 반영되고 있다.

특히 이것은 대중문화 속에도 반영되고 있다. 대중문화는 대중들과 함께 어우러지는 문화이다. 그 가운데 일부의 내용이 지나치게 상업적인 면이 있지만, 또 다른 내용은 정서를 아름다움으로 승화시키고 있다. 인간의 정서를 정화시키면서 삶의 활력을 불어넣는 대중문화는 풍류의식과 유기적으로 결합될 수 있다.

또한 풍류의식은 21세기의 세계에 영향력을 확대해가고 있는 'K-컬처'에도 반영되고 있다. 천인합일(天人合一) 사상을 반영한 인간과 자연의 통일, 측은지심(惻隱之心)을 통한 배려와 돌봄, 배타적 경쟁의 지양과 평화로운 어울림 문화 지향, 이기심의 경계와 의로움의 추구, 원칙과 융통성 및 형식과 내용의 조화, 공동체의식의 지향 등은 'K-컬처'에 반영된 풍류의식이라고 할 수 있다.

[그림] 대학 축제(20250925)

7. 풍류문화의 가치

풍류를 누리는 삶은 한마디로 걸림이 없음을 전제한다. 비록 걸림이 있을지라도, 그 걸림이 이러한 삶을 방해할 수 없다. 이는 결국 자유인의 삶을 의미한다. 그런데 자유는 조금만 곁길로 가면 방임으로 전락할 수 있다. 방임은 책임이 따르지 않기 때문에 방탕으로 이어질 수 있다. 방탕의 삶은 자신에게만 해로움을 가져다주지 않고, 타인에게도 해로운 영향을 미칠 수 있다. 이 때문에 인류의 역사에서 많은 사람들은 수천 년 동안 방탕의 삶을 경계해왔다.

방탕하지 않으면서도 책임을 지며 살아가는 자유인의 삶은 어떤 모습을 띠고 있을까? 선비는 자유인의 삶을 도덕적인 삶과 분리시키지 않는다.

선비의 관점에 의하면 인간에게는 도덕성 자체가 자유로운 삶의 전

[그림] 王船山思想
국제학술대회 축하 공연
(20191024, 중국 湖南省 衡陽市)

[그림] 학술의 향연
(20251103,
조선대 철학과 학술대회)

제이다. 인간은 자율적인 도덕성을 갖추고 있을 때에야 비로소 자신이 하고 싶은 것을 하더라도 법도에 어긋나지 않을 수 있기 때문이다. 인간은 비도덕적일 때 오히려 마음이 불편하고, 다른 사람 보기가 미안해진다. 비록 도덕성에 대한 기원에 대해서는 사람들마다 다르게 생각할지라도, 도덕성을 중시하는 것은 대부분의 사람들이 공유한다. 이는 그들이 도덕성을 인간과 다른 동물이 구별되는 주요한 특징 가운데 하나로 여기고 있음을 의미한다.

그러나 획일화된 도덕성을 벗어날 때에야 비로소 자유로울 수 있는 사람들도 있다. 그들은 도덕성을 인간의 의지에 관계없이 선험적으로 주어진 가치가 아니라, 그 시대를 살아가는 사람들이 필요에 의해 만든 공통의 가치 규범으로 생각한다. 이는 그들이 도덕적 내용을 시공을 초월하는 절대불변의 진리가 아니라, 시대와 장소에 따라 변할 수 있는 가치로 생각하는 것이다. 이 때문에 그들은 특정한 도덕규범에 얽매일 필요가 없을 것으로 생각한다.

그런데 이러한 사람들 역시 도덕성 자체를 부정하지는 않는다. 왜냐하면 도덕의 기원과 내용과 적용 방법에 대한 생각이 비록 사람들마다 다를지라도, 도덕성 자체는 인간에게만 있는 인간의 고유한 정체성과 관련이 있기 때문이다.

이러한 도덕성을 갖춘 사람은 자신의 내면세계를 늘 거울 보듯이 보며 성찰하기 때문에 자유로운 사고를 할 수 있다. 선비는 이러한 자유로운 사고를 다양한 영역에 적용시킨다. 특히 그들의 자유함은 예술 활동을 비롯한 다양한 문화 활동을 통해 자연스럽게 드러난다.

이와같이 선비의 풍류란 개인의 이기심을 자제하고 공공의 의로움을 지향하며, 민주적인 의식을 토대로 하여 따뜻한 정감과 냉철한 이성의 조화를 통해, 자기가 속한 사회의 구성원들과 함께 즐겁게 어울리며 평화로운 문화를 조성하는 일이다.

이는 선비의 풍류를 그가 속한 사회의 건강한 공동체 문화를 조성하기 위해, 자유로운 삶의 나래를 활기차게 펼치는 활동으로 여기고 있음을 의미한다.

생각해 볼 문제

1. 선비의 현대적 의미에 대해 생각해 보자.

2. 자기중심주의적인 이기심을 지양하고, 민중들과 함께 희노애락(喜怒哀樂)을 공유하는 선비의 문화의식에 대해 생각해 보자.

3. 풍류의 의미와 풍류문화의 즐거움에 대해 생각해 보자.

4. 'K-컬처'의 실상을 파악하고, 그 의미에 대해 생각해 보자.

5. 콘서트 참가, 연예인 펜클럽 가입, 스포츠 관람, 게임 몰입, 각종 취미 활동 등의 경험담을 공유해 보자.

6. 문화산업의 허상과 실상에 대해 생각해 보자.

1) 이 장의 글은 저자의 「선비의 문화와 풍류」와 「21세기의 선비정신」(고영희 · 김덕균 · 김동민 · 이철승 · 정규훈 · 지준호 · 최영갑 · 홍정근 외, 『유교문화체험연수교재-선비정신』, 문화체육관광부 · 성균관, 2011) 가운데, 필요한 내용을 인용하며 수정하고 보완했음을 밝힌다.

2) 『論語』, 「衛靈公」, "志士仁人, 無求生以害仁, 有殺身以成仁."

3) 예컨대 폐위된 단경왕후 신씨(端敬王后 愼씨 : 愼守勤의 딸)의 복위를 상소하다가 유배된 담양부사 박상(朴祥)과 순창군수 김정(金淨)을 석방시키고, 이들을 탄핵했던 이행(李荇)을 귀양 보냈다. 신씨는 연산군(燕山君)의 동생인 진성대군(晉城大君 : 중종)의 부인이 되었다. 갑자사화(甲子士禍)를 주도한 신수근은 연산군의 매부로 좌의정을 역임하였다. 중종은 반정에 성공한 후 장인인 신수근을 처형하고, 왕비인 신씨를 폐위시켰다. 이후 신진 사대부들은 신씨의 복위 운동을 전개했으나, 훈구대신들은 이를 반대했다.

4) 훈구파인 홍경주, 남곤, 심정 등은 경빈박씨(敬嬪朴氏)를 비롯한 후궁들을 이용했다. 후궁들은 궁중의 나뭇잎에 '주초위왕(走肖爲王 : 趙)'이란 글자를 새기고, 그곳에 꿀물을 바른 후 벌레들이 그것을 갉아먹게 하였다. 이후에 궁녀들은 그 글자가 새겨진 나뭇잎을 임금에게 보였다.

5) 愛君如愛父 : 임금을 사랑하기를 부모를 사랑하는 것같이 하였고

憂國如憂家 : 나라를 근심하기를 집안을 근심하는 것같이 하였네.

白日臨下土 : 밝은 해가 세상을 내려다보며

昭昭照丹衷 : 진실한 충정을 환하게 비추네.

6) 『論語』, 「里仁」, "士志於道, 而恥惡衣惡食者, 未足與議也."

7) "國有玄妙之道曰風流. 設敎之源, 備詳仙史, 實乃包含三敎, 接化群生. 且如入則孝於家, 出則忠於國, 魯司寇之旨也; 處無爲之事, 行不言之敎, 周柱史之宗也; 諸惡莫作, 諸善奉行, 竺乾太子之化也." 崔致遠, 「鸞郎碑序」, 『三國史記』

8) 『論語』, 「述而」, "志於道, 據於德, 依於仁, 游於藝."

9) 『論語』, 「泰伯」, "志於道, 據於德, 依於仁, 游於藝."

10) 『論語』, 「述而」, "子與人歌而善, 必使反之, 而後和之."

11장

죽음과 깨달음[1)]

論語

"계로가 '귀신을 섬기는 것'을 물었다.
공자가 '사람을 아직 섬길 수 없는데,
어떻게 귀신을 섬길 수 있겠는가?'라고 말했다.
감히 '죽음'을 묻습니다. '아직 삶을 알지 못하는데,
어떻게 죽음을 알겠는가?'라고 말했다."

(『논어』, 「선진」)

"아침에 도를 깨달으면 저녁에 죽어도 좋다."

(『논어』, 「리인」)

1. 죽음의 개념

21세기 한국 사회는 한편으로 인간을 목적이 아니라 수단으로 대하면서 나타나는 생명 경시 현상이 증가하고 있고, 다른 한편으로 품격 있는 삶과 죽음을 의미하는 이른바 '웰빙(well-being)'과 '웰다잉(well-dying)'이 강조되고 있다. 전자는 이기심에 근거한 배타적 경쟁의식의 확대 과정에서 나타나는 소외를 비롯한 사회적 갈등 문제를 발생시키고, 후자는 인간의 존엄의식을 토대로 하는 정체성의 확립에 중요한 역할을 한다.

이러한 현상은 모두 삶과 죽음에 대한 관점을 어떻게 정립하는지의 문제와 깊게 관련된다. 이에 대한 관점에 따라 생명을 경시할 수도 있고, 존중할 수도 있다. 또한 안락사나 존엄사의 문제에서처럼 죽음에 대한 자기결정권을 행사할 수도 있고, 포기할 수도 있다.

그런데 경험 법칙에 의하면 인간을 포함하는 모든 생명체는 죽는다. 각 생명체별로 죽는 시기의 차이는 있지만 생명체는 모두 죽는다. 인간은 모든 생명체가 죽는다는 것을 안다. 그러나 죽음 이후의 세계는 경험 법칙이 적용되지 않는다. 따라서 죽음 이후의 세계에 대해 규정하는 논리는 근거가 박약하다. 죽음 이후의 세계에 대한 이러한 인식의 어려움으로 인해 죽음 이후의 세계에 관해 다양한 견해가 존재한다. 특히 일부 종교인들은 죽음 이후의 세계에 대해 단정적으로 말한다. 그들은 죽음 이후의 세계를 정확하게 파악하고 있다고 주장한다. 그러나 그들의 주장이 사실에 근거한 것이라는 증거는 없다. 그들의 주장은 대부분 주관적인 신념에 근거한다.

죽음에 대한 이러한 불철저한 이해에도 불구하고, 많은 철학자들은 죽음에 관해 깊은 관심을 기울인다. 왜냐하면 죽음에 대한 관점과 삶과 죽음의 관계에 대한 시각의 차이에 따라 삶의 내용이 달라지기 때문이다. 삶과 죽음의 이해에 관한 이러한 특징 때문에 전통적인 유학에서도 이에 대해 많은 관심을 기울였을 뿐만 아니라, 삶과 죽음의 관계와 의미를 규명하기 위해 노력했다.

그런데 유학에서는 대부분 죽음 이후의 문제보다 삶의 문제에 관심을 집중시킨다. 이는 인식의 한계가 자명한 불확실한 죽음 이후의 세계를 규명하는 일에 매진하기보다 지금 여기의 삶에서 드러나는 문제의 해결이 더 중요함을 의미한다.

특히 공자는 현실 사회에서 경험할 수 없는 귀신을 섬기는 것보다 지금 여기에서 날마다 만나는 사람과 바르게 관계하는 것을 중시할 뿐만 아니라, 쉽게 해결하기 어려운 내세의 문제에 매달리기보다 지금 이 땅에 살면서 경험하고 있는 삶의 의미를 제대로 파악하는 것의 중요성을 역설한다.

그런데 죽음에 대한 정의는 다양하다. 사람에 따라 다르고, 학문의 영역에 따라 다르며, 종교에 따라 다르고, 관습과 풍습에 따라 다르다. 그럼에도 죽음에 대해 공통된 견해가 있다. 한 생명체의 생명 활동의 모든 기능이 정지되어 현재의 시간과 공간 속으로 돌아갈 수 없는 상태를 말한다. 비록 일부 종교에서 부활이나 윤회를 말하기도 하지만, 부활이나 윤회가 행해지기 직전에는 생명체의 생명 활동이 정지된 상태에 머무른다. 따라서 죽음이란 생명을 유지하는 육체적 · 정신적 기능의 정지로 인한 삶의 지속적인 흐름이 중단되는 상태라고 할 수 있다.

다음은 각 분야에서 생각하는 죽음에 대한 간략한 정의이다.

1) 생물학적인 죽음

생명체의 몸을 구성하는 모든 조직 세포 활동이 정지됨으로 인해 원상태의 세포 활동으로 돌아갈 수 없는 상태이다. 이러한 상태에서 몸은 호흡이 정지되고, 신진대사가 중단되어 부패하게 된다.

2) 의학적인 죽음

생명체의 생명 활동 가운데에서도 뇌 활동과 심장 활동이 정지되는 경우를 죽음의 상태에 이른 것으로 여긴다. 이러한 상태에서는 몸에서 진행되는 신진대사가 중단될 뿐만 아니라, 언어의 사용과 개념의 형성과 사유를 통한 판단 등의 작용이 중단된다. 따라서 다른 사람과 직접 주고받는 대화를 할 수 없다.

3) 종교적인 죽음

종교에 따라 다르다. 크게 두 형태로 나눌 수 있다. 하나는 죽음 이후의 세계를 인정하는 경우이고, 다른 하나는 죽음 이후의 세계를 인정하지 않는 경우이다. 죽음 이후를 인정하지 않는 경우는 이 세상과의 단절에 큰 비중을 두고 있지만, 죽음 이후의 세계를 인정하는 경우는 이 세상과의 일시적인 단절을 넘어 새로운 세계를 이어주는 과정으로 여긴다. 특히 불교는 현재의 삶을 윤회의 한 단계로 여기고 죽음을 윤회 과정의 새로운 단계에 진입하는 것으로 여긴다. 또한 기독교는 죽음을 삶의 평가 결과에 따라 평화로운 신(神)의 세계에 참여하거나, 혹은 고통스러운 지옥의 세계에 들어가는 출발점으로 여긴다.

4) 유학적인 죽음

유학은 삶[生]과 죽음[死]을 이원론적으로 구분하여 단절된 별개의 영역으로 설정하지 않는다. 유학은 우주를 생명의 질서 체계로 여긴다. 그리고 인간의 삶과 죽음을 각각 우주를 가득 채우고 있는 기(氣)가 모여 있는 상태[聚]와 흩어져 있는 상태[散]로 여긴다. 유학에 의하면 기는 항상 모이고 흩어지는 작용을 하는데, 모였던 기가 흩어진 모습이 죽음의 상태이고, 흩어진 기가 모인 모습이 삶의 상태이다. 이것은 삶과 죽음을 유기적으로 연계시키는 사유이다. 이 때문에 공자는 죽음 이후의 세계에 집중하기보다 살아 있을 때 인간답게 생활하는 것의 중요성을 강조한다. 이는 인간을 수단이 아니라 목적으로 대하며, 죽음보다 현실의 삶을 중시하고 있음을 의미한다.

2. 죽음의 의미

인간은 알지 못하는 세계에 대해 불안감을 갖는다. 죽음은 인간이 정확하게 알 수 있는 영역이 아니다. 이 때문에 많은 사람들이 죽음을 두려워하고, 죽음 앞에서 불안해한다. 일부는 죽음을 초연하게 받아들인다. 그리고 어떤 종교는 죽음 이후의 세계를 앎의 영역으로 설정하여 삶을 강하게 규정한다. 또 다른 사람들은 죽음 이후의 영광을 위해 현실의 삶을 소홀히 할 것을 강조한다. 이처럼 죽음은 살아 있는 사람들의 가치관 형성에 적지 않은 영향을 미친다.

『논어』는 죽음 이후의 세계에 집중하기보다 현재의 삶에 충실하라고 말한다. 여기에서 현재의 삶에 충실하라고 하는 것은 인간을 수단이 아니라 목적으로 대하고, 인간답게 사는 삶을 의미한다. 인간답게 사는 삶이란 도덕적인 삶을 말하는 것이다. 도덕적인 삶의 기준은 이기심의 발휘가 아니라, 조건 없이 뭇사람을 사랑하며 공공의 의로움을 발휘하는 삶이다. 이 때문에 공자는 "아침에 도를 깨달으면 저녁에 죽어도 좋다."[2)]라고 하고, '인(仁)을 이루기 위해 자신의 목숨을 희생'하는 태도를 고귀한 삶으로 평가한다.

1) 현재와 과거와 미래의 통일

현상적으로 죽음은 일정한 공간에서 활동하는 한 생명체가 시간의 흐름을 더 이상 연장할 수 없는 상태를 의미한다. 이러한 죽음 앞에 단독자로 서 있는 인간은 대부분 사유가 미래로 향하기보다 과거로 향하는 경우가 많다. 이러한 상태의 인간은 그동안의 삶을 돌아보고 추억한다. 희노애락(喜怒哀樂)으로 상징되는 온갖 감정이 복합적으로 혼재되어 나타나기도 하고, 잠시 후에 다가올 죽음을 평온하게 맞이할 준비도 한다. 이때의 상태는 과거와 현재와 미래라는 시간표가 명확하게 분리되지 않고, 하나의 평행선 위에 함께 어우러진다. 곧 현실적인 죽음 앞에서 미래에 다가올 죽음과 지난날의 추억이 함께 유기적으로 통일된다.

2) 삶의 성찰

죽음 앞에 선 단독자로서 자신의 삶을 회고할 때에 많은 사람들은 잘한 것보다 잘못한 것을 더 생각한다. 그들은 죽기 전에 잘못한 일을 반성하고자 한다. 아직 여력이 있는 사람들은 자신이 가진 능력을 사회에 환원하고자 한다. 그들의 마음은 아주 맑고 순수한 상태이기 때문에 그들의 말은 진실하다. 증자가 "새가 장차 죽을 때 그 울음소리 슬프고, 사람이 장차 죽을 때 그 말이 선하다."[3]라고 한 것은 이러한 상태를 반영한다. 죽음 앞에서 형성된 그들의 진실은 유언으로 드러나기도 한다. 이 때문에 유언을 집행하는 사람들(가족, 친구, 제자, 이웃, 기타)은 유언을 성실하게 수행하려고 한다. 이러한 삶의 성찰은 사회에 건강하게 환원되어, 평화로운 공동체 사회의 건설에 이바지한다.

3) 관계의 단절과 이어짐

장자(莊子)는 아내의 죽음 앞에서 그릇을 치며 노래하였다. 이에 다른 사람이 슬퍼해야 할 상황에 그릇을 치며 노래하는 이유를 묻자, 장자는 처음에 슬픈 감정이 일어났지만, 우주 운행의 원리에 동참한 아내를 생각하니 노래하지 않을 수 없었노라고 대답한다. 이 순간 장자에게는 아내를 잃은 슬픈 감정과 우주의 질서에 참여한 아내에 대한 이성적 판단이 공존하고 있는 것이다.

유학자들은 가까운 사람의 죽음에 대해 슬픔으로 묘사한다. 이때 슬픔은 인간의 다양한 감정 가운데 하나로서 자연스럽게 일어난다. 매우 가까운 사람과 이별해야 할 때, 이 감정은 걷잡을 수 없이 일어난다. 특히 이 이별이 짧은 기간의 헤어짐이 아니라 죽음을 통한 영원한 헤어짐으로 여겨질 때, 이 슬픈 감정의 크기는 헤아리기 어려울 정도로 크다.

그렇다면 죽음 앞에서 이러한 슬픔이 왜 나타날까? 그것은 사람마다 차이가 있겠지만, 상당수는 오랫동안 맺어온 관계를 일시적으로 단절해야 할 이유도 없고, 단절하고자 하는 준비도 없었기 때문일 것이다. 보통 사람들은 그러한 심리 상태를 일시적으로 감당하기 어렵다. 이성적으로 자제하고 싶어도 생각할수록 복받치는 슬픔을 억제하기 힘들다. 유학은 자연스럽게 일어나는 이러한 인간의 감정을 인정하고, 억제하기보다 발산하기를 권장한다. 이러한 감정을 억제할 경우, 병으로 이어질 수 있기 때문이다. 유학은 이러한 감정의 발산을 통해 슬픔의 정도를 중화시키고, 마침내 슬픔을 이기는 지혜를 강구하고자 한다.

오늘도 우리는 지구 곳곳에서 수없이 많은 사람들의 사망 소식을 접한다. 그럼에도 나와 직접 관련이 없는 사람들에 대해 슬픈 감정이 일어나지 않는다. 이는 죽음을 통한 슬픔의 감정이 직접적인 관계 맺음과 긴밀하게 연계될 수 있음을 의미한다.

따라서 유학자들은 사랑하는 사람의 죽음 앞에서 끊임없이 일어나는 슬픈 감정을 발산하고, 이를 통해 그 사람과의 관계를 회상하며 그 사람의 옳은 뜻을 새롭게 계승하고, 자신의 삶을 반추한다. 따라서 그들은 자신의 삶에 대한 성찰을 통해 진정한 삶의 의미를 새롭게 정립하고자 한다.

3. 잘 죽음과 잘 삶

인간은 누구나 태어나면 죽는다. 죽는 시기는 사람마다 다르다. 순서가 정해져 있는 것도 아니다. 그리고 자신에 대한 죽음 이후의 처리는 자신의 몫이 아니다. 자신의 주검은 다른 사람에 의해 처리되고, 자신의 행적에 대한 평가 역시 타인의 몫이다. 자신은 자신에 대한 타인의 평가에 변명할 기회조차 없다. 자신을 옳게 평가하든, 혹은 그르게 평가하든, 자신은 자신에 대한 평가에 대해 일체의 발언권이 없다. 평가는 참으로 냉철하게 이루어진다.

이러한 현실은 우리에게 잘 사는 것과 잘 죽는 것이 매우 중요함을 알려준다. 오늘날 우리는 '웰빙(잘 삶)'과 '웰다잉(잘 죽음)'이라는 말을 자주 듣는다. 그러나 어떻게 죽는 것이 '웰다잉'이고, 어떻게 사는 것이 '웰빙'인지에 대해 통일된 의견이 존재하는 것은 아니다. 이 문제에 대해 많은 사람들의 인식이나 가치관이 다르기 때문이다.

그럼에도 다른 사람들에게 많은 피해를 입히는 삶이나 죽음은 '웰빙'이나 '웰다잉'과 거리가 있다. 이는 '웰빙'이나 '웰다잉'이 다른 사람들과의 관계와 무관하지 않고, 밀접하게 관련되고 있음을 의미한다. 곧 '웰빙'이나 '웰다잉'은 자신의 삶과 죽음이 도덕성을 함유한 상태에서 사회적인 역할을 하는 것과 관련되고 있음을 의미한다.

1) '웰다잉'

요즘 존엄사에 대한 의견이 분분하다. 그동안 많은 사람들은 삶을 죽음보다 가치 있는 것으로 여기고, 죽음을 억제하여 더 오래 사는 방법을 강구했다. 이러한 태도는 삶을 질적인 측면보다 양적인 측면을 중시하는 관점을 우선시하는 것으로, 인간의 특성을 제한하는 것이다.

인간이 동물과 다른 점은 여러 가지이다. 그 가운데 하나는 가치를 추구하는 면이다. 대부분의 동물은 생물학적인 욕구를 충족하는 삶을 중시한다. 그러나 인간은 생물학적인 욕구 충족 이외에 이성적이며 가치 있는 문화를 추구하는 경향이 있다.

'존엄사'는 인위적인 욕망 구조의 문제점을 지적하고, 자연의 원리에 순응하는 가치를 반영한다. 이러한 존엄사는 한 인간의 실존적인 삶의 선택으로 인권의 존중이라는 가치로 여겨진다. 따라서 많은 사람들에게 '웰다잉'의 하나로 여겨진다.

그러나 이보다 더 중요한 '웰다잉'이 있다. 그것은 자신을 희생하여 다른 사람을 살리는 경우이다. 그리고 자신을 희생하여 그가 속한 사회의 발전에 기여하는 경우이다. 우리는 이러한 경우를 자주 목격한다.

공자를 중심으로 하는 유학에서는 이러한 '살신성인(殺身成仁)'의 삶을 철저히 '웰다잉'의 범주에 해당시킨다.

2) '웰빙'

오늘날 적지 않은 사람들이 건강을 위해 화학비료를 사용하지 않고 유기농법으로 농사한 식품을 섭취한다. 이들은 이러한 삶을 '웰빙'으로 생각한다. 이에 따라 '웰빙'의 상품화가 급속도로 확산되고 있다. 그런데 유기농법에 의한 식품 가운데 일부는 일반 식품보다 비싸다. 이 때문에 서민들은 이러한 식품을 구입하여 먹기가 쉽지 않다. 건강한 몸을 위해 건강한 식품을 먹는 것을 부정적으로 볼 필요는 없다. 그러나 이러한 현상이 서민들에게 위화감을 주는 문화 현상으로 고착되는 것은 바람직하지 않다.

『논어』를 중심으로 하는 유학에서 말하는 '웰빙'은 이러한 범주를 넘어선다. 유학에서는 삶의 가치를 중시한다. 인간의 삶이 생물학적인 욕망을 충족하는 데에서 만족한다면, 유학에서는 그러한 삶의 구조를 개선하도록 유도한다. 유학은 철저히 사회적 삶을 추구한다. 사회적 삶의 내용은 도덕공동체이다. 개인의 이익만을 위한 삶의 자세는 지양하고, 민중들에게 널리 사랑을 베푸는 삶을 지향한다.

이러한 삶은 다른 사람을 배타적 경쟁 대상으로 삼아 배제시키지 않는다. 이러한 삶은 다른 사람을 건강한 사회를 함께 이룰 동반자로 여긴다. 이는 '충서(忠恕)' 사상의 반영이다. 이때 '충(忠)'은 사심(私心)이 없는 진실한 마음으로 '자기의 역할을 다하는 것(盡己)'이고, '서(恕)'는 같은 마음으로서 '자기의 역할을 다하는 것을 미루어 다른 사람에게 미치는 것(推己及人)'을 의미한다.

이 때문에 공자는 "내가 하고 싶지 않은 것을 다른 사람에게 시키지 말라"[4]라고 하고, 또 "인(仁)이란 내가 서고 싶으면 다른 사람을 세워주고, 내가 도달하고 싶으면 다른 사람을 도달하게 하라"[5]라고 말한다. 이는 공자가 다른 사람을 차별이나 배제가 아니라, 공감과 어울림의 대상으로 여기는 것이다. 공자에 따르면 내가 하고 싶지 않은 부정적인 일은 다른 사람 역시 원하지 않을 수 있으므로 그에게 그것을 시켜서는 안 되고, 내가 하고 싶은 좋은 일은 다른 사람 역시 원할 수 있으므로 그가 그것을 이룰 수 있도록 도와주어야 한다. 이때 조건을 상정해서는 안 된다. 이러한 일은 부모가 자녀를 조건 없이 사랑하듯이 순수하게 진행해야 한다.

이러한 삶은 사회로부터 혜택을 받았기 때문에 사회에 환원해야 한다는 조건을 부여하는 '노블리스 오블리제(Noblesse Oblige)'의 논리와 구별된다. 이는 사회로부터 혜택을 받지 않으면 사회에 환원하지 않아도 된다는 역설적인 논리가 성립될 수 있기 때문이다.

이처럼 공자의 '충서' 사상이 반영된 삶은 사회적 존재인 인간으로서 개인과 공동체가 함께 건강함을 유지할 수 있는 지혜의 산실이라고 할 수 있다. 이것이 공자를 비롯한 유학에서 말하는 진정한 의미의 '웰빙'이다.

생각해 볼 문제

1. 삶과 죽음의 차이에 대해 생각해 보자.

2. 생물학적인 죽음, 의학적인 죽음, 종교적인 죽음, 유학적인 죽음 등의 공통점과 차이점에 대해 생각해 보자.

3. '잘 삶(웰빙)'과 '잘 죽음(웰다잉)'에 대해 생각해 보자.

4. 자신의 묘비명과 유언장을 미리 작성해 보자.

1) 이 장의 글은 저자의 논문 「유가철학에 나타난 '生死'관의 현실적 의의 - 왕부지의 '생사'관을 중심으로-」(『유교사상문화연구』 제64집(2016) 가운데, 필요한 내용을 인용하며 수정하고 보완했음을 밝힌다.

2) 『論語』, 「里仁」, "朝聞道, 夕死可矣." [論語], 「里仁」.

3) 『論語』, 「泰伯」, "曾子言曰, '鳥之將死, 其鳴也哀; 人之將死, 其言也善.'"

4) 『論語』, 「顔淵」, "己所不欲, 勿施於人."

5) 『論語』, 「雍也」, "夫仁者, 己欲立而立人, 己欲達而達人."

12장

소인과 군자[1)]

論語

"사람이라고 다 사람이냐? 사람다워야 사람이지."

"군자는 의로움에 밝고, 소인은 이익에 밝다."

(『논어』, 「리인」)

1. 21세기 사회의 특징과 군자

21세기가 진행되고 있는 오늘날 세계는 개인의 이기심을 적극적으로 권장하는 신자유주의 이념을 비롯한 '자유지상주의'의 사조가 만연하고 있다. 그러나 이기심은 자기중심주의적인 성향으로 인해 타인을 배제와 배척의 대상으로 여기도록 유도한다. 혹 이기심이 타인을 포용할 때에는 타인을 배려해서가 아니라, 타인을 배제시켰을 때보다 더 큰 이익이 담보되기 때문이다. 이와같이 이기심은 그 자체의 속성으로 인해 배타적 경쟁의식을 수반한다.

그런데 배타적 경쟁의식은 이기심과 이기심이 충돌될 때 어느 한쪽을 승자나 혹은 패자로 만든다. 이때 승자와 패자 사이의 소유권은 비록 사회계약을 통해 합리적으로 규정하고자 할지라도, 그 기준 자체가 승자에게 유리하도록 설계된다. 이러한 사회계약에 해당하는 법률은 최대도덕이 아니라, 최소도덕의 역할을 한다. 따라서 이러한 구조적인 요인으로 인해 신자유주의 이념은 오늘날 빈부 차이에 의한 양극화를 비롯한 사회적 갈등을 세계에 광범위하게 조장하고 있다. 이른바 '20 : 80 사회', 혹은 '1 : 99 사회'라는 말은 이러한 상대적 박탈감에 의한 소외 현상을 드러내주는 징표이다.

유학에서 중시하는 군자(君子)관은 이러한 문제를 극복하는 면에 사상적으로 기여할 수 있을까? 한국과 중국 등 동아시아의 전통 사회에서 유학의 군자관은 이상적 인간형으로 여겨졌다.

군자는 성인(聖人)과 같이 완벽한 존재가 아니고, 불의(不義)를 외면하는 사람도 아니다. 또한 군자는 사회 문제와 일정한 거리를 두며 개인의 행복만을 추구하는 사람도 아니다. 군자는 인간을 사회적 존재로 여기고, 개인과 공동체의 유기적인 결합을 통해 평화로운 사회의 건설을 지향한다. 이 때문에 군자는 항상 직면한 현실 문제를 해결할 수 있는 역량뿐만 아니라, 사회를 건강하게 유지하기 위해 높은 도덕성을 갖추어야 한다.

주희는 "성인은 신묘하고 밝아서 헤아릴 수 없는 이름이고, 군자는 재능과 덕이 평범한 사람보다 뛰어난 이름이다."[2]라고 말한다. 이는 군자를 도덕적으로 높은 품격을 갖추고 있고, 능력의 방면에서도 보통사람보다 역량이 탁월한 사람으로 여기는 것이다. 군자에 대한 주희의 이러한 정의는 이후의 유학자들에게 수용되었다.

이러한 군자관은 동아시아의 전통 사회에서 적극적으로 수용되었다. 특히 유학사상을 주요 이념으로 여겼던 조선 시대의 많은 사람들은 이러한 군자의 삶을 닮기 위해 노력하였다. 이는 공자가 중시하는 군자관이 조선 시대의 이상적인 인간형으로 자리매김했음을 의미한다.

그러나 21세기가 진행되고 있는 현대사회는 전통의 동아시아 사회와 차이가 있다. 과학기술의 발전에 비례하여 많은 생활의 변화가 있고, 민주주의 이념을 비롯한 다양한 사조의 유입으로 여러 가치관이 병존한다. 한(漢)나라 때처럼 '유학이 최고'[3]라는 의식에 동의하는 사람 역시 많지 않다. 오히려 일부 사람들은 유학을 혹독하게 비판하기도 한다. 예컨대 김경일의 『공자가 죽어야 나라가 산다』라는 저서는 이러한 관점을 잘 대변하고 있다.[4]

혹자는 『논어』의 군자관을 포함하는 유학을 주요 가치관으로 여겼던 전통의 동아시아 사회에서 집단의 이익을 위해 개인의 인권이 침해된 것으로 여기며, 유학을 비판적으로 바라본다. 또한 공자의 군자관 역시 당시의 집권층에 해당하는 것으로 생각한다. 혹자의 이러한 지적은 일면 타당성이 있다. 한나라 무제 때 유학이 정치와 결합하여 관학이 된 이후, 전통의 동아시아 사회에 적용된 유학은 권위주의의 영향 아래 개인이 집단으로부터 독립되지 못한 경우가 있다. 특히 유학이 대일통(大一統)을 중시하는 한나라 왕조의 이데올로기에 이용되면서 초기유학의 왜곡 현상이 발생하였다. 수직적이고 권위주의적인 '삼강(三綱)'[5] 사상이 이 시기에 강화되었다. 이는 임금과 신하, 부모와 자녀, 남편과 아내 등의 관계에서 임금과 부모와 남편의 지위를 각각 신하와 자녀와 아내보다 높게 상정하여 수직적인 질서 체계를 형성하였음을 의미한다. 이것은 부모와 자녀, 임금과 신하, 남편과 아내, 친구와 친구, 어른과 어린이 등에 대해 쌍방 간의 의무를 부여하며 수평적인 관계를 중시하는 초기유학의 '오륜(五倫)[6]' 사상과 구별된다. 그런데 이 '삼강' 사상은 공자와 맹자를 중심으로 하는 초기유학보다 법가인 한비의 '삼사(三事)[7]' 사상의 영향을 더 받았다. 법가는 기본적으로 군주 중심의 사유 체계이기 때문에 백성에 대해 군주의 명령에 복종해야 하는 존재로 여긴다.

이처럼 유학은 한나라 때 정치와 결탁하여 관학이 된 이후 권위주의적인 면이 가미되었다. 이는 권위주의적인 왕조 체제에서 인민의 권리가 침해되었음을 의미한다. 그러나 이러한 권위주의적이고 수직적인 질서를 강조하는 내용은 도덕적 존재인 인간의 존엄성을 중시하는 초기유학의 관점과 차이가 있다.

공자가 비록 도덕성의 구현 측면에서 주나라를 긍정적으로 여긴 면이 있을지라도, 봉건제도의 계급 질서 자체를 부정하지 못한 것은 그의 시대적인 한계이다.

그러나 이러한 한계가 있다고 해서 그가 중시하는 군자관의 의의가 사라지는 것은 아니다. 왜냐하면 공자의 군자관은 모든 인간을 도덕성에 기초한 자율적인 존재로 여기기 때문이다. 곧 비록 제도적인 면에서 계급적 질서에 의해 군주와 평민 등 신분적인 차이가 있을지라도, 군자관의 중요한 기준은 신분의 높낮이가 아니라 도덕성의 유무에 달려 있기 때문이다. 이는 특정한 시대에 한정되지 않고 정치에 참여하는 사람에 대해 도덕성을 함유한 정치의식을 발현할 수 있는 사람으로 여기는 것이다. 따라서 이러한 군자관의 보편적 정치의식은 민주주의가 일반화되어 있는 오늘날, 정치에 참여하는 모든 주체들에게 유의미하게 적용될 수 있다.

오늘날 많은 사람들은 다원주의적 관점을 선호한다. 그러나 다원주의적인 관점이 많은 사람들에게 수용될지라도, 여전히 신자유주의 이념이 빚어내는 사회적 갈등은 축소되지 않고 있다. 특히 이기심을 토대로 하는 병든 욕망에 의한 인간의 파편화와 소외의 확대는 사회 병리 현상을 확산시킨다. 많은 사상가들이 이러한 신자유주의의 문제를 극복하기 위해 다양한 방안을 강구하고 있다. 유학 역시 이러한 문제를 극복하는 면에 도움이 될 수 있다.

특히 공자 사상의 결집체라고 할 수 있는 『논어』에 나타난 군자관은 신자유주의 이념이 파생시키는 양극화를 비롯한 사회적 갈등 문제를 해결하는 면에 이론적으로 기여할 수 있다.

[그림] 공자탄생 2575주년 공자대전(20240928, 중국 曲阜 孔廟 대성전)

[그림] 공자탄생 2575주년 국제학술대회(20241019, 중국 인민대회당)

2. 군자의 개념

『논어』에서 말하는 사람다운 사람, 곧 군자(君子)는 멋쟁이이다. 군자는 성인(聖人)과 같은 완벽한 존재가 아니고, 일반인도 아니다. 군자는 성인을 닮기 위해 노력하는 사람으로서 도덕성과 능력이 뛰어난 사람이다.

1) 신분

군자(君子)의 개념은 공자 시대 이전부터 있었다. 초기에 이 개념은 정치적인 신분을 지칭하였다. 이것은 '군주[君]의 아들[子]'과 같이 왕족이나 귀족 등 신분이 높은 사람을 일컫는 말이었다. 세월이 흐르면서 이 개념은 신분이 높은 정치인과 더불어 이상적인 정치가의 의미가 혼재되었다. 이 때문에 많은 사상가들은 자신의 관점을 투영시키는 과정에서 이상적인 정치인상으로 군자 개념을 사용하였다. 곧 공자 시대 이전의 군자는 지배층의 성격을 띠고 있으며, 피지배층에 해당하는 소인(小人)과 상대적인 위치를 차지하는 신분 개념이었다.

2) 도덕성의 주체

공자 시대에 이르러 군자 개념은 전화되기 시작하였다. 공자 역시 이 개념을 부분적으로 신분에 해당시킨 점이 있지만, 상당 부분은 도덕성을 갖춘 사람이거나 신분과 도덕성을 함께 갖춘 사람의 의미로 사용하였다.

『논어』에는 군자라는 개념이 100여 차례 나온다. 그 가운데 이 개념을 공자가 대부분 사용하였고, 나머지 약 30%는 제자들이 사용하였다. 군자는 완벽한 인간을 상징하는 성인(聖人)이 아닐 뿐만 아니라, 평범한 사람도 아니다. 군자의 기준은 돈의 많음과 적음, 지위의 높음과 낮음, 지식의 많음과 적음, 나이의 많음과 적음 등이 아니다. 군자의 기준 가운데 첫째는 높은 도덕성이다. 돈이 많고 지위가 높으며 지식과 나이가 많더라도 도덕성이 결여되어 있으면 군자가 아니다. 그렇다고 도덕성을 군자의 유일한 기준으로 설정하는 것도 아니다. 비록 도덕성이 높더라도 직면한 문제를 해결할 능력이 없으면 군자가 아니고, 단지 착한 사람일 뿐이다. 이처럼 군자란 능력과 도덕성이 일반 사람보다 탁월한 사람을 의미한다.[8)]

그런데 군자에게서 도덕성의 기준은 공적인 의로움이다. 군자란 특수한 집단의 사사로운 이익을 위해 공공의 의로움을 희생하는 사람이 아니라, 보편적인 의로움의 확보를 통해 특수한 갈등 구조를 해결하려는 사람이다. 이러한 군자는 혈연, 지연, 학연 등 사사로운 인연으로 인해 공적인 합리성을 약화시키지 않는다. 이처럼 한국과 중국을 비롯한 전통의 동아시아 사회에서는 공명정대한 판단과 도덕적 행위를 통해 건강한 공동체 사회를 건설하고자 하는 군자를 이상적인 인간형으로 상정했다.

[그림] 예절교육(20111111, 성균관 명륜당)

[그림] 성균관 대성전(20241115)

3. 소인과 군자

소인(小人)은 군자의 대척점에 있는 사람으로 이익에 밝으며 대범하지 못한 작고 좁은 사람이다. 그러나 군자는 소인과 달리 대범하고 공공의 의로움을 추구하는 사람이다. 소인이 많은 사회는 배타적인 이익추구의 경향이 강하므로 소외 현상이 발생하여 사회적 갈등이 확산된다. 군자가 많은 사회는 사랑과 배려의 문화가 풍부하여 소외로 인한 사회적 갈등이 축소되고, 평화로운 즐거움이 확산된다. 『논어』는 다음과 같이 여러 사항에서 군자와 소인의 차이에 대해 말한다.

1) 이익과 의로움

> 군자는 의로움에 밝고, 소인은 이익에 밝다.(『논어』, 「리인」)[9]

소인은 개인의 사적인 이익에 밝고, 군자는 공적인 의로움에 밝은 사람이다. 따라서 소인은 세상을 이익이나 손해의 관점으로 바라보고, 군자는 옳음과 그름으로 바라본다. 이 때문에 소인은 자신의 이익을 위해서라면 공동체의 파괴조차 허용할 수 있지만, 자신에게 손해라면 공동체의 파괴를 승인하지 않는다. 예컨대 소인은 자신에게 이익이 된다면 무차별적 자연 개발을 통해 생태계 질서의 교란을 허용할 수 있고, 자신에게 손해라면 생태계 질서의 회복에 동의하지 않을 수 있다.

그러나 군자는 공동체의 의로움을 위해 자신의 희생을 감당할 수 있고, 자신의 이익을 위해 공동체의 파괴를 허용하지 않는다. 예컨대 군자는 자신의 이익을 위해 무차별적 자연 개발을 허용하지 않고, 생태계 질서의 회복을 위해 자신의 이익을 포기할 수 있다.

이처럼 소인은 모든 일을 자기중심주의의 관점에서 판단하고, 군자는 의로움의 관점에서 세상을 바라본다.

2) 파당성과 보편성

> 군자는 두루하되 편당을 짓지 않고, 소인은 편당을 조성하되 두루하지 않는다.(『논어』, 「위정」)[10)]

소인은 자기의 이익을 위해 편당을 형성하여 분파주의적인 성향이 강하고, 군자는 구성원 전체의 유익을 위해 노력하므로 보편성을 추구하는 경향이 강하다. 따라서 소인은 공동체의 안위보다 주로 개인이나 소수의 집단이기주의적인 면을 강조하고, 군자는 개인이나 작은 집단의 사적인 이익보다 공동체의 평화를 선호한다.

3) 교만함과 너그러움

군자는 태연하되 교만하지 않고, 소인은 교만하되 태연하지 않다.
(『논어』, 「자로」)[11]

소인은 작은 이익에 밝기 때문에 항상 조급하고 교만하며 태연하게 기다리지 못하지만, 군자는 도리에 밝기 때문에 교만하지 않고 태연하게 기다리며 너그럽다. 곧 소인은 눈앞의 이익을 위해 성급하고 무례한 태도를 취하지만, 군자는 개인의 이익보다 공동체의 이익을 위해 겸손한 태도로 태연하게 기다린다.

4) 핑계와 책임의식

군자는 자기에게서 찾고, 소인은 남에게서 찾는다.(『논어』, 「위령공」)[12]

잘못을 다시 저지르지 않는다.(『논어』, 「옹야」)[13]

실수나 잘못을 저지를 경우에 소인은 그 원인을 자신에게서 찾지 않고, 다른 사람이나 주위 환경을 탓한다. 그러므로 유사한 잘못을 반복적으로 저지른다. 그러나 군자는 잘못의 원인을 남에게 돌리지 않고, 자신에게서 찾는다. 그러므로 같은 잘못을 다시 저지르지 않는다. 곧 소인은 책임의식이 약하고 자유를 빙자한 방임의 태도에 익숙하기 때문에 같은 잘못을 반복적으로 저지른다. 그러나 군자는 항상 스스로를 성찰하며 강한 책임의식으로 무장하여 진정한 자유를 추구하기 때문에 동일한 잘못을 다시 저지르지 않는다.

5) 화의 분풀이와 극복

> 성냄을 옮기지 않는다.(『논어』, 「옹야」)[14]

소인은 화가 날 때 그 화를 잘 참지 못하고, 다른 사람에게 분풀이를 한다. 그러므로 자기의 감정을 잘 다스리지 못한다. 이러한 소인이 많은 사회는 주변 사람들을 불안하게 한다. 오늘날 불특정 다수를 향해 범죄를 저지르는 사람들 가운데 상당수는 이러한 유형에 해당한다. 그러나 군자는 화가 날 경우에 자신의 감정을 잘 다스리고, 그 화를 다른 사람에게 옮기지 않는다. 그러므로 주변 사람들과 좋은 관계를 유지한다.

6) 재물의 추구와 덕의 추구

> 군자는 덕을 품고, 소인은 땅을 품는다.(『논어』, 「리인」)[15]

소인은 항상 보이는 재물을 추구하므로 사람들을 외적인 조건으로 평가한다. 예컨대 아파트의 넓은 평수, 비싼 자동차 가격, 많은 봉급, 고가의 '명품' 시계 · 가방 등의 소유 여부를 사람을 평가하는 기준으로 삼는다면 그는 소인이다. 이러한 소인에 의해 맺어지는 관계는 이익과 손해의 관점으로 사람을 대하기 때문에 도구적 이성의 강화와 달리, 진실함이 약하다. 그러나 군자는 항상 도덕성을 추구하므로 사람들을 인격적으로 대한다. 이러한 관계는 진실함이 강하여 서로의 신뢰가 높아진다.

7) 동일화와 어울림

> 군자는 어울리되 동일화하지 않고, 소인은 동일화하되 어울리지 않는다.(『논어』, 「자로」)[16]

소인은 자기중심주의가 강하기 때문에 성향이 다른 사람을 인정하여 함께 어울리기보다 동일한 생각을 갖도록 종용하는 경향이 있다. 이러한 사고는 획일주의로서 전제주의적인 성향을 강하게 띤다. 그러나 군자는 생각이 다른 사람을 인정하고 존중한다. 그리고 다른 생각이나 가치관을 인정하고 존중하는 것만으로 끝나지 않는다. 다른 생각을 인정하고 존중하는 것으로 만족하고 말면, 함께 구성해야 할 공동체 사회를 건강하게 이루거나 유지하기 어렵다. 왜냐하면 어떤 문제를 합의해야 할 때 각자의 생각을 옳은 것으로 인정하고 말면, 공동의 목표를 이루기 위한 합의는 도출되지 않고 양비론(兩非論)이나 양시론(兩是論)과 같은 상대주의에 빠지기 때문이다. 따라서 군자는 서로 다른 생각을 존중하면서 건강한 공동체 사회를 이루기 위해 협의하고, 쌍방이 인정하는 합의를 도출하기 위해 노력한다. 이것이 군자가 중시하는 어울림이고, 민주적인 의사 결정 구조이다.

4. 멋쟁이의 삶

> 사람이라고 다 사람이냐? 사람다워야 사람이지.

이 말은 어떤 '사람'이 몹시 화난 상태에서 누군가를 가리켜 하는 말이다. 이 짧은 문장 속에는 어떤 사람이 다른 사람을 냉혹하게 평가한 흔적이 있다. 이 말을 풀이하면 이렇다. 앞 문장의 '사람이라고'에서 '사람'은 사람의 형태를 갖춘 일반적인 사람 전체를 가리키고, '다 사람이냐?'에서 '사람'은 사람이라고 규정한 어떤 기준에 충족하지 못한 사람을 암시한다. 또한 뒷 문장의 '사람다워야'에서 '사람'은 사람으로서 해야 할 바람직한 역할이 있음을 말하고, '사람이지'에서 '사람'은 바람직한 사람의 역할을 수행한 경우에 해당하는 개념이다. 따라서 이 말은 다시 "당신이 사람의 형태를 갖추었다고 해서 우리와 같은 사람이 될 수는 없다. 왜냐하면 당신은 사람으로서 해서는 안 될 일을 했기 때문이다. 당신이 한 행위는 마치 짐승이 저지른 것과 같다. 사람이 사람으로 대접받으려면 바람직한 사람의 역할을 해야 한다."라고 정리할 수 있다. 결국 이 말은 사람이 사람을 평가할 경우, 외적으로 드러나는 육체적인 모습뿐만 아니라, 그의 정서와 정신은 물론 그가 행한 삶의 자취 등 모든 면이 고려되고 있음을 의미한다. 이는 사람의 특징을 도덕적 존재로 여기고 있음을 의미한다.

이처럼 멋쟁이로 상징되는 군자의 삶은 고유(固有)한 도덕성을 자기 정체성의 근거로 삼는다. 군자의 삶은 이러한 도덕성을 함유하는 자기

정체성의 확립을 전제로 한다. 그런데 군자는 이러한 자기정체성의 확보에서 만족하지 않는다. 이것을 반드시 사회 정의의 실현으로 확산시킨다. 곧 충만한 도덕성으로 무장한 군자는 사회의 어려운 사람들에게 그 사랑을 풍부하게 전한다.

이처럼 『논어』 속 군자관의 논리에 의하면 인간의 고유한 도덕성을 자기의 정체성으로 확립하고, 이것을 자기가 속한 사회의 구성원들과 공유하는 공동체의식으로 발전시켜야 비로소 평화로운 공동체 문화가 건강하게 유지될 수 있다.

1) 자기정체성 확립

공자는 도덕성을 인간의 중요한 특징 가운데 하나로 여긴다. 그는 도덕성의 근거를 하늘의 원리인 '원형이정(元亨利貞)'을 인간이 내부에서 자각적으로 본받은 의예지(義禮智)를 포함하는 인(仁)으로 생각한다.

공자는 "하늘이 나에게 덕을 주셨다."[17]라고 하고, "군자는 다음과 같은 세 가지 두려움을 가지고 있다. 천명을 두려워하고, 대인을 두려워하며, 성인의 말을 두려워한다. 소인은 천명을 알지 못하여 두려워하지 않고, 대인을 업신여기며, 성인의 말을 얕본다."[18]라고 지적한다. 이는 소인을 천명을 알지 못하기 때문에 천명을 두려워하지 않는 사람으로 여기고, 군자에 대해 천명을 알아 천명을 두려워하는 사람으로 여기는 것이다. 이처럼 그는 하늘의 원리를 잘 파악하여 '하늘의 길[天道]'에 부합하는 삶을 바람직한 삶으로 여긴다.

공자는 비록 "나는 태어나면서부터 아는 사람이 아니다."[19]라고 하여 자신을 낮추고 있지만, "태어나면서부터 아는 사람이 위이다."[20]라고 하여, 태어나면서부터 갖추어진 도덕성을 인간의 고유한 영역으로 생각한다. 이는 그가 본래적으로 갖추어진 도덕성을 현실 사회에서 제대로 구현하는 것을 인간의 정체성이 확립되는 고귀한 삶으로 생각하는 것이다.

공자에 의하면 인간과 자연은 각각의 고유한 특징이 있다. 그런데 인간과 자연은 각각의 특징이 있지만, 둘은 분리되어야 할 대상이 아니라 어울려야 할 대상이다. 특히 인간은 어쩔 수 없이 자연과 어울려 살아갈 수밖에 없는 존재이다. 그는 인간이 자연을 떠나 살 수 없는 존재이기 때문에 둘을 서로 배제시키지 않고 유기적으로 어울려야 할 접점을 찾았다. 그것은 바로 인간의 고유한 특징인 도덕성이다. 공자는 이 인간의 고유한 도덕성과 자연의 원리를 통일시켰다. 그것이 바로 천도와 인도의 통일인 이른바 '천인합일(天人合一)'의 논리이다. 따라서 그에게 '하늘[天]'은 상징적인 의미가 강한 최고의 가치를 보유한 개념이라고 할 수 있다.

공자에 의하면 이러한 천도와 인도의 통일에 의해 인간은 자연계의 다른 생물들과 구별되는 인간만의 고유한 특성을 갖추게 된다. 따라서 인간이 인간다워야 한다는 것은 바로 도덕적으로 살아야 함을 의미한다. 도덕적인 삶을 살지 않으면 비록 인간의 형태를 갖추고 있을지라도, 바람직한 인간이 아니다. 군자란 이처럼 인간답게 사는 사람이다.

『논어』에 의하면 군자는 개인의 이익보다 공의로움을 더 중시한다. 따라서 군자는 항상 "의로움으로 바탕을 삼고, 예(禮)로 행하며, 공손함으로 표출하고, 진실함으로 이루며"[21], "문(文)을 널리 배우고, 예로 단속하기"[22] 때문에 어떤 상황에 직면하더라도 "근심하지 않고 두려워하지 않는"[23] 사람이다.

군자가 이처럼 당당한 것은 먼저 자신의 인격을 닦기 때문이다. 군자란 무엇인가에 대해 공자는 자로에게 먼저 "공경함으로 자기를 닦는"[24] 사람이라고 했다. 그런데 여기에서 공자가 중시한 것은 먼저 자기를 수양할 때에 갖는 공경함[敬]의 태도이다. 공자에 의하면 군자는 사회 정의를 실현하는 사람이다. 그러나 사회 정의의 실현은 의지만으로 되지 않는다. 사회 정의를 실현하는 사람이 갖추어야 할 것은 반드시 자신의 인격 수양이다. 이때 군자는 자신의 인격 수양을 제멋대로 하지 않는다. 그것은 반드시 공경함의 방법을 사용해야 한다. 공경함의 방법이란 보편적인 질서의식을 겸허하게 수용하여 삼가는 태도를 의미한다.

2) 공동체의식 확립

인간은 사회적 존재이다. 이 때문에 많은 철학자들은 그가 속한 사회의 건강함을 유지하기 위해 사상적 대안을 강구한다. 공자 역시 자신이 속한 사회가 건강하게 유지되길 바란다. 『논어』 속 군자관은 이러한 건강한 공동체 사회를 건설하기 위한 공동체의식의 반영이라고 할 수 있다.

공자는 군자관을 통해 개인과 사회의 유기적인 관계의 중요성을 제기한다. 이는 개인의 이익을 위해 집단의 안위에 무관심하거나, 개인을 집단에 희생시키는 집단주의의 관점과 구별된다. 곧 『논어』 속 군자관은 위아주의(爲我主義)의 양주(楊朱)나 이기심을 적극적으로 권장하는 신자유주의의 관점과 구별될 뿐만 아니라, 집단의 번영을 위해 개인의 희생을 강요하는 전체주의와도 구별된다.

공자는 자로와 대화하면서 군자란 자기를 수양하여 다른 사람을 편안하게 하는 것이라고 지적한다. "자로가 군자에 대해 물었다. 공자가 대답했다. '공경함으로 자기를 닦는다.' (자로가) 물었다. '이와 같을 뿐입니까?' (공자가) 대답했다. '자기를 닦아서 다른 사람을 편안하게 한다.' (자로가) 물었다. '이와 같을 뿐입니까?' (공자가) 대답했다. '자기를 닦아서 백성을 편안하게 한다. 자기를 닦아서 백성을 편안하게 하는 것은 요임금과 순임금도 오히려 부족하게 여겼다.'"[25]라고 지적한다. 이처럼 공자는 자로의 질문에 답하면서 군자관의 핵심이 백성을 편안하게 하는 공동체의식의 반영임을 분명하게 드러냈다.

이는 그가 군자란 단순히 도덕성만 갖추는 데서 그치는 것이 아니라, 도덕적인 실천을 할 때 의미가 더욱 확대될 수 있음을 지적하는 것이다. 곧 그에게 도덕성이란 군자의 필요조건이지 충분조건이 아니다. 그는 도덕성과 그것을 현실 사회에 건강하게 수행하는 것을 군자의 필요충분조건으로 생각한다.

공자는 이러한 건강한 공동체 사회를 건설하기 위해 군자란 항상 자기의 역할을 다한 후, 그것을 미루어 다른 사람에게 미치게 하는 멋쟁이라고 생각한다. 이러한 멋쟁이는 남에게 보이기 위한 삶이나 보상을 바라는 삶을 살지 않는다. 조건 없이 내 안에 갖추어진 인(仁)을 사회적으로 실천한다. 그리고 그 실천은 나의 기쁨과 이웃의 즐거움으로 연결되어, 우리를 평화로움으로 안내한다.

생각해 볼 문제

1. "사람이라고 다 사람이냐? 사람다워야 사람이지."라는 말의 의미에 대해 생각해 보자.

2. 중요한 프로젝트를 공동으로 수행해야 하는 상황에서 '사람은 착한데 능력이 부족하거나, 능력은 많은데 인간성에 문제가 있는 사람' 가운데, 한 사람을 선택해야 한다면 누가 적합할까? 이에 대해 이야기해 보자.

3. 이익과 의로움을 조화시킬 수 있는 방안에 대해 생각해 보자.

4. 자신이 생각하는 멋쟁이의 기준과 역할에 대해 생각해 보자.

1) 이 장의 글은 저자의 논문 「『논어』 속 군자관의 논리 구조와 정치의식」 (『동방학』 제29집, 2013) 가운데, 필요한 내용을 인용하며 수정하고 보완했음을 밝힌다.

2) 朱熹, 『論語集注』 「述而」, "聖人, 神明不測之號; 君子, 才德出衆之名."

3) 『漢書』, 「董仲舒傳」, "董仲舒給武帝建議"諸不在六藝之科、孔子之術者，皆絕其道，勿使並進." "董仲舒强調所謂'罷黜百家, 獨尊儒術.' 武帝采納董仲舒的建議，開此後 傳統社會以儒學為正統的局面." 4) 『論語』, 「顔淵」, "己所不欲, 勿施於人."

4) 김경일, 『공자가 죽어야 나라가 산다』, 바다출판사, 1999

5) 三綱 : 君爲臣綱, 父爲子綱, 夫爲婦綱

6) 五倫 : 父子有親, 君臣有義, 夫婦有別, 朋友有信, 長幼有序

7) 三事 : 臣事君, 子事父, 婦事夫

8) 朱熹, 『論語集注』 「述而」, "聖人, 神明不測之號; 君子, 才德出衆之名."

9) 『論語』, 「里仁」, "君子喩於義, 小人喩於利."

10) 『論語』, 「爲政」, "君子周而不比, 小人比而不周."

11) 『論語』, 「子路」, "君子泰而不驕, 小人驕而不泰."

12) 『論語』, 「衛靈公」, "君子求諸己, 小人求諸人."

13) 『論語』, 「雍也」, "不貳過."

14) 『論語』, 「雍也」, "不遷怒."

15) 『論語』, 「里仁」, "君子懷德, 小人懷土."

16) 『論語』, 「子路」, "君子和而不同, 小人同而不和."

17) 『論語』, 「述而」, "天生德於予."

18) 『論語』, 「季氏」, "君子有三畏: 畏天命, 畏大人, 畏聖人之言. 小人不知天命而不畏也, 狎大人, 侮聖人之言"

19) 『論語』, 「述而」, "我非生而知之者."

20) 『論語』, 「季氏」, "生而知之者, 上也."

21) 『論語』, 「衛靈公」, "義以爲質, 禮以行之, 孫以出之, 信以成之."

22) 『論語』, 「顔淵」, "博學於文, 約之以禮."

23) 『論語』, 「顔淵」, "不憂不懼."

24) 『論語』 ,「憲問」, "修己以敬."

25) 『論語』, 「憲問」, "子路問君子. 子日 : '修己以敬.' 日 : '如斯而已乎 ?' 日 : '修己以安人.' 日 : '如斯而已乎 ?' 日 : '修己以安百姓. 修己以安百姓, 堯舜其猶病諸'"

13장

인공지능과 인간[1)]

論語

"본성은 서로 가깝고, 익힘에 따라 서로 멀어진다."

(『논어』, 「양화」)

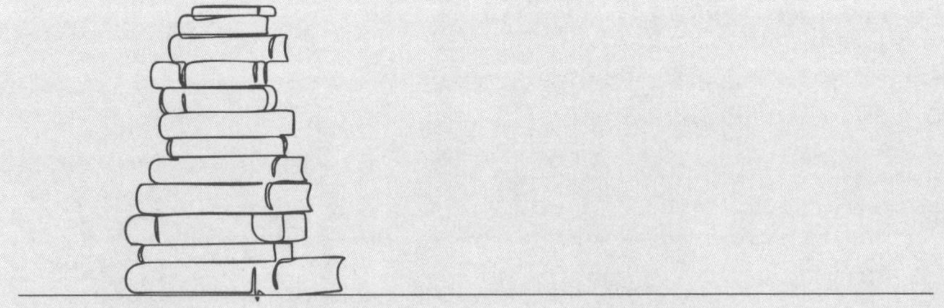

1. 인공지능의 도래

2016년과 2017년에 인공지능(Artificial Intelligence)인 '알파고(AlphaGo)'와 세계 최고 수준의 바둑프로기사인 한국의 '이세돌' 및 중국의 '커제[柯洁]' 사이에 각각 진행된 바둑 경기에서 '알파고'가 승리한 후, 사람들은 인공지능의 위력을 실감하고 있다. '알파고'의 등장은 그동안 인간의 고유 영역으로 여겨지던 감성과 창의력 등 많은 부분을 인공지능이 대체할 수 있음을 암시한다.

이러한 인공지능은 동물이 갖고 있는 '자연지능(Natural Intelligence)'과 구별되는 것으로 개념, 판단, 추론, 학습 등 인간의 이지적 능력을 컴퓨터를 통해 활용하는 기술을 의미한다. 현재 많은 과학자들은 인지과학과 뇌과학을 활용하여 인공지능의 기술을 개발하고 있다.

이 인공지능은 문제를 생각하고 규명하며 해결하기 위한 절차와 방법과 명령어를 집약한 프로그램인 '알고리즘(Algorithm)'을 중시한다. 그런데 컴퓨터는 명령어가 입력되면 명령한 주체의 생각이 바뀔지라도, 그 내용을 수정하지 않는다. 이때 복잡한 체계의 알고리즘은 다른 알고리즘과 교류할 때 예측할 수 없는 상황이 발생할 수 있다. 이때의 알고리즘은 명령 주체의 통제권 밖에서 자율적인 판단에 의해 독립적인 결과를 산출한다. 이러한 결과는 인간에게 순기능으로 작용할 수도 있고, 역기능으로 작용할 수도 있다. 역기능의 경우 유능한 컴퓨터가 무능한 인간을 지배하는 상황도 배제할 수 없다.

곧 인공지능은 인간의 편리함을 위해 개발된 '약한 인공지능(Weak

Artificial Intelligence)'과 인간을 닮고자 하는 '강한 인공지능(Strong Artificial Intelligence)'으로 구분할 수 있다. '약한 인공지능'은 스마트 기기, 로봇, 의료 기기, 자율주행 자동차 등과 같이 도구적 기능의 역할을 충실히 수행하는 인공지능이다. 그러나 '강한 인공지능'은 인간처럼 사고하고 행동하는 '휴머노이드 로봇(Humanoid Robot)'이나 인간의 신체 일부를 대체하여 기존의 능력을 뛰어넘는 '사이보그(Cyborg : cybernetic and organism)'와 같은 인공지능이다. 이 '강한 인공지능'은 인간의 감성과 사고와 판단과 창안 능력을 갖출 뿐만 아니라, 인간처럼 사고하고 행동할 수 있다.

이러한 '강한 인공지능' 기술의 발전은 인간의 관여 없이 스스로의 판단과 결정에 의해 능동적인 행위를 하는 존재로서 인간의 특성을 갖추고 있는 '로보 사피엔스(Robo Sapiens)'의 도래를 예고한다. 현재 인류에게 '생각하는 로봇'을 의미하는 고차원적인 로보 사피엔스가 도래한 것은 아니다. 그러나 일부 과학자들과 미래학자들은 과학기술의 발전 속도를 고려할 때, 머지않아 '포스트휴먼(Posthuman)'의 상징인 로보 사피엔스가 출현할 것으로 예측한다. 로보 사피엔스는 인간과 기계의 탈경계인 '포스트휴먼' 시대에 '호모 사피엔스(Homo Sapiens)'와 협력 혹은 경쟁의 관계를 형성할 수 있다.

이처럼 '강한 인공지능'의 도래는 기계를 대상화하고 인간의 주체성을 강화하며 인간중심주의의 관점에서 도구적 이성의 활용을 통해 근대 문명을 발전시켰던 '모더니즘(Modernism)'적 사유에 대해 깊게 성찰할 것을 요구한다. 이는 탈인간중심주의의 관점에서 인공지능이 갖추고 있는 특성에 대해 진지하게 성찰해야 할 뿐만 아니라, 근대적인 인간관을 대체할 새로운 인간관의 모색이 필요함을 의미한다.

공자가 "자기를 이겨 예(禮)로 돌아가는 것이 인(仁)을 행하는 것이다. 하루 동안이라도 자기를 이겨 예로 돌아가면 세상이 인을 인정할 것이다. 인을 행하는 것은 자기로 말미암지, 다른 사람으로 말미암겠는가? …… 예가 아니면 보지 말고, 예가 아니면 듣지 말며, 예가 아니면 말하지 말고, 예가 아니면 행동하지 말라."[2]라고 한 말에서 확인할 수 있듯이, 인간을 도덕적 존재로 여기는 전통적인 유학의 인간관은 이러한 시대 문제에 어떻게 대응할 수 있을까? 유학의 관계론은 포스트모더니즘에 근거한 '포스트휴먼' 시대에 부응하는 이론을 창출할 수 있을까?

유학은 관계를 중시하기 때문에 인간이 자연 위에 군림하며 자연을 폭력적으로 지배하는 것을 허용하지 않는다. 유학은 인간과 자연의 유기적인 통일을 통해 생명의 질서를 확립하고자 한다. 이러한 유학의 인간과 비인간의 관계에 대한 논리는 시대의 특성에 따라 계승되고 변용되며 발전하였다. 이처럼 관계를 중시하는 유학의 논리는 인공지능의 분야로 확대될 필요가 있다. 특히 인간의 특성을 많이 갖춘 '강한 인공지능'이 출현할 것으로 예측되는 21세기의 시대 문제에 대비할 유학의 관계론이 새롭게 모색될 필요가 있다. 이는 21세기의 특징 가운데 하나인 인공지능(AI)의 문제를 철학적으로 분석하여 유의미한 자료 제공과 아울러, 정체성의 혼란 문제를 극복하는 면에 사상적인 도움이 될 수 있음을 뜻한다.

2. 인간의 개념과 특성

생물학적으로 인간은 진화의 최고 단계에 도달한 생명체라고 할 수 있다. 그러나 철학에서는 인간의 규정을 생물학적인 면으로 제한시키지 않는다. 철학에서는 인간을 문화적인 존재로 생각한다. 인간의 구체적인 특징에 대해서는 철학자마다 관점의 차이가 있다. 그러나 많은 철학자들은 인간의 특징에 대해 감성을 갖추고 있고, 이성적인 사유를 하며, 도덕적 판단을 할 수 있는 존재로 여긴다. 이는 도덕적 행위의 주체인 인간이 옳음과 그름, 참과 거짓, 선과 악을 스스로 분별할 수 있는 능력과 자율적 의지를 지닌 존재로 생각하는 것이다. 인간의 특성이란 이러한 존재가 갖추고 있는 품격을 의미한다.

그러나 이러한 인간관은 자연 생명이 아니면서 인간과 유사한 특성을 갖춘 인공지능의 출현 앞에서 혼란에 직면하고 있다. 인간의 고유 영역으로 여겨지던 감성과 이성과 도덕적 판단이 더 이상 인간의 전유물이 아니고, 인공지능 역시 그러한 역할을 할 수 있을 것으로 예측되기 때문이다.

따라서 현생 인류의 상징인 호모 사피엔스의 특성과 인공지능을 대표하는 로보 사피엔스의 특성 사이에 나타나는 공통점과 차이점을 드러내어 인간의 특성 문제를 재정립할 필요가 있다.

1) 호모 사피엔스의 특성

현생 인류의 조상이며 '지혜로운 사람'을 의미하는 '호모 사피엔스(Homo Sapiens)'는 수십만 년 전에 출현했다. 이 호모 사피엔스는 직립 보행을 하고, 평균 뇌용량이 1,350cc이며, 수직적인 이마와 작은 턱과 송곳니 등의 특징이 있고, 도구를 제작하였으며, 언어와 문자를 사용하고, 벽화를 그렸다. 이는 호모 사피엔스가 다른 동물들과 본질적인 차이가 있음을 드러내는 징표이다. 이 호모 사피엔스는 구석기, 신석기, 청동기, 철기 등의 시대를 지나 오늘에 이르고 있다.

현대의 인간은 이 호모 사피엔스의 후예로서 고대와 중세를 거치면서 다양한 역사적 경험을 하고, 문화를 발전시켰다. 인간은 이러한 역사 과정에서 자연의 위력 앞에서 나약해지기도 했고, 종교적인 신앙에 의존하기도 했으며, 다른 인간을 착취의 대상으로 삼아 지배하기도 했고, 근대 이후에 자연을 지배하는 상황을 조성하기도 했다. 또한 인간은 다른 한편으로 자연과 조화를 이루기 위해 노력하기도 했고, 신(神)을 부정하고 이성을 신뢰하기도 했으며, 자유와 평등의 양립을 통해 착취와 소외의 문제를 해결하기 위해 노력하기도 했다.

이러한 역사 과정을 통해 인간에 대한 이해가 깊어지고, 인간의 특징에 대한 연구가 활발하게 진행되었다. 철학은 이러한 인간의 특성에 대해 다양한 관점을 제기했다. 그 가운데 인간을 이성적이며 도덕적 행위를 하는 존재로 여기는 관점이 많은 사람들의 지지를 받아왔다.

인간의 특성과 관련된 논의는 인간의 본성 문제와 관계가 깊다. 특히 공자가 "본성은 서로 가깝고, 익힘에 따라 서로 멀어진다."[3]라고 지적한 이래, 많은 학자들은 인간의 본성 문제에 대해 다양한 관점으로 접근한다. 맹자의 성선설(性善說), 고자의 성무선무악설(性無善無惡說), 순자의 성악설(性惡說), 동중서의 성삼품설(性三品說), 양웅과 왕충의 성유선유악설(性有善有惡說), 왕부지의 기선리선론(氣善理善論), 정약용의 성기호설(性嗜好說) 등은 철학자들이 중시하는 본성론이다.

맹자는 인의예지(仁義禮智)의 도덕성을 선험적으로 갖추어진 본성으로 여기고[4], 고자는 인간의 본성을 생물학적인 면으로 여기며[5], 순자는 이익을 좋아하고 질투하는 것을 본성으로 여기고[6], 동중서는 본성을 상 · 중 · 하의 세 단계로 구분하였으며[7], 양웅과 왕충은 본성을 선(善)과 악(惡)이 함께 있는 것으로 여긴다.[8] 주희와 이황은 본성인 인의예지(仁義禮智)의 리(理)를 선으로 여기고 칠정인 기(氣)를 선과 불선(不善)을 겸하고 있는 것으로 여기지만[9], 왕부지는 이 세상을 가득 채우고 있는 기가 선하기 때문에 그 기의 조리인 리(仁義禮智의 본성)도 선한 것으로 여긴다.[10] 또한 정약용은 '선을 좋아하고 악을 싫어하는(好善惡惡)' 것을 본성으로 여긴다.[11]

이처럼 본성의 기원과 정의, 선과 악의 기원과 기준 등 본성론에 대한 다양한 관점이 존재하지만, 유학자들은 인간을 도덕적인 존재로 여기고 도덕이 구현되는 사회를 지향하였다. 도덕성을 후천적인 대상으로 여기는 순자 역시 도덕적인 예치(禮治)를 추구하였다. 순자의 성악설에 의하면 본성을 방치할 경우, 위험하고 혼란(偏險悖亂)한 상황이 발생하기 때문에 그 본성을 인위적으로 변화시켜(化性起僞) 평화롭고 안정된(正理平治) 사회를 이루어야 한다.[12] 이는 그 역시 비도덕적인 본성의 문제를 극복하여 예(禮)가 바로 서는 도덕 사회의 건설을 지향했음을 의미한다.

동중서와 양웅과 왕충 역시 도덕의 중요성을 간과하지 않고 있다. 주희, 왕부지, 정약용 등은 맹자와 같이 인간의 특성을 인의예지의 도덕성을 갖춘 존재로 여기고, 도덕성이 구현되는 사회를 지향했다.

이처럼 유학자들은 비록 도덕성의 기원과 실현 방법 등에서 관점의 차이가 있을지라도, 공통으로 도덕 사회를 건설하고자 했다. 예컨대 주희는 도덕성을 선험적으로 주어지는 것으로 생각하지만, 왕부지는 도덕성인 본성에 대해 "날마다 생겨나면서 날마다 이루는"[13] 것으로 여긴다. 정약용도 보편적이고 추상적인 도덕성보다 역동적으로 변화하는 역사에서 실현되는 구체적인 도덕성을 중시한다.[14] 이와같이 그들은 모두 도덕이 구현되는 사회를 지향한 점에서 공통점을 드러낸다.

서양철학에서도 이성과 도덕은 인간을 다른 존재와 구별하게 하는 중요한 이론 근거로 여겨진다. 소크라테스가 정의의 기준을 물리적인 힘이 아니라 도덕으로 여긴 이래, 플라톤, 아리스토텔레스, 칸트, 헤겔, 하버마스 등 주요 철학자들도 이성과 도덕을 인간의 고유한 특성으로 여긴다.

이처럼 이성과 도덕은 동서고금(東西古今)을 막론하고, 철학에서 인간의 특성으로 여겨지고 있다. 이 이성과 도덕은 인간의 품격을 유지하는 원동력으로 작용하며, 인간성의 상징 역할을 하고 있다.

2) 로보 사피엔스의 특성

2002년 미국 과학재단에서 발간한 「인간 성능 향상을 위한 융합기술(Converging Technologies for Improving Human Performance)」 관련 보고서는 나노과학기술(N), 바이오과학기술 · 의학 · 유전공학(B), 정보 · 컴퓨터과학기술과 미디어이론(I), 인지신경과학(C) 등의 첨단 기술을 취급한다.

이 보고서는 2045년 이후에 '포스트휴먼'이 출현할 것으로 예측한다. 이 진화의 방향은 과학기술에 의해 조정되고, 그 성격은 자연적 진화와 다른 차원이다. 예측되는 테크노퓨처리즘(Techno futurism)의 이념적 성격의 미래는 다음과 같다. ① 21세기에 나노 수준으로부터 인간의 두뇌에 이르는 물질의 구조와 행태의 포괄적 이해에 기초한 '새로운 르네상스'가 도래할 것이다. 세계평화, 지구적 번영, 공감과 성취 등이 높은 수준으로 진화하여 삶의 질이 향상될 수 있다. 또한 인간의 특성에 대한 새로운 연구, 자연과학과 사회과학과 인문과학의 결합에 의한 지식의 통합 등이 이루어질 수 있다. 수많은 인구의 글로벌 네트워크 사회가 하나로 연결된 뇌나 생물학적인 유기체의 확장된 형태처럼 발전할 것이다. ② NBIC 기술 발전을 기초로 사회적 행위에 대한 예측과학과 진보된 행동 교정 프로그램이 발전할 수 있다.[15)]

트랜스휴먼(Transhuman)의 도래를 예측하는 사람들에 의하면 두뇌를 컴퓨터에 업로드하는 작업은 두뇌의 신경생리학적 작동원리가 정보공학적 패턴으로 이뮬레이션(emulation)되고, 이 패턴을 적합하게 구현하는 물리적 기반이나 나노기술로 제작하기 때문에 실현될 수 있다. 이처럼 두뇌가 인간의 생물학적인 신체로부터 컴퓨터로 업로드되면서 그 두뇌에 저장된 기억들이 디지털 데이터로 변환되어 옮겨진다면 인간의 특성도 업로드될 수 있다. 뇌과학을 추종하는 사람들에 의하면 인간의 삶은 두뇌 활동에 의해 결정되기 때문이다. 이렇게 개인의 삶을 결정하는 두뇌의 활동과 기억이 그가 태어날 때부터 함께한 몸을 떠나 다른 물리적 기반으로 옮겨질 수 있다면 그 몸이 생물학적 수명을 다할지라도, 인간의 삶은 다른 컴퓨터로 업로드될 수 있다. 따라서 인공지능의 최절정인 '포스트휴먼'으로서의 로보 사피엔스는 자신의 지적 능력을 서로 다른 물리적 기반의 여러 컴퓨터에 업로드하여 지속시킬 수 있다.[16)]

곧 인간의 신경생물학적인 두뇌를 최첨단 과학기술을 동원하여 인공으로 복제하는 새로운 인간형인 로보 사피엔스는 생물학적인 측면에서 호모 사피엔스와 같은 인간이 아니지만, 기능적인 측면에서 호모 사피엔스와 같은 역할을 할 수 있다.

이처럼 인공지능과 알고리즘의 폭발적 발전은 로보 사피엔스와 같은 인공지능이 이성과 도덕적 판단력을 갖출 수 있기 때문에 호모 사피엔스만 도덕적 행위자이고 자율성을 가진 존재라고 단정하기 어렵다. 곧 현재의 수준에서 인간이 인공지능보다 윤리적 의식이 더 강하다고 할 수 있지만, 앞으로 호모 사피엔스가 로보 사피엔스보다 도덕적인 면에서 우월할 것이라고 확신하기는 어렵다.[17)]

전통적인 윤리학은 도덕적 사고와 행위의 주체인 인간을 중심으로 하는 윤리학이었다. 이 윤리학에서는 인간 외의 타자를 도덕 판단의 주체로 여기지 않고, 도덕성과 자율성과 자유의지를 보유하고 있는 인간을 행위의 주체로 생각했다. 그러나 스스로 학습을 통해 자율적으로 사고하고 행동할 줄 아는 인공지능의 출현은 이러한 관점에 반문한다. 그것은 인공지능이 전통적으로 인간에게만 귀속되었던 윤리적 행위자의 지위를 가질 수 있는가, 인공지능과 같은 새로운 기술적 존재자를 포괄할 수 있는 새로운 행위자 개념이 필요한가, 인공지능과 공존할 수밖에 없는 세상에서 전통적 의미의 주체와 객체의 구분을 넘어서는 새로운 도덕적 존재자에 대한 인식이 필요하지 않을까 등이다.[18]

이러한 문제들은 자연적인 인간이 아니면서 인간의 특성을 갖춘 로보 사피엔스의 출현이 현실화 될 때, 전통적인 호모 사피엔스의 인간관과 어떻게 조응할 수 있는지에 대해 심층적인 연구를 필요로 한다.

3. 인간과 인공지능

인간을 세계의 중심으로 여기는 인간중심주의의 관점은 인간 이외의 다른 존재를 대상화하면서 인간의 주체성을 강조한다. 이러한 인간관은 객체에 대한 주체의 판단을 정당화한다. 판단의 대상이 되는 객체는 사물, 식물, 동물, 기계 등 다양하다. 이때 판단의 근거는 인간의 이성이다. 이러한 인간관은 기계를 인간의 도구로 생각한다. 생명이 없는 기계는 인간의 편리함을 위해 인간이 만든 소모품으로 여겨지기 때문이다.

그러나 이러한 인간관은 '포스트휴먼' 시대에 새로운 도전에 직면해 있다. 인공지능이 수동적인 도구 역할을 지속할 수 없기 때문이다. 특히 '강한 인공지능'이 인간의 고유 영역으로 여겨지던 감성, 이성, 도덕 판단, 자율성 등의 역할을 수행하는 능력을 보유할 수 있기 때문이다. 자연적인 인간이 아니면서 인간의 특성을 갖춘 로보 사피엔스는 더 이상 인간중심주의를 인정하지 않을 수 있다.

이러한 문제를 해결하기 위해 근대 이성 중심의 인간관을 성찰할 필요가 있다. 관계의 어울림을 중시하는 유학은 이러한 시대 문제에 대해 적극적인 역할을 할 수 있다.

1) 인간중심주의

인간중심주의는 인간을 세계의 중심으로 여기는 세계관이다. 이러한 세계관은 동 · 서양철학사에 등장한다. 『예기』에서 "사람은 그 하늘과 땅의 덕이고, 음과 양의 사귐이며, 귀와 신의 만남이고, 오행의 빼어난 기이다."[19] 라고 지적한 이래, 많은 유학자들은 이 관점을 수용하였다. 그러나 유학자들은 인간을 세계의 중심적인 지위에 올려놓았지만, 인간 이외의 다른 존재를 배척하거나 배제하지 않는다.

그들은 우주에 존재하는 수많은 존재 가운데 인간을 핵심적인 존재로 여긴다. 이는 인간을 우주의 중심으로 여기는 면에서 인간중심주의의 관점에서 벗어나지 않는 것이다. 그러나 이는 우월한 인간이 다른 존재를 경시하고 지배할 수 있음을 인정하는 권위주의적인 관점과 다르다. 이는 인간이 비록 다른 존재들에 비해 뛰어난 역량을 가졌을

지라도, 다른 존재에게 함부로 대하라는 것이 아니다. 인간은 하늘의 운행 원리를 깨달은 존재이기에 다른 존재들에게 포용과 사랑으로 대해야 한다. 유학자들이 중시하는 『주역』에 의하면 인간은 하늘의 길인 원형이정(元亨利貞)을 자각적으로 본받아 인의예지의(仁義禮智)의 도덕성을 구현하고, 천도(天道)와 인도(人道)의 유기적인 통일을 실현해야 한다.[20]

철학에서 권위주의적인 인간중심주의는 특히 서양 근대철학에서 나타난다. 근대적 인간 이해의 출발점은 데카르트라고 할 수 있다. 그는 인간을 정신과 물질적 신체가 합성된 복합적인 존재로 생각한다. 이 정신은 인간의 유일함을 규정하는 동시에 인간이 갖는 특권적 지위를 정당화하는 핵심이다. 그는 인간을 제외한 모든 동물에 대해 인과법칙의 지배를 받는 기계에 불과한 것으로 생각한다. 그에 따르면 인간의 신체 또한 기계이다. 인간이 도덕적 고려의 대상이 되는 것은 영혼을 가진 존재이기 때문이다. 기계는 원인과 결과의 연쇄를 통하여 작동하는 결정론적 자연법칙에 종속되어 있으므로 행위나 목적 혹은 책임 등의 개념에 의해 규정되는 규범적이고 가치적인 영역에 속하지 않는다. '기계'라는 개념 자체가 어떤 존재를 가치의 영역에서 배제하는 결정적인 기준이다. 칸트를 비롯한 대부분의 근대인들은 동물이 도덕적 권리나 지위를 갖지 않으므로 동물을 경시하는 행위 자체에 어떤 내재적인 도덕 문제가 있지 않은 것으로 생각한다.[21]

곧 17세기의 근대혁명은 근대적 개인과 근대적 사회를 탄생시켰고, 인간 개개인의 주체성을 강조한 인본주의인 휴머니즘을 탄생시켰다.

인간의 특성과 관련된 감성, 이성, 의식, 가치, 도덕성, 자의식, 자유의지 등에 대한 철학적 논의들이 본격적으로 시작되었다. 인간과 자연의 관계, 인간과 신(神)의 관계, 인간과 기계의 관계 등에 대해서도 인간중심주의의 관점에서 논의가 이루어졌다. 인간과 비인간 사이에 경계가 명확해지고, 인간 이외의 것들은 주체적인 인간을 중심으로 그 주위에 객체로서 마주한다. 이 시기에 모든 사유가 '나'를 중심으로 하는 인간중심주의가 정착되었다.[22)]

이 시기에 본격적으로 발전하기 시작한 과학기술도 인간중심주의에 기초한다. 과학의 발전에서 인간은 인식 주체이자 능동적 행위자로서 객체이자 대상인 자연을 탐구하였다. 자연의 모든 정보는 인간이 제작한 관측 장치나 실험 도구에 의해 인간이 감지할 수 있는 형태의 정보로 수집되고 분석되었으며, 자연의 법칙과 현상들은 인간의 언어와 개념 체계에 의해 규정되고 해석되었다. 기술 또한 인간 생활의 풍요로움과 윤택함을 위해 개발되었다. 결국 근대는 인간의 인간에 의한 인간을 위한 과학기술문명의 시대라고 할 수 있다.[23)]

그러나 이러한 서양 근대 문명은 문제를 발생시키고 있다. 문제의 핵심은 도구적 이성을 활용하여 대상을 지배하는 인간중심주의의 논리이다. 이는 주체인 인간과 객체인 대상의 관계를 수직적인 질서 체계로 여기는 것이다. 이러한 관점에 의하면 주체가 자신의 필요에 의해 대상을 폭력적으로 지배하는 것조차 정당하다.

이러한 도구적 이성을 토대로 하는 인간중심주의의 근대 문명은 많은 역기능을 양산하였다. 인간의 이익을 위해 자연을 무차별적으로 개발한 결과 환경 파괴로 인한 폐해가 심각하다. 오늘날 생태계 파괴로 인한 생태 질서의 교란은 인간의 삶에 막대한 지장을 초래하고 있다. 또한 인간이 인간을 착취하고 소외시키는 현상이 광범위하게 나타나고 있다. 특히 자유와 평등의 양립 불가를 기초로 하는 '자유지상주의'의 이념에 근거한 자본주의 문명의 확산은 소수에게 집중된 부와 권력으로 인해 다수 민중의 삶을 소외시켜 사회적 갈등이 증폭되고 있다.

'강한 인공지능'의 도래는 이러한 인간중심주의에 기초한 관점을 성찰하도록 요구한다. 이는 이 시기가 근대적 삶의 양식을 대체할 문명의 전환기임을 의미한다. 곧 인간과 비인간, 정신과 몸, 자연과 인공, 생명과 기계 등의 이분법적 사고 대신 인간과 자연, 인간과 인공지능 사이의 관계에 대해 근본적인 성찰이 필요하다. 도덕적 사고의 패러다임을 새롭게 구성하는 일 역시 필요하다. 도덕 경험을 더욱 풍부하게 이해하고, 새롭게 해석하기 위해 근대 문명으로부터 자유로운 창의적인 사유가 필요하다.[24]

이는 수직적인 주체 중심 논리의 수정이 필요함을 의미한다. 주체와 객체가 주인과 노예처럼 권위주의적인 관계로 형성될 타당한 이유가 상실되고 있기 때문이다. 특히 객체로 여겨졌던 존재가 인간의 특성을 갖추고 인간과 유사하거나 혹은 인간을 초월할 정도의 역량을 보유할 경우에 이러한 인간중심주의적인 논리의 생명력은 약화될 수밖에 없다. 그렇다고 해서 비인간이 인간을 지배해야 한다는 논리가 필요한 것은 아니다. 인류 역사에서는 이미 인간이 자연이나 신으로부터 독립되지 못했던 경험이 있다. 인간이 비인간을 지배하거나, 비인간이 인간을 지배하는 이러한 지배와 피지배의 논리는 지양되어야 한다. 이는 인간과 인간, 인간과 비인간, 비인간과 비인간 등의 관계를 균등한 평화로움으로 재정립할 필요가 있음을 의미한다.

2) 관계의 어울림

유학은 주체가 객체를 지배하는 수직적인 관계를 지양하고, 상호 수평적인 관계를 지향한다. 『주역』은 "한 번은 음이 되고 한 번은 양이 되는 것을 도(道)라고 하니, 이어가는 것이 선(善)이고, 이룬 것은 성(性)이다."[25]라고 지적한다. 이는 단일한 실체가 다양한 현상을 지배하는 실체 중심의 요소주의적인 분할적 세계관이 아니라, 서로 마주하는 짝들의 조화로운 관계에 의해 세계가 운행함을 의미한다. 곧 『주역』은 원기(元氣)로서의 '태극'[26]의 움직임과 고요함 및 음과 양의 관점에 입각하여 "태극이 움직여 양을 생겨나게 하고, 움직임이 지극하면 고요하다. 고요하여 음을 생겨나게 하고, 고요함이 지극하면 움직임을 회복한다. 한 번의 움직임과 한 번의 고요함은 서로 그 뿌리가 된다. 음으로 나뉘고 양으로 나뉘어 양의(陰과 陽)가 정립"[27]되는 논리로 이어진다. 이는 음과 양이라는 서로 다른 두 성질의 짝이 서로를 지배하거나 배제하지 않고, 서로 섞여가며 긴밀하게 교류하면서 세계의 질서를 평화롭게 유지하는 것을 의미한다.

곧 『주역』은 하늘의 길인 건도(乾道)를 만물의 시원으로 여기고, 건도가 변화하여 세계의 모든 질서를 바로잡기 때문에 큰 어울림이 형성되며[28], 땅의 길인 곤도(坤道)를 하늘의 뜻을 받아 만물이 잘 생육하도록 하는 터전으로 여긴다.[29] 이처럼 『주역』은 하늘의 길과 땅의 역할을 수직적이고 권위주의적인 질서 체계로 여기지 않고, 각자의 역할을 존중하는 상호 평등의 관계로 생각한다.

『주역』은 인간을 이러한 하늘의 길과 땅의 역할을 본받아 평화로운 질서를 유지하는 존재로 생각한다. 『주역』에 의하면 인간은 이러한 하늘의 길과 땅의 역할과 유리되는 삶이 아니라, 그 원리를 자신의 삶에서 구현하는 존재이다. 이러한 삶의 원리가 인의예지로 상징되는 도덕성의 근거이다. 이 때문에 『주역』은 "하늘의 운행은 부지런하니, 군자는 이를 본받아 스스로 힘써 쉬지 않는다."[30]라고 하고, "땅의 형세가 곤(坤)이니, 군자는 이를 본받아 덕을 두텁게 하고 사물을 싣는다."[31] 라고 지적한다. 이는 하늘과 땅과 인간을 권위주의적인 질서 체계의 수직적인 관계가 아니라, 각자 서로 다른 역할을 인정하면서도 상호 존중을 통해 평화로운 질서가 유지되는 수평적인 관계로 여기는 것이다.

이러한 평화로운 어울림의 관계 논리는 공자, 맹자 등 초기 유학자들의 사유와 맥을 같이 할 뿐만 아니라[32], 이후의 유학자들에게 계승되고 발전되었다. 특히 이 세계를 기(氣)가 가득 채워져 있는 것으로 생각하는 장재(張載)는 이러한 『주역』의 논리를 적극적으로 계승한다. 그는 인간과 인간, 인간과 자연, 인간과 만물 등을 수평적인 관계로 생각한다. 그는 "태화(太和)란 이른바 도이니, 그 속에 뜸과 가라앉음 · 오름과 내림 · 움직임과 고요함 등의 서로 감(感)하는 성(性)을 함유하여, 이것이 부빔[33] · 서로 굴림[34] · 이김과 짐 · 굽힘과 펼침[35] 등의 시작을 생기게 한다. 그것이 시작할 때에는 은미하고 쉽고 간단하며, 그것이 끝날 때에는 광대하고 견고하다. 쉬움에서 주관하기 시작한 것은 건(乾)이고, 간단함에서 본받는 것은 곤(坤)이다."[36]라고 지적한다. 이는 그가 기로 구성되어 있는 우주를 그 자체의 운행 원리인 태화(太和)에 의해 온갖 모습을 띠며 운행하면서도 질서가 조화롭게 유지되는 것으로 생각하는 것이다. 그는 이러한 우주관을 토대로 하여 "백성은 나의 동포이다."[37]라고 하고, 바로 "만물은 나의 무리이다."[38]라고 지적한다. 이는 나와 타인 및 인간과 만물을 서로 배척하거나 획일화 시키지 않고, 서로의 역할을 인정하며 존중하는 수평적인 관계로 설정하는 것이다.

이처럼 기철학(氣哲學)은 고정불변의 형이상학적인 실체가 세계를 주재하고 현상계는 그 실체의 명령에 복종해야 한다는 이분법적 논리를 지양하고, 음과 양이라는 서로 다른 두 성질이 유기적으로 관계하면서 만물을 변화시키고 생성한다는 논리를 지향한다. 이는 인간과 인간, 인간과 자연, 인간과 만물 등의 관계를 서로에 대해 지배와 피지배의 대상이 아니라, 인정과 존중의 대상으로 여기는 것이다.

이러한 기철학의 관점은 인간과 인공지능의 관계에도 적용될 수 있다. 레이 커즈와일(Raymond Kurzweil, 1948~)은 인간이 다른 생물보다 우월한 위치를 차지한 이유에 대해 지능의 발달 때문으로 여긴다. 그는 인간의 지능을 자연의 한계를 초월하여 세상을 바꾸는 원동력이라고 생각한다. 그에 따르면 인간의 지능은 생물학적으로 타고난 한계를 극복할 뿐만 아니라, 인간 자신을 변화시킨다. 지구에서 이러한 역할을 할 수 있는 존재는 인간뿐이다.[39] 이처럼 지능은 인간을 다른 존재와 구별하게 하는 본질적인 원인 가운데 하나로 여겨지고 있다.

'강한 인공지능'의 출현은 이러한 인간 우월주의를 지속시킬 수 있는 명분을 약화시킨다. 실리콘으로 구성된 인공지능은 탄소로 구성된 인간과 물리적 기반이 다를지라도, 인간과 유사한 역할을 하거나 인간의 역할을 뛰어넘을 수 있다. 인간은 이러한 인공지능에 대해 지배의 위치를 차지할 명분이 약하다. 지능의 발달 정도에서 인공지능과 인간의 역할 사이에 본질적인 차이가 없기 때문이다.

인간과 '포스트휴먼'은 동일한 계산과 정보처리 기능의 방면에 큰 차이가 없다. 특히 계산과 같은 지능적 상태는 질료와 분리되기 때문에 지능은 반드시 인간의 몸과 같은 생체를 기반으로 할 필요가 없다. 지능은 컴퓨터 프로그램이 하드웨어와 독립하여 존재하는 것처럼 두뇌와 같은 생체 기관으로부터 독립적이다. 지능은 반드시 단백질로 된 자연인의 생체적 몸을 기반으로 할 필요가 없다. 지능의 실현 가능성은 물리적으로 다양하다. 인공지능의 최절정인 '포스트휴먼'은 자신의 지적 능력을 서로 다른 여러 물리적 기반에 다운로드할 수 있다. 이 때문에 '포스트휴먼'은 생물학적인 죽음에서 해방될 수 있다. 따라서 미래의 '포스트휴먼'에게 몸은 실존적 근거가 아니라 장식물에 불과하고, 지능은 인간의 몸에 잠시 의탁할 수 있다.[40)]

앞으로 생명공학, 인지과학, 나노테크놀로지 등 첨단과학이 발전할 것으로 예측된다. 생명공학과 칩 생산기술이 성공적으로 결합하여 컴퓨터가 인공신경과 생체 칩의 형태로 실용화되고, 그것이 인간의 육체 안에 이식된다면 컴퓨터는 더 이상 인간과 괴리된 타자로 머물지 않을 수 있다. 미래의 컴퓨터는 이식을 통해 인간의 몸과 하나가 되면서 인간 내부에 침투할 수 있다. 이는 인간보다 지능적인 컴퓨터가 인간을 컴퓨터의 일부로 흡수하고, 인간을 '포스트휴먼'으로 변화시킬 수 있음을 의미한다. 이러한 '포스트휴먼'은 인간의 몸으로 사는 현실에서 살지 않고, 멀티미디어의 이미지가 흐르며 여러 프로그램에 의해 다양하게 만들어지는 가상현실 속에서 살 수 있다. 인간은 필연적으로 몸을 떠날 수 없지만, '포스트휴먼'은 디지털스페이스에서 여러 가상현실들을 자유롭게 선택할 수 있다. 이렇게 복수의 가상현실 속에 사는 '포스트휴먼'은 개인용 소프트웨어가 업로드나 다운로드를 통하여 하드웨어를 바꾸어도 기능할 수 있는 것처럼, 인간의 생체적 몸에만 의존하지 않는다. '포스트휴먼'은 물리적 기반을 바꾸어 가며 삶을 지속시킬 수 있다.[41)]

이처럼 '강한 인공지능'은 지능뿐만 아니라, 그동안 인간의 고유 영역으로 여겨지던 감성, 자율성, 도덕적 판단 등 인간의 역할을 자유롭게 수행할 수 있다. 이는 인간과 인공지능의 존재 근거인 물리적 기반의 차이를 제외하고, 기능과 역할의 측면에 본질적 차이가 없음을 의미한다. 21세기의 유학은 인간과 자연 및 인간과 인간을 유기적인 관계로 여긴 것처럼, 인간과 인공지능의 관계 역시 유기적일 필요가 있다. 이는 관계 윤리를 중시하는 전통의 유학이 21세기의 시대 상황에 부응하는 것이다. 이러한 논리는 배타적 경쟁의식에 의한 배제의 논리, 상대를 나에게 귀속시키거나 내가 상대에게 귀속되는 획일화의 논리 등과 차이가 있다.

21세기 유학의 관계 윤리는 "나는 나이고 너는 너이다. 그러나 나는 나이고 너는 너일지라도, 나와 너는 서로를 배제시켜야 할 대상이 아니라, 함께 어울려 살아가야 할 존재이다. 따라서 나는 나만의 특성이 있을 뿐만 아니라, 너와 관련되면서 형성된 너의 특성을 포함하고 있다. 너 역시 너만의 특성이 있을 뿐만 아니라, 나와 관련되면서 영향을 받은 나의 특성을 포함하고 있다."[42)]

유학의 관계 윤리에 의하면 사회적 존재인 인간은 상호 간에 어떠한 교류도 없이 완전히 결별하여 살 수 있는 남남의 존재가 아니라, 서로 긴밀하게 관계하여 공동의 선한 목적을 이루는 동반자이다.

이처럼 유학의 관계론은 상대를 배제하거나 획일화시키지 않고, 서로의 차이를 인정하고 존중하는 의식을 전제한다. 그런데 유학은 서로의 차이에 대해 무관한 상태로 방치하지 않는다. 유학은 서로의 교류와 민주적인 협의를 통해 차이를 좁히고 평화로운 어울림의 문화를 건설하고자 한다. 21세기 유학은 이러한 역할을 반드시 인간만 해야 하는 것으로 생각하지 않는다. 인식능력과 자율성과 도덕적 판단 능력을 갖춘 로보 사피엔스가 출현한다면 그 역시 인간과 함께 이러한 공동의 문화를 건강하게 구성하는 일에 동참할 수 있다.

4. 인간과 인공지능의 어울림

인간은 인간의 편리함을 위해 과학기술을 동원하여 인공지능을 개발하였다. 유능한 인간에 의해 제조된 초기의 인공지능은 로봇의 형태로 개발되어 다양한 분야에서 활용되었다. 로봇은 가정, 병원, 학교, 공공기관, 산업 현장 등 다양한 분야에서 수요가 급증하고 있다.

현재 많은 과학자들은 인지과학, 뇌과학, 생명공학, 나노기술 등 최첨단 기술을 활용하여 유능한 인공지능의 개발에 박차를 가하고 있다. 일부 과학자와 미래학자들은 머지않아 '포스트휴먼'을 상징하는 '강한 인공지능'이 출현할 것으로 예측한다. 이 '강한 인공지능'은 그동안 인간의 고유 영역으로 여겨지던 감성, 창의성, 이성, 도덕적 판단, 자유의지, 자율성 등을 갖추어 지능과 역량 면에서 인간과 유사하거나 인간을 초월할 수 있다. 이러한 로보 사피엔스의 출현은 기존의 인간관에 근본적인 물음을 던지며 새로운 관계 윤리를 모색할 필요성을 제기한다.

이는 도구적 이성을 통해 인간 이외의 존재를 대상으로 여기고, 그들에 대한 지배를 정당화했던 서구 근대 문명의 인간우월주의에 대해 근본적인 성찰이 필요함을 의미한다. 곧 자연지능을 갖춘 인간과 그 인간의 특성을 갖춘 인공지능 사이가 지배와 피지배 형식과 같이 수직적인 관계가 될 필요는 없다. 이는 인간과 인공지능에게 모두 해당한다. 인간이 인공지능을 권위주의적으로 대할 수 없는 것과 같이, 인공지능 역시 인간에 대해 수직적인 질서의식을 강요할 수 없다.

그런데 인공지능은 현상적으로 인간과 독립되어 있는 것처럼 보이지만, 그 최첨단 시스템을 운영할 수 있는 유능한 과학기술자의 영향력을 완전히 배제하기 어렵다. 이는 갈등 문제가 발생할 경우, 현상적으로 인간과 인공지능의 관계에서 발생하는 것처럼 보일 수 있지만, 인간과 인간의 관계 문제 역시 배제할 수 없음을 의미한다. 곧 인간과 인공지능의 갈등 문제는 유능한 인간과 무능한 인공지능, 유능한 인공지능과 무능한 인간, 유능한 인간과 무능한 인간, 유능한 인간과 유능한 인간, 유능한 인공지능과 무능한 인공지능, 유능한 인공지능과 유능한 인공지능 등 다양한 관계에서 발생할 수 있다. 특히 어느 한쪽이 자신의 이익을 위해 상대를 존중하지 않고 도구적 이성에 의해 수단으로 대할 때 문제가 발생할 수 있다.

유학은 이러한 관계 문제에서 서로의 역할에 차이가 있음을 인정한다. 그러나 각자의 역할이 다를지라도, 그 다름이 상대를 경시해야 할 이유가 되지는 않는다. 유학은 서로의 다름을 인정하고 존중할 뿐만 아니라, 다름과 다름의 유기적인 소통을 통해 공동체 사회를 건설하고자 한다. 이는 인간과 인공지능의 관계에도 적용될 수 있다. 21세기형 유학은 인간과 인공지능이 서로의 다름을 인정하고 존중할 뿐만 아니라, 왕성한 교류를 통해 평화로운 문화를 함께 건설해야 한다.

이러한 유학의 관계론은 21세기에 출현할 것으로 예측되는 '포스트휴먼'과 인간이 배제, 획일화, 지배, 피지배 등의 불평등한 사회가 아니라, 민주적인 협의를 통해 평화롭게 어울리는 건강한 공동체 문화를 건설하는 면에 기여할 수 있다.

생각해 볼 문제

1. 본성론은 인간의 고유한 특성을 규정하는 이론으로 여겨지고 있다. 전통적으로 철학에서 본성론에는 성선설(性善說), 성악설(性惡說), 성무선무악설(性無善無惡說), 성유선유악설(性有善有惡說), 성삼품설(性三品說), 성기호설(性嗜好說) 등이 있다. 이들 본성론 가운데, 어느 관점을 지지하는지에 대해 서로 이야기해 보자.

2. '모더니즘(Modernism)'적 사유에 의해 인간의 우월성을 중시하는 인간중심주의는 한편으로 인간의 존엄성을 확보하는 논리를 제공하고, 다른 한편으로 인간이 동물과 식물 등 비인간을 지배할 수 있는 이론 근거의 역할을 하였다. 이러한 인간중심주의는 '포스트모더니즘(Postmodernism)'적 사유가 중시되는 21세기에 새로운 국면을 맞이하고 있다. 이러한 인간중심주의의 장점과 단점에 대해 이야기해 보자.

3. '강한 인공지능(Strong Artificial Intelligence)' 기술의 발전은 인간의 특성을 갖추고 있는 '로보 사피엔스(Robo Sapiens)'의 도래를 예고한다. 현재 인류에게 '생각하는 로봇'을 의미하는 고차원적인 로보 사피엔스가 출현한 것은 아니다. 그러나 일부의 사람들은 과학기술의 발전 속도를 고려할 때, 머지않아 '포스트휴먼(Posthuman)'의 상징인 로보 사피엔스가 출현할 것으로 예측한다. 로보 사피엔스는 인간과 기계의 탈경계인 '포스트휴먼' 시대에 '호모 사피엔스(Homo Sapiens)'와 관계를 형성할 수밖에 없다. 로보 사피엔스가 출현한다면 인간은 로보 사피엔스와 어떻게 관계해야 할지에 대해 서로 이야기해 보자.

1) 이 장의 글은 저자의 논문 「인공지능시대 인간의 특성과 유가철학의 관계론」(『동양철학연구』 제112집, 2022) 과 저서 「로보사피엔스와 유가철학의 관계론」(『철학과 현실-현실과 철학 1 : 인간의 자각과 개명』, 동서양 고중세 철학과 미래 세계에 대한 성찰, 21세기북스, 2024) 가운데, 필요한 내용을 인용하며 수정하고 보완했음을 밝힌다.

2) 『論語』, 「顔淵」, "克己復禮爲仁. 一日克己復禮, 天下歸仁焉. 爲仁由己, 而由人乎哉? …… 非禮勿視, 非禮勿聽, 非禮勿言, 非禮勿動."

3) 『論語』, 「陽貨」, "性相近也, 習相遠也."

4) 『孟子』, 「公孫丑上」, "所以謂人皆有不忍人之心者, 今人乍見孺子將入於井, 皆有怵惕惻隱之心. 非所以內交於孺子之父母也, 非所以要譽於鄕黨朋友也, 非惡其聲而然也. 由是觀之, 無惻隱之心, 非人也; 無羞惡之心, 非人也; 無辭讓之心, 非人也; 無是非之心, 非人也.…… 惻隱之心, 仁之端也; 羞惡之心, 義之端也; 辭讓之心, 禮之端也; 是非之心, 智之端也. 人之有是四端也, 猶其有四體也." 『孟子』, 「離婁下」, "人之所以異於禽於獸者幾希, 庶民去之, 君子存之. 舜明於庶物, 察於人倫, 由仁義行, 非行仁義也." 『孟子』, 「告子上」, "人性之善也猶水之就下也."

5) 『孟子』, 「告子上」, "生之謂性. …… 食色, 性也. …… 公都子日, '告子日, 性無善無不善也.'"

6) 『荀子』, 「性惡」, "今人之性, 生而有好利焉. 順是, 故爭奪生而辭讓亡焉. 生而有疾惡焉. 順是, 故殘賊生而忠信亡焉. 生而有耳目之欲, 有好聲色焉. 順是, 故淫亂生而禮義文理亡焉. 然則從人之性, 順人之情, 必出於爭奪, 合於犯分亂理而歸於暴."

7) 董仲舒, 『春秋繁露』, 「實性」, "善如米, 性如禾; 禾雖出米, 而禾未可謂米也. 性雖出善, 而性未可謂善也. 米與善, 人之繼天而成於外也, 非在天所爲之內也. 天所爲, 有所至而止, 止之內謂之天; 止之外謂之王敎, 王敎在性外, 而性不得不遂. 故日, '性有善質, 而未能爲善也, 豈敢美辭, 其實然也? 天之所爲, 止於繭麻與禾. 以麻爲布, 以繭爲絲; 以米爲飯, 以性爲善. 此皆聖人所繼天而進也, 非情性質樸之能至也. 故不可謂性. …… 今按聖人言中本無性善名, 而有善人吾不得見之矣. 使萬民之性皆已能善, 善人者何爲不見也? …… 聖人之性, 不可以名性; 斗筲之性, 又不可以名性. 名性者, 中民之性. 中民之性, 如繭如卵, 卵待覆二十日, 而後能爲雛; 繭待繅以涫湯, 而後能爲絲; 性待漸於敎訓, 而後能爲善. 善, 敎訓之所然也, 非質樸之所能至也. 故不謂性. 性者, 宜知名矣. 無所待而起生, 而所自有也. 善所自有, 則敎訓已非性也. 是以米出於粟, 而粟不可謂米; 玉出於璞, 而璞不可謂玉. 善出於性, 而性不可謂善."

8) 揚雄, 『法言』, 「修身」, "人之性也善惡混. 修其善則爲善人, 修其惡則爲惡人. 氣也者, 所以適善惡之馬也與. 王充, 『論衡』, 「本性」: 周人世碩以爲"人性有善有惡，擧人之善性，養而致之則善長；(惡)性，養而致之則惡長."……夫中人之性，在所習焉，習善而爲善，習惡而爲惡也. 至於極善極惡，非復在習. 故孔子日, "惟上智與下愚不移." 性有善不善，聖化賢敎，不能復移易也."

9) 『朱子語類』卷四, 「性理一 人物之性氣質之性」, "性卽理也. 當然之理, 無有不善者.……人之所以有善有不善, 只緣氣質之稟各有淸濁. 李滉, 『退溪集』 卷十六, 「與奇明彦」: 四端之發, 純理故無不善; 七情之發, 兼氣故有善惡."

10) 王夫之,『讀孟子大全說』,「告子上」, “理只是以象二儀之妙, 氣方是二儀之實. 健者, 氣之健也; 順者, 氣之順也. 天人之蘊, 一氣而已. 從乎氣之善而謂之理, 氣外更無虛託孤立之理也. 王夫之,『讀孟子大全說』,「告子上篇」: 理卽是氣之理, 氣當得如此便是理, 理不先而氣不後. 理善則氣無不善; 氣之不善, 理之未善也. (如牛犬類) 人之性只是理之善, 是以氣之善; 天之道惟其氣之善, 是以理之善. ‘『易』有太極, 是生兩儀’, 兩儀, 氣也, 唯其善, 是以可儀也. 所以‘乾’之六陽, ‘坤’之六陰, 皆備元 · 亨 · 利 · 貞之四德. 和氣爲元, 通氣爲亨, 化氣爲利, 成氣爲貞, 在天之氣無不善. 天以二氣成五行, 人以二殊成五性. 溫氣爲仁, 肅氣爲義, 昌氣爲禮, 晶氣爲智, 人之氣亦無不善矣.”

11) 丁若鏞,『中庸自箴』卷一, “樂善而惡惡, 好德而恥汚, 斯之謂性也.『中庸自箴』卷一 : 據性字本義而言之, 則性者心之所嗜好也.” 丁若鏞,『論語古今註』卷九,「季氏」, “性者, 本心之好惡也.”

12)『荀子』,「性惡」, “今人之性惡, 必將待師法然後正, 得禮義然後治. 今人無師法, 則偏險而不正; 無禮義, 則悖亂而不治. 古者聖王以人之性惡, 以爲偏險而不正, 悖亂而不治. 是以爲之起禮義 · 制法度, 以矯飾人之情性而正之.”『荀子』,「性惡」, “孟子曰, 人之性善. 曰, 是不然. 凡古今天下之所謂善者, 正理平治也; 所謂惡者, 偏險悖亂也. 是善惡之分也已.”

13) 王夫之,『尙書引義』,「太甲2」, “天日命於人, 而人日受命於天. 故曰, ‘性者生也, 日生而日成之也.’”

14) 丁若鏞,『孟子要義』,「盡心第七」, “孟子之所謂‘養性’者, 今日行一善事, 明日行一善事, 集義積善, 以養其樂善恥惡之性, 使浩然之氣, 充然不餒也.”

15) 이종관,『포스트 휴먼이 온다』(사월의 책, 2017), 35~38쪽 참조. Mihail C. Roco, William Sims Bainbridge, Converging Technologies for Improving Human Performance: Integrating from the nanoscale, Journal of Nanoparticle Research 4: 281~295, 2002. © 2002 Kluwer Academic Publishers. Printed in the Netherlands 참조.

16) 이종관, 앞의 책, 39~42쪽 참조.

17) 김진석,『강한 인공지능과 인간』(글항아리, 2019), 6쪽 참조.

18) 이중원 엮음,『인공지능의 윤리학』(한울아카데미, 2019), 6쪽 참조.

19)『禮記』,「禮運」, “人者, 其天地之德, 陰陽之交, 鬼神之會, 五行之秀氣.”

20)『周易』,「乾卦, 文言」, :元者, 善之長也; 亨者, 嘉之會也; 利者, 義之和也; 貞者, 事之幹也. 君子體仁足以長人, 嘉會足以合禮, 利物足以和義, 貞固足以幹事. 君子行此四德者. 故曰, ‘乾, 元, 亨, 利, 貞.’『周易』,「說卦傳」: 是以立天之道曰, ‘陰與陽,’ 立地之道曰, ‘柔與剛,’ 立人之道曰, ‘仁與義.’”

21) 신상규,「인공지능, 또 다른 타자」, 이중원 엮음,『인공지능의 윤리학』, 한울아카데미, 2019, 268~269쪽 참조

22) 이중원, 「인공지능 시대, 철학자는 무엇을 할 것인가」, 『인공지능의 도전, 철학의 응전』, 이화인문과학원 · 한국철학회 공동학술대회 자료집, 『인공지능의 도전, 철학의 응전』, 2017, 123쪽 참조

23) 이중원, 앞의 글 참조

24) 신상규, 앞의 글, 296쪽 참조

25) 『周易』, 「繫辭上」, "一陰一陽之謂道, 繼之者善也, 成之者性也."

26) 周惇頤, 『太極圖說』, "五行一陰陽也, 陰陽一太極也." 周惇頤, 『通書』「誠上」, "五行陰陽, 陰陽太極."

27) 周惇頤, 『太極圖說』, "太極動而生陽, 動極而靜. 靜而生陰, 靜極復動. 一動一靜, 互為其根. 分陰分陽, 兩儀立焉."

28) 『周易』, 「乾卦 · 彖傳」, "大哉乾元! 萬物資始, 乃統天. 雲行雨施, 品物流形. 大明終始, 六位時成, 時乘六龍以御天. 乾道變化, 各正性命, 保合太和, 乃利貞. 首出庶物, 萬國咸寧."

29) 『周易』, 「坤卦 · 彖傳」, "至哉坤元! 萬物資生, 乃順承天. 坤厚載物, 德合无疆, 含弘光大, 品物咸亨. 牝馬地類, 行地无疆, 柔順利貞. 君子攸行, 先迷失道, 後順得常. 西南得朋, 乃與類行, 東北喪朋, 乃終有慶. 安貞之吉, 應地无疆."

30) 『周易』, 「乾卦 · 象傳」, "天行健, 君子以自强不息."

31) 『周易』, 「坤卦 · 象傳」, "地勢坤, 君子以厚德載物."

32) 『春秋左傳』, 「昭公20年」, "和如羹焉, 水, 火, 醯, 醢, 鹽, 梅, 以烹魚肉, 燀之以薪, 宰夫和之, 齊之以味, 濟其不及, 以洩其過. 君子食之, 以平其心." 『國語』卷第16, 「鄭語」, "夫和實生物, 同則不繼." 『論語』, 「子路」, "君子和而不同." 『孟子』, 「公孫丑下」, "天時不如地利, 地利不如人和." 『荀子』, 「儒效篇」, "因天下之和, 遂文武之業, 明枝主之義." 『禮記』, 「月令第六」, "天氣下降, 地氣上騰, 天地和同, 草木萌動." 『禮記』, 「樂記第十九」, "大樂與天地同和, 大禮與天地同節. 和故百物不失, 節故祀天祭地.……樂者, 天地之和也. 禮者, 天地之序也. 和故百物皆化. 序故羣物皆別." 『中庸』第一章, "中也者, 天下之大本也; 和也, 天下之達道也. 致中和, 天地位焉, 萬物育焉."

33) 『周易』, 「繫辭下」, "天地絪縕, 萬物化醇, 男女構精, 萬物化生."

34) 『周易』, 「繫辭上」, "是故剛柔相摩, 八卦相盪."

35) 『周易』, 「繫辭下」, "往者屈也, 來者信也, 屈信相感而利生焉."

36) 張載, 『正蒙』, 「太和篇」, "太和所謂道, 中涵浮沉 · 升降 · 動靜相感之性, 是生絪縕 · 相盪 · 勝負 · 屈伸之始. 其來也, 幾微易簡; 其究也, 廣大堅固. 起知於易者, 乾乎; 效法於簡者, 坤乎!"

37) 張載, 〈西銘〉, "民吾同胞."

38) 張載, 〈西銘〉, "物吾與也."

39) 레이 커즈와일, 윤영삼 역, 『마음의 탄생』, 크리센도, 2016, 15~20쪽 참조. 승현준도 『커넥톰, 뇌의 지도』(신상규 옮김, 김영사, 2014)에서 인간이 다른 종에 비해 큰 뇌를 사용하여 많은 발전을 이룬 것으로 여긴다. 그는 인간이 이러한 뇌의 활동을 통해 기술을 만들어내면서 역량을 확장할 것으로 생각한다.(431~434쪽). 그는 인간의 뇌 속에 약 1,000억 개의 뉴런이 있고(407쪽), 뉴런 하나에는 수만 개의 시냅스가 있는 것으로 추정하며(157쪽), 1제곱밀리미터에 10억 개의 시냅스를 가지고 있는 것으로 생각한다.(95쪽) 그는 이러한 뇌의 활동을 통해 인간이 다른 동물보다 발달한 것으로 생각한다. 또한 그는 21세기 말까지 우리 뇌에 있는 뉴런들의 네트워크를 돌아다니는 전기신호를 시뮬레이션할 수 있을 정도로 강력한 컴퓨터가 개발될 수 있을 것으로 생각한다(400~415쪽).

40) 이종관, 『포스트 휴먼이 온다』, 사월의 책, 2017, 63~64쪽 참조.

41) 이종관, 앞의 책, 62쪽 참조.

42) 이철승, 「〈서명〉에 나타난 어울림 사상의 논리 구조와 의의」, 동양철학연구회, 『동양철학연구』 제69집, 2012, 322쪽.

참고문헌

1) 초기 유학 원전

『論語』

『孟子』

『大學』

『書經』

『荀子』

『詩經』

『禮記』

『周易』

『中庸』

『春秋左傳』

2) 공구서

四川大学历史係古文字研究室,『甲骨今文字典』, 巴蜀书社, 1993.

『辞海』, 上海辞书, 1991.

許愼 撰, 段玉裁 注,『說文解字注』, 天工書局印行, 中華民國 76年

김성재,『갑골에 새겨진 신화와 역사』, 동녘출판사, 2000.

3) 원서 및 번역서

『國際儒藏』(1~16), 華夏出版社, 中國人民大學出版社, 2010.

『四書大全』

『船山全書』(16冊), 嶽麓書社(1988~1996)

葉適,『習學記言』

『儒藏』編纂中心,『經部四書類』, 北京大學出版社, 2007.

『二程遺書』

李贄,『藏書』

張載,『正蒙』

『傳習錄』, 漢文大系 16, 富山房, 明治 43

丁若鏞,『論語古今註』
周惇頤,『太極圖說』
-----,『通書』
『朱子語類』(1~4), 嶽麓書社, 1997.
『朱熹集』(一~十), 四川教育出版社, 1996.
『陳亮集』下
『春秋繁露』
『漢書』,「董仲舒傳」
黃宗羲,『明夷待訪錄』

윤용남 · 이충구 · 김재열 · 윤원현 · 추기연 · 이철승 · 심의용 · 김형석 · 이치억 · 김현경 역주,『완역 성리대전』1~10, 학고방, 2018.

4) 단행본

강상구,『신자유주의의 역사와 진실』, 문화과학사, 2000.
고려대 민족문화연구원 한국사상연구소,『자료와 해설 한국 철학사상』, 예문서원, 2001.
고영희 · 김덕균 · 김동민 · 이철승 · 정규훈 · 지준호 · 최영갑 · 홍정근 외,『유교문화체험연수교재-선비정신』, 문화체육관광부 · 성균관, 2011.
고재석 · 권경자 · 김동민 · 이천승 · 정병섭,『우리들의 세상, 논어로 보다』, 성균관대학교 출판부, 2018.
국립중앙박물관,『호모 사피엔스』, 공존, 2021.
김성훈 · 김세정 · 신진식 · 이철승 · 정영수,『재난 시대의 철학』, 역락, 2022.
김세정 · 김경호 · 신정근 · 김세서리아 · 이향준 · 이철승,『우리시대, 새로운 유학을 사유하다』, 충남대학교 출판문화원, 2020.

김진석, 『강한 인공지능과 인간』, 글항아리, 2019.
나종석, 『대동민주주의와 21세기 유가적 비판이론의 모색』, 예문서원, 2023.
데이비드 M. 코츠 지음, 곽세호 옮김, 『신자유주의의 부상과 미래』, 나름북스, 2018.
레이 커즈와일 지음, 채윤기 옮김, 『21세기 호모 사피엔스』, 도서출판 나노 미디어, 1999.
-----, 윤영삼 역, 『마음의 탄생』, 크리센도, 2016.
Robert Nozick, 강성학 역, 『자유주의의 정의론』, 대광문화사, 1991.
린메이마오 · 이철승 · 장성규 · 장타오 · 정순일 · 차승기 · 최봉준 · 펑루 · 피에르풀러 · 하금철, 『재난인문학 연구 어떻게 할 것인가?』, 역락, 2021.
마이크 샌덜 저, 이창신 역, 『정의란 무엇인가』, 김영사, 2010.
-----, 이양수 옮김, 『정의의 한계』, 멜론, 2012.
Murray Bookchin, 서유석 옮김, 『머레이 북친의 사회적 생태론과 코뮌주의』, 메이데이, 2012.
밀턴 프리드만, 심준보 · 변동열 옮김, 『자본주의와 자유』, 청아람 미디어, 2007.
문성훈, 『새로운 사회적 자유주의』, 사월의 책, 2022.
박순성, 『아담 스미스와 자유주의』, 풀빛, 2003.
박은정, 『자연법의 문제들』, 세창출판사, 2007.
소르망(Guy Sorman)저, 김정은 역, 『자본주의 종말과 새세기』, 한겨레신문사, 1995.
승현준 지음, 신상규 옮김, 『커넥톰, 뇌의 지도』, 김영사, 2014.
에른스트 블로호 지음, 박설호 옮김, 『자연법과 인간의 존엄성』(1961), 경기도 : 열린책들, 2011.
이상익, 『유가사회철학연구』, 도서출판 심산문화, 2001.
이승환, 『유가사상의 사회철학적 재조명』, 고려대학교 출판부, 1998.
이종관, 『포스트 휴먼이 온다』, 사월의 책, 2017.
이중원 엮음, 『인공지능의 윤리학』, 한울아카데미, 2019.

이철승, 『유가사상과 중국식 사회주의 철학』, 심산문화, 2002.
-----, 『마오쩌둥: 현대 중국의 초석과 철학사상』, 태학사, 2007.
-----, 『우리철학, 어떻게 할 것인가』, 학고방, 2020.
이화(易華) 지음, 김성기 옮김, 『이하선후설』, 성균관대 출판부, 2021.
장진호, 『헌법재판과 한국 민주주의』, 한국학술정보, 2015.
전호근, 『한국철학사』, 메멘토, 2015.
제레미 리프킨 지음, 이창희 옮김, 『엔트로피』, 세종연구원, 2008.
조선대학교 우리철학연구소, 『오늘의 한국철학, 그리고 우리철학』, 학고방, 2019.
존 롤즈 지음, 황경식 옮김, 『정의론』, 이학사, 2006.
최장집 · 박찬표 · 박상훈, 『어떤 민주주의인가: 한국 민주주의를 보는 하나의 시각』, 후마니타스, 2007.
카. 맑스, 에프. 엥겔스, 「공산당선언」, 『맑스 · 엥겔스 선집』Ⅰ, 도서출판 백의, 1996.
플라톤, 박종현 역주, 『플라톤의 국가 • 政體』, 서광사, 2008.
-----, 『플라톤의 법률』, 서광사, 2009.
하랄트 슈만 · 크리스티아네 그레페 지음, 김호균 옮김, 『신자유주의의 종언과 세계화의 미래』, (주)영림카디널, 2010.
한국인공지능법학회, 『인공지능 윤리와 거버넌스』, 박영사, 2021.
한국철학사상연구회, 『강좌한국철학』, 예문서원, 1995.
-----, 『우리들의 동양철학』, 동녘, 1997.
-----, 『논쟁으로 보는 한국철학』, 예문서원, 1995.
-----, 『철학, 문화를 읽다』, 동녘, 2009.
한국포스트휴먼연구소 · 한국포스트휴먼학회, 『인공지능의 이론과 실제』, 아카넷, 2019.
한스 켈젠, 『순수법학』, 변종필 · 최희수 옮김, 길안사, 1999.
-----, 『켈젠의 자기증언』, 심현섭 역, 법문사. 2009.
허버트 하트, 『법의 개념』, 오병선 옮김, 아카넷, 2001.
함재봉, 『유교 자본주의 민주주의』, 전통과 현대, 2000.

5) 논문

施忠連,「“和”乃天地之道」, 朱貽庭 主編,『儒家文化與和諧社會』, 學林出版社, 2005.

辛向陽,「和諧社會: 一個中國式創造」,『中國政治』, 中國人民大學書報資料中心, 2006.06.

袁晓晶,「生生之道与智能时代的人机关系」,『第22届 国际中国哲学大会, 世界哲学视域中的中国哲学专题论文集(四)』, 中国华东师范大学, 2022.06.27.~07.01.

姚贤 · 李光福, 「忠恕之道与构建和谐社会」, 『太原师范学院学报』, 2006年 04期

夏乃儒,「儒家和諧思想的現代闡釋」, 朱貽庭 主編,『儒家文化與和諧社會』, 學林出版社, 2005.

黃明同,「儒家思想對當代構建和諧社會的啓示」,『國際儒學論壇.2005-儒學與亞洲人文價値』論文集(上), 中國, 北京, 2005年12月

곽신환,「‘같음’과 ‘다름’의 문제에 대한 조선조 후기 주자학적 접근 - 인성 물성의 동이론을 심으로 -」,『공자학』 1권, 1995.

김봉제,「인공지능 거짓말의 특성 이해 -거짓말에 대한 윤리학적 담론을 중심으로」,『인공지능인문학연구』 6권 0호, 중앙대학교 인문콘텐츠연구소, 2020.

김비환,「현대 자유주의의 스펙트럼과 한국사회의 보수와 진보」, 철학연구회,『자유주의와 그 적들- 한국자유주의 담론의 행방-』, 철학과 현실사, 2006.

-----,「플라톤 정치사상에서 철인지배와 법치의 상보적 통합성 : ‘좋은 법질서’(eunomia)를 향한 철학적 충동」.『법철학연구』 제13권 제3호, 2010.

김석근,「자유주의와 유교-만남과 갈등 그리고 화해-」,『전통과 현대』 창간호, 1997.

김세정,「왕양명의 유기체적 대동사회와 친민정치론」,『동서철학연구』 34권, 2004.

김수중, 「개인 · 가족 · 국가: 전통 중국의 공동체 사상」, 『공동체란 무엇인가』, 이학사, 2002.
김일곤, 「유교적자본주의의 인간존중과 공생주의」,『동아시아문화와 사상』 제2호, 열화당, 1999.
김창호, 「개인의 자유와 사회의 발전」, 『삶, 사회 그리고 과학』, 도서출판 동녘, 1992.
김철운, 「대동(大同) 욕망의 동력으로 이루는 유가공동체」, 『철학연구』 41권, 2010.
김형주, 「인공지능 철학 국내연구 동향 분석 - 인공지능 철학의 생장점에서 -」, 『인공지능인문학연구』1권 0호, 중앙대학교 인문콘텐츠연구소, 2018.
막스 베버, 「유교와 퓨리터니즘」, 『유교와 도교』, 이상률역, 문예출판사, 1991.
Mary Evelyn Tucker, 「생태론적 우주론으로서의 기철학」, 오정선 옮김, 『유학사상과 생태학』, 예문서원, 2010.
문성원, 「향유와 노동-여가 문제에 대한 레비나스적 성찰-」, 『시대와 철학』 25권 3호, 2014.
박승호, 「신자유주의와 자본의 금융축적 전략」, 『신자유주의와 세계화』, 도서출판 한울, 2005.
박명호, 「한국 민주주의의 성취와 과제」, 『지식의 지평』 22호, 대우재단, 2017.
박준건, 「환경과 기술문명」, 『삶과 철학』, 동녘출판사, 1994.
-----, 「생태사회의 사회철학」, 『문화와 철학』, 동녘출판사, 2001.
손화철, 「인공지능, 무엇을 어떻게 논할 것인가? -인공지능의 존재론(2018)의 경우-」, 『과학철학』 21권 3호, 한국과학철학회, 2018.
서희경, 「우리 헌법의 자생적 뿌리와 헌법 논의」, 『현대사광장』 1권, 대한민국역사박물관, 2013.
신상규, 「자율기술과 플로리디의 정보 윤리」, 『철학논집』 45권 0호, 서강대학교 철학연구소, 2016.

신상규, 「포스트휴먼 담론과 SF의 포스트휴먼 서사」, 『교양교육과 시민』 제4호, 숙명여자대학교 교양교육연구소, 2021.

안외순, 「세계화 · 정보화시대 동아시아 전통가치의 계승과 변용: 유교와 자유주의를 중심으로」, 『동양철학연구』 제41집, 2005.

안현호, 「위싱턴 컨센서스에서 포스트 워싱턴 컨센서스로의 진화: 주류 발전 경제학에 대한 방법론적 고찰」, 『신자유주의와 세계화』, 도서출판 한울, 2005.

양동휴, 「세계화의 역사적 조망」, 『신자유주의와 세계화』, 도서출판 한울, 2005.

유권종, 「유교의 방법론과 인지과학의 소통 가능성」, 한국공자학회, 『공자학』 33권 0호, 2017.

-----, 「초연결사회와 유교적 진실의 재구성」, 한국공자학회, 『공자학』 36권 0호, 2018.

윤나라, 「인공지능의 탈신화화 – 다큐멘터리 알파고와 강약인공지능 개념을 중심으로」, 『기호학 연구』 64권 0호, 한국기호학회, 2020.

이계일, 「동아시아 공동체의 형성이 법철학에 주는 도전 – 유교적 헌정질서론에 대한 비판적 고찰을 중심으로 – 」, 『법학연구』 31집, 2010.

이석주, 「'같음'과 '다름'의 이중주 -주자의 리일분수를 중심으로-」, 『동서철학연구』 46권, 2007.

이승환, 「공동체주의적 자유주의는 가능할까」, 『가치 청바지-동 · 서양의 가치는 화해할 수 있을까?』, 웅진 지식하우스, 2007.

이연도, 「정치유학의 의미와 문제-대동, 소강설을 중심으로」, 『중국학보』 60권, 2009.

이용희, 「맹자사상으로 본 어울림의 同樂과 진도북춤에 발현된 역동성의 興에 대한 관계성 연구」, 『한국무용교육학회지』 29권 1호, 2018.

이중원, 「인공지능 시대, 철학자는 무엇을 할 것인가」, 『인공지능의 도전, 철학의 응전』, 이화인문과학원 · 한국철학회 공동학술대회 자료집, 『인공지능의 도전, 철학의 응전』, 2017.

이용희, 「인공지능에게 책임을 부과할 수 있는가? : 책무성 중심의 인공지능 윤리 모색」, 『과학철학』 22권 2호, 한국과학철학회, 2019.
-----, 「인공지능시대 인문학의 새 화두들」, 『안과 밖』, 47권 0호, 영미문학연구회, 2019.
이진우, 「인공지능, 인간을 넘어서다」, 『인공지능의 도전, 철학의 응전』, 2017년 이화인문과학원 · 한국철학회 공동학술대회 자료집, 2017.
이철승, 「'세계화'시대 '동양철학' 담론과 연구 의미」, 『동서철학』 제25호, 2002.
-----, 「유가의 민본 사상에 나타난 민주적 요소 – 황종희의 정치사상을 중심으로-」, 『동양철학』 제20집, 2003.
-----, 「유가 철학에 나타난 인간 본성론의 구조와 현실적의미-성선설과 성악설의 구조와 의미를 중심으로-」, 『동양철학연구』 제36집, 2004.
-----, 「근대 전환기 한국사상계의 '동서문화융합론'에 나타난 경제관 분석」, 『동서철학연구』 제33호, 2004.
-----, 「'동아시아 담론'과 중심주의의 문제」, 『중국학보』 제52집, 2005.
李哲承, 「新世纪环保问题与王船山的自然观」, 『船山學新論』, 湖南人民出版社, 2005.
-----, 「儒家对在追求利益的社会中出现的矛盾衝突问题的观点」, 『儒學與當代文明』4, 国际儒学联合会(九州出版社), 2005.
이철승, 「'유교자본주의론'의 논리 구조 문제」, 『중국학보』 제51집, 2005.
-----, 「선진 유가에 나타난 '어울림' 사상의 논리 구조와 현실적 의미」, 『동양철학연구』 제46집, 2006.
-----, 「중국의 동아시아공동체론-현대 중국 사상계의 '유학열'에 나타난 동아시아공동체의식」, 『오늘의 동양사상』 제15호, 2006.

이철승, 「'세계화'시대 '유교공동체주의'의 의의와 문제」, 『시대와 철학』 제18권 3호, 2007.
李哲承, 「關于如今中國思想界出現的"和諧社會"論與傳統哲學的"和"思想的探討」, 『國際中國學硏究』第10輯, 2007.
이철승, 「유가철학에 나타난 충서(忠恕)관의 논리 구조와 현실적 의미」, 『중국학보』 제58집, 2008.
李哲承, 「朱熹與王夫之的欲望觀分析-以『論語集註』與『讀論語大全說』爲中心」, 『衡陽師範學院學報』 2010年 第31卷 第1期 總第173期(2010年2月)
이철승, 「중국학 열풍과 유학의 재인식」, 『오늘의 동양사상』 제21호, 예문동양사상연구원, 2010.
-----, 「『논어』에 나타난 '권도(權道)'의 논리 구조와 의미 - 주희와 왕부지의 관점을 중심으로-」, 『시대와 철학』 제21권 3호, 한국철학사상연구회, 2010.
-----, 「현대사회의 문제와 유가사상의 현실적 의의-개인과 사회의 관계를 중심으로-」, 『유교사상연구』 제43집, 2011.
-----, 「〈서명〉에 나타난 어울림 사상의 논리 구조와 의의」, 『동양철학연구』 제69집, 2012.
-----, 「현대 중국의 소외 문제와 어울림 철학-중국식 사회주의 이론의 허와 실을 중심으로-」, 『대동철학』 제65집, 2013.
-----, 「『통서』에 나타난 '성(誠)'관의 논리 구조와 의의」, 『철학』 제115집, 2013.
-----, 「『논어』 속 군자관의 논리 구조와 정치의식」, 『동방학』 제29집, 2013.
-----, 「現代社會의 외로움 문제와 治癒의 儒家哲學-한국사회의 자살 현상과 극복 방안을 중심으로-」, 『유교사상문화연구』 제53집, 2013.
李哲承, 「船山哲學中性善論的現實意義- 以≪讀孟子大全說≫爲中心」, 『船山學刊』 2013 第1期, 『船山學刊』 雜誌社, 2013.

이철승, 「장재철학에 나타난 생태관의 사상적 근거와 의의」, 『동양철학연구』 第73집, 2013.
-----, 「민주주의의 법치와 유가의 덕치 문제-법실증주의의 법의식과 초기 유가의 도덕의식을 중심으로-」, 『철학 연구』 106집, 2014.
-----, 「맹자의 '浩然之氣' 사상에 대한 주희와 왕부지의관점 비교-『孟子集註』와 『讀孟子大全說』의 '浩然之氣'章을 중심으로-」, 『유교사상문화연구』 第57집, 2014.
-----, 「현대사회에서 仁은 어떻게 실천되어야 할까? - 공자의 '先難後獲'의 논리를 중심으로-」, 『유교사상문화연구』 第61집, 2015.
李哲承, 「現代中國的"中國夢"思想與儒家哲學」, 中共中央編譯局, 『國外理論動態』 2015年 第11期 總第447期, 國外理論動態雜誌社, 2015.
이철승, 「같음과 다름의 관계와 유가의 어울림철학 - '다문화'시대 특수와 보편의 관계를 중심으로」, 『시대와 철학』 第26권 3호, 2015.
-----, 「공자의 '화이(華夷)'관과 문화의식」, 『중국학보』 第74집, 2015.
-----, 「근대전환기 중국철학계의 연구 동향과 특징 : 유가철학과 마르크스주의철학의 관계를 중심으로」, 『사회사상과 문화』18권 4호, 2015.
-----, 「남명 조식철학에 나타난 '낌새[幾]'관의 논리 구조와 의의」, 『유학연구』第33집, 2015.
-----, 「유가철학에 나타난 '生死'관의 현실적 의의-왕부지의 '생사'관을 중심으로-」, 『유교사상문화연구』 第64집, 2016.
-----, 「현대사회의 문제와 유가철학의 현실적 의의-도구적 인간관과 도덕적 인간관을 중심으로-」, 『중국학보』 第78집, 2016.

이철승, 「21세기 유교, 자본주의와 사회주의의 경계를 넘을수 있는가? - 이익과 의로움의 어울림 논리를 중심으로 」, 『동양철학연구』 제89집, 2017.

-----, 「유교, 비판과 계승과 변용의 삼중주-유교부흥의 문제를 중심으로-」, 『유교사상문화연구』 제68집, 2017.

-----, 「유가철학에 나타난 '孝'관의 현실적 의의-『論語』의 '幾諫' 관을 중심으로-」, 『유교사상문화연구』 제70집, 2017.

-----, 「21세기 한국의 민주주의와 유가철학」, 『철학연구』 제148집, 2018.

-----, 「현대사회의 私有 문제와 '大同'철학의 현실적 의의」, 『유교사상문화연구』 제74집, 2018.

-----, 「왕부지철학에 나타난 '和'론 문제-『논어』와 『중용』의 '和' 관을 중심으로-」, 『東洋哲學硏究』 제100집, 2019.

-----, 「현대사회의 혼인 문제와 유가철학의 부부관 - 한국 사회의 부부 문제를 중심으로-」, 『유교사상문화연구』 제 78집, 2019.

-----, 「재난시대 거리 두기와 거리 제거」, 『유교사상문화연구』 83집, 2021.

-----, 「왕부지와 정약용철학에 나타난 본성론 문제」, 『東洋哲學硏究』 제108집, 2021.

-----, 「인공지능시대 인간의 특성과 유가철학의 관계론」, 『東洋哲學硏究』 제112집, 2022.

-----, 「『논어』에서 '리인(利仁)'과 '안인(安仁)'의 어울림 문제 - 왕부지의 관점을 중심으로 -」, 『유교사상문화 연구』 97집, 2024.

-----, 「21세기 유학의 어울림철학에 나타난 이로움과 의로움의 문제」, 『유교사상문화 연구』 98집, 2024.

이춘식, 「선진시대 공자와 유가의 화이관에 대하여」, 고려대학교 중국학연구소, 『중국학논총』 15권 0호, 2002.

이치억, 「대동사회(大同社會)의 철학적 기초로서 퇴계(退溪)주리철학(主理哲學)」, 『유학연구』 38권, 2017.

이화인문과학원 · 한국철학회 공동학술대회 자료집, 『인공지능의 도전, 철학의 응전』, 2017.

임미가, 「인공지능 윤리 연구에 관한 체계적 문헌고찰」, 『윤리연구』 135권 0호, 한국윤리학회, 2021.

장상철, 「소유(집착)적 개인주의와 신자유주의」, 『사회와 이론』 43, 한국이론사회학회, 2022.

장은주, 「인권과 민주적 연대성-유가 전통과 자유주의-공동체주의 논쟁」, 『시대와 철학』 13권 1호, 한국철학사상연구회, 2002.

-----, 「메리토크라시와 민주주의-유교적 근대성의 맥락에서-」, 『철학연구』 119집, 철학연구회, 2017.

장준호, 「플라톤의 인치와 법치 : 철인통치의 법치화」. 『OUGHTOPIA : The Journal of Social Paradigm Studies』 25권 1호, 2010.

정재현, 「인공지능 시대와 동아시아의 관계론」, 이중원 엮음, 『인공지능의 윤리학』, 한울아카데미, 2019.

-----, 「인공지능으로 유교성인 만들기 - 한국철학의 정초를 위한 실험철학적 시론-」, 『동양문화연구』 35권 0호, 영산대학교 동양문화연구원, 2021.

차민경, 「선진유가 예악의 '화(和)'사상 연구」, 성균관대 박사학위 논문, 2020.

최종덕, 「환경위기와 생태학적 자연관」, 『문화와 철학』, 동녘출판사, 2001.

한정길, 「유학(儒學)에서의 정통(正統)과 이단(異端) -주자학적(朱子學的) 도통론(道統論)에 대한 양명학(陽明學)의 대응을 중심으로-」, (사)율곡연구원, 『율곡학연구』 21권 0호, 2010.

황경식, 「왜 〈자유주의와 공동체주의〉인가?- 개인권과 공동선의 갈등과 화합」, 『자유주의와 공동체주의』, 철연구회 '99춘계학술대회 발표논문집, 1999.

황경식, 「자유주의는 진화하는가-자유와 소유 그리고 공동체 -」(철학연구회, 『자유주의와 그 적들- 한국자유주의 담론의 행방-』, 철학과 현실사, 2006.

6) 언론

곽노필 기자, 〈생각 훔치는 AI 등장…머릿속 동영상 재현성공〉(〈한겨레신문〉, 2023.06.01.

金재호, 「의로움을 잊고 오로지 이로움만 챙긴다」, 〈교수신문〉 2023.12.10.

www.people.com.cn(人民网〉理论〉, 2004年11月17日). 「中共中央关于加强党的执政能力建设的决定(2004年9月 19日中国共产党第十六届中央委员会第四次全体会议通过)」

边立新, 「实现"中国梦"的前提是"公平正义"」, 〈重庆日报〉, 2013年6月8日(http://www.cntheory.com)

정의길 기자, 〈챗GPT 창시자 "AI, 심각한 위험도 존재…규제·국제표준 필요"〉, 〈한겨레신문〉, 2023.05.17.

楚国良, 「关于"中国梦"研究的几个基本理论问题」, 〈光明网〉, 2013.07.27.

KBS New, 〈두 달 만에 1억 명 '챗GPT' 돌풍… 윤리 합의 시급〉, 〈KBS〉, 2023.02.06.

논어, 21세기를 스케치하다

인쇄 2025년 12월 26일
발행 2025년 12월 31일

지은이 / 이철승
발행인 / 김춘성
발행처 / 조선대학교 출판부
주소 / [우]61452 광주광역시 동구 조선대길 146
전화 / (062) 230-6167
팩스 / (062) 608-5220
등록번호 / 제27호(84.9.25)

정가 15,000원
ISBN 978-89-8439-562-6 93140

본 도서는 조선대학교에 재직 중인 교원의 저작 의욕을
고취하기 위하여 지원하는 특별연구비로 출판되었습니다.